書山有路勤為徑，學海無涯苦作舟。

書山有路勤為徑，學海無涯苦作舟。

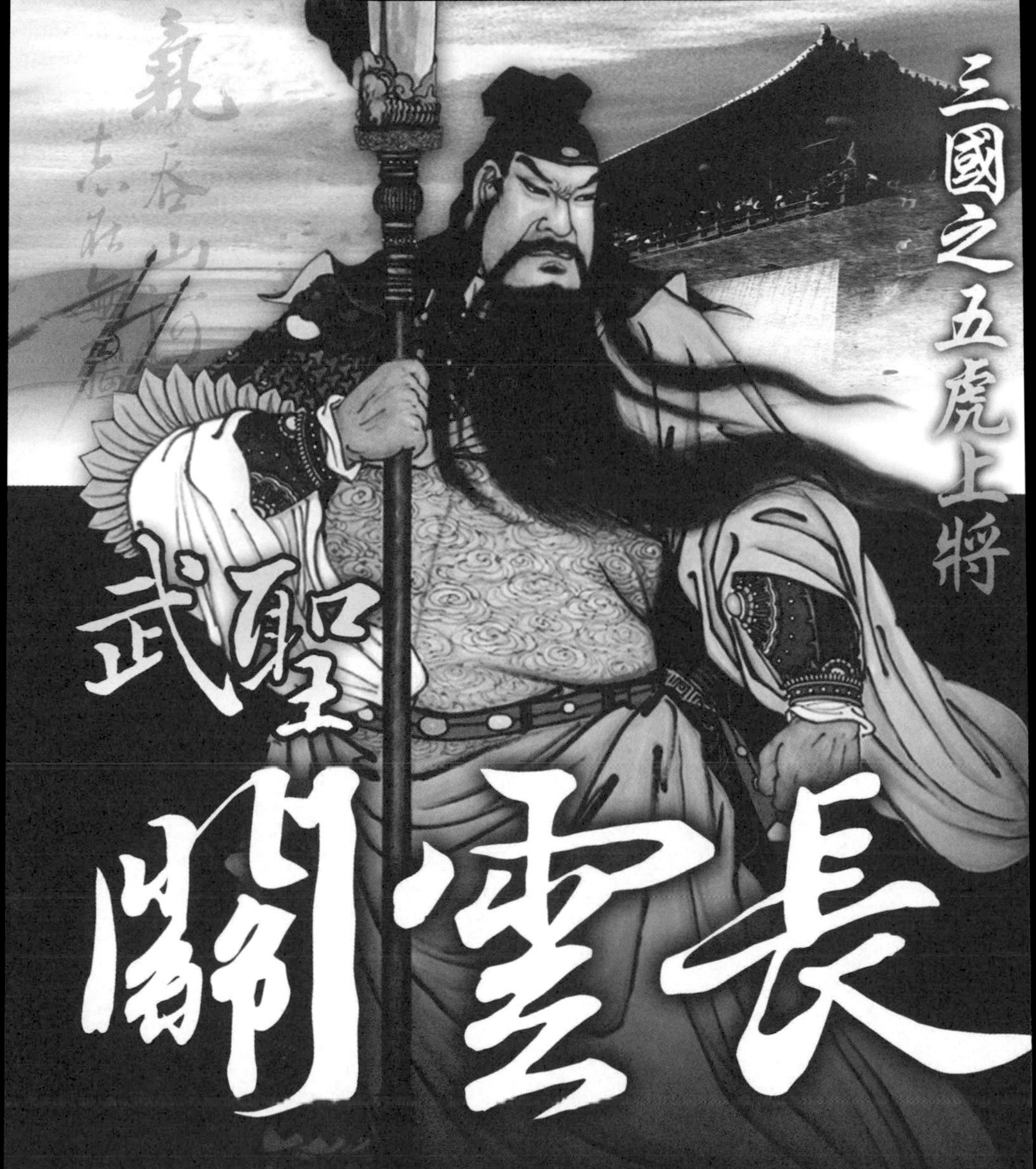

東方誠明◎著

一個風起雲湧的時代 一部熱血忠義的傳奇

看武聖關雲長，手持青龍偃月刀：

從「桃園三結義」「單刀赴會」「水淹七軍」「溫酒斬華雄」「千里走單騎」「過五關斬六將」「華容道」到「敗走麥城」結束其「義」、「忠」、「信」、「勇」的一生。

面向那個遙遠蓬勃的世界（序）

我們有理由懷疑任何一個細節，
我們同樣應該相信這些細節，
我們也需要這樣的細節，
對於這段歷史，我們只能遠遠看著。

詩人說：一滴水珠就是一個世界。
但是，你得有那樣的慧眼與靈性。
那是一個遠遠逝去的時代，那是千年以前的一個世界，那段歷史被人們稱為三國。而對於三國的傳頌與感動，最主要的就是因為那股令人盪氣迴腸的「忠義」之氣。

一

蘋果誰都會切，但是切出的形狀卻各不相同。但是誰也不能否認別人切蘋果的方式。因為方法並非唯一。

同樣，人們都在品讀歷史，當然很多人也不讀歷史，但是並不是說歷史與他無關。只是歷史在他的視野中不是焦點。

對於歷史這只蘋果，如何切，是一個問題，而且是一個不容忽視的問題。同樣都是解讀，只有深度的不同，但誰都無力還原歷史的原貌。

歲月如刀。只是這刀握在誰的手中，從哪個角度切入，這同樣是一個問題，也同樣具有重要意義。

你的所見和我的所思，各有其妙。但是對於歷史的原本狀態來說，我們都在各圓其說。因為，歷史之所以為歷史，必然存有令後人所無法窺知的因素，即使是歷史的始作俑者當時也同樣無法完全把握每一個細節，也許只有上天能夠主宰一切。所以，我就這樣切開了這只蘋果，呈現於你眼前的，也就是我用心靈所看到的一切，無論你是否認同。

人類為了建立一個秩序，試圖把一切都規範成為條理，然後建造一個框架，一切就在這個框架下展開。然而，人們仍然無法把握歷史展開的層次。面對歷史最終的模樣，人們顯示出的更多的是無奈。

因為歷史無法改變。人們總喜歡做出一些假設，總是在那些微妙的時刻替古人設想：如果如何，歷史將會改寫。其實即使那樣，又有何用？歷史還是歷史，或者還會是這樣的狀況，而且那樣並不一定就比這樣更美。面對歷史，所有的假設都不成立，所有的推測都顯得虛弱無力。誰也不能說這是最好，但同樣誰也不能說這是最糟。因為無法類比，因為無法糾錯。而歷史之所以會選擇如

此的進程，我想同樣有它的道理。

其實，歷史就是在眾多選擇中的這樣一個唯一，不可替代，也無所謂好壞。只是歷史而已。

因此，我們就用時間的手術刀，把歷史切割開來，然後打開看看。

二

三國這個時代，一言以蔽之，風起雲湧。

那是一個充滿生機的時代，是煥發著人性原汁之真的時代。捲入那個時代的一切人，都淋漓盡致地張揚著他們的個性。

貴族權臣們在廟堂之上相互傾軋，諸侯強盜們在沙場上廝殺，英雄與小人們擁擠著在各個城堡下奔走，隱士賢哲在林下修行吟唱，平民百姓們在田野中勞作，然而所有收穫卻總被巧取豪奪……

歷史是遠去的現實，現實是歷史的再現與組合。當然，對於那段久遠的歷史來說，我們都是陌生人。

在我們的視野之內，看到的是一個充滿變幻的世界。只是隨著我們的心境不同而隨意地修改著我們的結論。因此，歷史其實也是一種心境。

對於命運，我們內心深處充滿好奇與嚮往，對別人，對古人，也對自己。但是我們卻很少思考歷史。其實，歷史就是命運，歷史就是命運的記錄。記錄很簡單，有時只有一句。然而，這個結果，卻是由長長的經歷所得出的。而我在這裡所做的一切，就是努力把這個經歷復原，或者說找出為什麼會產生這樣一個結果的理由。

不論你以怎樣的方式切入，展現在眼前的，必然都是一個個生動而「真實的」世界。雖然這不是真實的歷史，也不是歷史的真實，但是，我寧願相信這是一個生動而真實的世界。因為我們希望有這樣的一位充滿義氣的英雄，我們的心靈需要，我們脆弱的心靈需要這樣的支撐。需要這樣一個義薄雲天的美好形象，需要這樣一個呵護心靈的精神支點……所以我們呼喚著這樣的英雄，也願人們擁有這樣的英雄品質，願我們這個世界因此變得美好起來。

任何一個新時代的開始，事實上都是以相應的朝代的衰落為起點的，從而在那個歷史的廢墟之上建立一個全新的充滿生機的時代。

當時，國家的衰落表現為政治上混亂不堪，宦官干政，國家政治權力旁落，皇帝昏庸孱弱，廢立受近侍和權臣的控制與操縱；官員腐敗墮落，社會衝突驟變，在國家領土之上，引發了全面戰爭；連年內戰，餘波震盪，動搖了國家政權的統治基礎；在經濟上則是農業遭受嚴重破壞，土地荒蕪，民不聊生，災害頻繁。總而言之，社會動盪，人心渙散。

在這時期，「一時多少豪傑」，並起爭鋒。許多走投無路的人為了生存，也加入了軍隊或者淪為強盜。當然經過歷史的巨篩，他們中不少人當上了將軍，很多人成為英雄，當然更多的人流盡了滿腔的熱血，化為塵埃。因此這是一個讓平民百姓深懷恐懼並深深詛咒的亂世，但是，這同樣也是一個讓那些不安分守己的冒險之徒所嚮往的美好機會。

三

從中平元年(西元一八四年)黃巾農民軍大起義爆發算起，至晉武帝太康元年(西元二八〇年)，東吳政權被西晉消滅。這將近百年（共九十六年）期間，東漢政權分崩離析，權貴、諸侯、強盜在昔日的漢王朝所拓建的中原土地上不斷征討。在這段歷史中，各地實力派貴族打著各種旗號在帝國的廢墟上問鼎逐鹿。各路英雄紛紛登場，滿懷著憂國憂民的心情。建立一個強大的新帝國的夢想，令他們興奮，令他們以此為己任，沒有誰願意退縮，更不願拱手讓與他人。他們認為自己就是歷史的最佳承擔者。強大統一的國家應該由他們親自建立起來。打造一個強大的中央集權制國家的夢想誘惑著他們，鞭策著他們，於是他們不惜一切，致力於新的統一……

西元二二〇年，曹操死後，魏王曹丕取代漢獻帝，建魏，自稱魏文帝，追封曹操為魏武帝。於是，東漢政權解體，形成了魏、蜀、吳三足鼎立之勢，史稱三國。魏國(西元二二〇年—二六五年)建都洛陽，佔據今長江流域以北大片土地。蜀漢(西元二二一年—二六三年)建都成都，佔據今巴蜀及西南、西北部分。吳國（西元二二二年—二八〇年）建都建業（今南京），佔據長江流域以南及東南諸省。

在謀求實現新的統一的歷史進程中，魏、蜀、吳三大陣營為實現統一的最高目的，各自在政治、經濟、軍事等方面奮發圖強，銳意進取，從而形成了一個政治相對清明，蓬勃奮發，充滿生機的歷史時期。他們共同意識到人才是決定一切的核心問題，因此重視人才，任用人才，從而使一大批智勇之士有了更多的機會發揮自己的聰明才智，形成了人才輩出、群星燦爛的局面。

在西元二二〇年到二八〇年這六十年間，三國先後興起又次第衰亡，最終統一於西晉。正如民間所說，天下大勢，分久必合，合久必分。

長期的戰爭結束了，歷史又開始了新的輪迴。

四

三國，既是一個時間概念，也是一個空間概念，更是一個文化概念。三國留給我們的不只是一段歷史，更有著豐富而又深刻的內涵，有待我們去發掘，去認知。在這段歷史中，能夠看到什麼，取決於我們的心靈。

在三國英雄傳奇中，一幕幕驚心動魄、威武雄壯的歷史活劇，千百年來仍然震撼人心。而在三國英雄群像中，關羽更以其義薄雲天的正氣令後世敬仰，成為與「文聖」孔子並尊的「武聖」。

在這個有著五千年文明史的古老國度，宗教作為一種文化現象，是一種心靈需要，是一種心靈的依託。人們需要一個信仰，於是人們對於「義」深深崇尚。這也正是千百年來，人們對關羽崇拜不衰的心理因素。因為，在這個社會中生存，人們需要相互扶持，需要精神依靠，需要心靈相託，需要一種深入靈魂的信任與關護。

義氣，其實就是一種心靈的契約，是一種神聖的承諾，是一種同心共赴的誓言。

人們總說：身在江湖，身不由己。其實，江湖英雄最看重江湖義氣，而江湖義氣又最不可靠。很多人見利忘義，賣義求榮，互相傾軋。所以人們對「義」的呼喚與敬仰是永恆的。於是借助於神

明共立誓言，互相保證，作為心靈的承諾，互相支持，互相關照。於是就有了結拜。民間拜把兄弟，就是最初的原形。

對於關羽的膜拜，更是官民共同的需要。這是民心的呼喚，是國家統治的需要，是良知的皈依。

所謂信仰，首先必須信，相信，信任，然後挺直脊樑，抬起頭來仰望，並作為自己的楷模效仿，而不是跪拜。

義，就是一種信仰，具有永遠的號召力。

五

在這塊土地之上，雖然建有太多的廟宇，但是卻沒有真正的信仰。

天地之間，真正的信仰是建立在內心的仰慕。

面向太陽站立，仰望浩瀚廣宇，內心油然而生的那種真情，令我們振奮不已。

所謂「神」，就是我們內心所信奉的神靈，就是在我們茫然環顧之時，淒然無助之際，呼號切念之救星。只有此刻我們的信仰才是真純的，才是出於「至誠」。只有此時，我們的內心才發出對神靈至誠的請求。祈求冥冥中的神明給予支持，給我們心靈幫助。這時我們所求告的神才是我們的心靈所純粹信任的實體。

神之為神，就在於信義，承諾於神前，顯驗於事機。因此我們必得為自己的一切負責。因為神明在上，祂在關注著，昭昭如日月。

平民百姓之敬奉關羽，「仰之如日月，畏之如雷霆」，就在於義，在於忠，在於諾而不悔。因為他生則有功於國，有德於民；死則有靈於世，有所求而得報應，洪澤自遠。於是，兵家尊為武聖，商界奉為財神，民間敬為護佑平安的至尊。

兵者，詭道也。然而，義勇為先。無義之戰，為逆天之行，必然敗亡。關羽之義即為實實在在的楷模。

行商經營，雖然信奉「無奸不商」，但是，同樣需要誠信。無誠不足以合作，也就無從取其利。因為，只有誠信才可以建立長久的合作，才可以帶來長期穩定的利益。信義，是維繫合作的基本律義，是合作與信任的契機，是利益的源泉。因而關羽之義使人得到心靈的支持和依靠。所以商人敬奉關羽為財神。

於是，一位神靈遠遠地向我們走來。從歷史深處走來，抖落歷史的塵埃，披掛走向神壇，接受後世的拜祭。

關羽一生，唯義而行，為國勇武，為民德澤，信義素著，守諾不違。無論處於怎樣的境地，無欺無詐，坦然而立。不可威淩，不能收買，不願投機。「不棄舊從新，樂為之死」；「金銀美女，不足以移之」；「高官厚祿，不足以動之」。

「義」、「忠」、「信」、「勇」四個字就可概括他的人品。作為道德楷模和道德偶像，他為各階層民眾所認同、所擁戴，他也成為民間團體團結內部的紐帶。正如梁啟超先生所說：「綠林豪

傑，遍地皆是，日日有桃園之拜，處處為梁山之盟。」從而，關羽的精神在平民百姓心中有一定的教化作用。人們對關羽的崇拜和敬畏，慢慢成為具有民族凝聚力的精神文化特徵。元人郝經說：「（關羽）所在廟宇，福善禍惡，神威赫然，人咸畏而敬之。」關羽儼然成為中國「義教」教主。

于右任先生為關羽廟題寫過一副楹聯：「『忠義』二字團結了中華兒女，《春秋》一書代表著民族精神」。這也正是對關羽膜拜的歷史意義與時代意義。我們需要建構一個心靈的依靠。

信仰是不能強加的。信仰，是自願自覺的心靈行為。因此，遠古的人們崇拜關羽，他們需要那樣的神靈，他們需要自己的心靈之神。因為，他們的心靈需要「義」的支持。

邁入松柏森森的關羽廟宇，我們的心靈將會受到洗禮。

六

關羽代表著平民的心意，是平民的神靈，是老百姓美好願望的寄託。於是關羽從歷史後面走出，進入我們的視野，成為我們的神靈。

我的筆在真實的歷史和歷史的真實之間游離。我依據史實，因為那是真實的記錄；但我也同樣願意相信傳說，因為那也是我所希望的美麗。

所以，我採用了我所得到的真實的或虛構的資料。只為了一個心願：讓我們得到一個可信的，像我們一樣真實又像我們想像的一樣美好的平民之神——關羽。

關羽，對於他所處的時代，負起了責任，以他的義、他的精神、他的品格，無愧於天地。

統治者需要這樣的楷模，需要忠誠，但是如果沒有「義」，也就沒有忠誠；商人需要這樣的誠信，因為沒有「義」也就沒有誠信，沒有誠信，也就沒有合作，沒有合作，也就無從賺取利潤；善男信女需要這樣的一個偶像，沒有「義」，也就沒有情，如何寄託海誓山盟的承諾；民眾需要這樣的一個神靈，需要一個一諾千金的永遠的保證，假若沒有「義」，也就沒有信仰，我們的誓言由誰來佐證？因而我們崇拜關羽。因此，我借用了一切可用的資料，就這樣寫下來了。這就是我內心的關羽。

面對歷史，這就是我眼中的關羽，我眼中的歷史。我們需要這樣的關羽，我們願這樣的歷史是真實的歷史。只求能夠真實，並不刻意求美。但是反觀歷史的成敗，隱隱地透出一種蒼勁之美來。那種千年貫注的義氣與靈魂，令我們傾慕不已、嚮往不已。

因為那是一種真正的美，千年不變，傳承不衰。這也正是我寫本書的目的，也是促使我寫本書的動力所在。只是我的筆觸未能盡意，深以為憾，此其一。其二則是我的理解，只是泛泛的關羽，失於表面，並不能夠深入到歷史的關羽的內心，我只能寫我心中的關羽，因為一千個人的眼中就有一千個哈姆雷特，何況我們所面對的更是一位歷史人物——關羽。

我所傳達的這個形象，並不能替代別人的塑造。我只力求接近一點，再接近一點，更接近一點，然而終不能深入關羽真正的內心，這是我力所不能及的。其三則是個人思想的主觀，在寫作這本書的過程中，自以為有以小人之心度君子之腹、之行的嫌疑，因而必然存在扭曲或是曲解，從而令人們覺得有損英雄形象的美好或是標榜不實之語。而我的初衷是想表達得好一些、準確一些，但

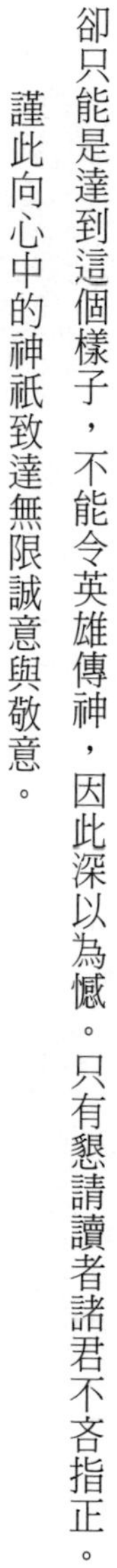

卻只能是達到這個樣子，不能令英雄傳神，因此深以為憾。只有懇請讀者諸君不吝指正。

謹此向心中的神祇致達無限誠意與敬意。

東方誠明

武聖關公

三國之五虎上將 關雲長

目錄

面向那個遙遠蓬勃的世界（代序）…………七
楔子…………二五

第壹輯 艱難轉戰

平民長生的出生…………三〇
英雄的童年…………三五
桃花盛開時節的相遇…………四〇
英雄的武器…………五三
為了帝國的安定…………五五
其實就是一杯酒的溫度…………六二
諸侯震驚…………七二
轉戰平原的烽火歲月…………七八
古道熱腸，義赴急難…………八四
樹欲靜而風不止…………九四
深含意味的許田圍獵…………九九

把心事深深藏起……一〇五
沒有什麼比自由更美好……一一一
天意難測……一一五

第貳輯　寄身曹營

立下盟約……一二四
投降也理直氣壯……一三一
穿著舊袍行走……一三四
明月青燈書卷香……一三六
天字第一號美髻……一三九
得獲名馬曰赤兔……一四二
英雄情，美人淚……一四五
白馬坡前的斬首行動……一四七
黃河作證……一五二
放下那些毫無意義的俗物遠行……一五七
悠悠黃河，吾其濟乎……一六二
長風萬里走天下……一六五
古城英雄聚義……一七五

第參輯　如琢如磨

戰略性撤退……一八八
英雄北望憂國難……一九五
荊州古城……二〇六
反偷襲佔領樊城……二一〇
歷史從此轉彎……二一四
非唯天時，抑亦人謀也……二二二
歷史上的火光……二二八
危急時刻，誰敢橫刀立馬？……二三四
戰略大轉移……二四〇
履險如夷……二四五
人生的華容道……二五一

第肆輯　鎮守荊州

荊州，第一處根據地的建立……二六〇
輕舟一葉自往來……二六七
五虎上將與五星上將……二七四

鏖戰襄陽……二七九
今夜有暴風雨……二九三
清除浸入肌體的毒素……二九八
威震華夏……三〇一
被盟友的出賣……三〇五
麥城隘路……三一三
英雄殉難回馬坡……三一九
命運的昭示……三二二
靈魂的引導者……三二五
魂兮歸來……三二七
顯聖玉泉山……三三一

第伍輯 浴血涅槃

雪花盛開……三四〇
追思英雄的孝心……三四二
帝國的守夜人……三四四
決定歷史事件的天候……三四六
告別意味著什麼……三四九
靈魂的升騰……三五五

神的廟宇……三五八
從神壇上俯視……三六〇
讓靈魂顯出本相……三六二
千年的惆悵……三六五
英雄輓歌……三六八
做自己的神……三七二

楔子

人與神之間，隔著怎樣的距離，這是千年來沒有結果的一個話題。

亙古以來，所有的傳說都是真實的，不應該心存懷疑。

每一個古老的傳說，都有意義，更不容輕易否認。

在這個古老東方的土地上，海水漸漸退去，陸地緩緩升起。

經過日月精華的孕育，這塊大地上幽靈徘徊。無始無終，無是無非。

混沌之中，諸神出現，爭鬥不息，以他們的神力，鑄成了天崩地裂的場景。大地上一片狼藉：到處流淌著血跡，他們的，我們的，還有它們的……

女媧伸出她纖纖素手，在這個背景之上鑲嵌了一顆顆星星般的寶石，照耀著那些不安的靈魂，引導著他們穿過漫漫長夜，奔向天國。

「人們會記住我們的，」那些不甘沉淪的靈魂仍然固執地呼喊著，「他們必然會記得我們，包括整個古老的帝國。我們會留下我們的名字在這塊東方古老帝國的土地上。」

靈魂飄升著，帶著令人敬畏的寓意。

民心讓它升上天堂，或是詛咒著使其墜入地獄。

關羽、曹操，以及更多……他們為了這塊土地和在這塊土地上生息的人民，舉起生命的長劍——戰鬥。為了土地，他們呼喚著，奮鬥著，把他們的頭顱向天空高高昂起。

正是他們引領著整個國家的命運之線伸向深遠。

而那個時代，如同月光下的一個背影，朝著歲月的深處走去……

平凡的人，總是生活在人與神的想像之間。於是又產生了神的代名詞——鬼怪。

精明，叫鬼。精靈，叫怪。既精明又靈驗，就是鬼怪。於是靈魂便找到可供依附的載體。神便由此產生了。

事實上，神也就是一種信仰，是一種對所信仰的偶像達到癡迷的程度而形成的迷信的產物，是心靈膜拜的需要。因為面對難知的人生命運，人們需要一位救世主，需要一個靈魂的嚮導。

所謂神，其實是人們共同的作品。因為我們脆弱的心靈需要一個精神的支撐。

因而人們就塑造了一個個偶像，然後共同供奉，共同膜拜。因其受了香火的薰染，於是神便有了靈氣，就試圖左右人們的行為。

神的產生，就是這樣自然而然，並不需要刻意地樹立。

關羽，就是這樣的神。其實，這是一個人的傳奇。

只是，當他從人走向神的過程中，經歷了怎樣的歷練？當他從神的座台上俯視人世時，看到的會是怎樣的景象呢？

那麼我們就沿著他走過的路，沐浴著歷史的風雨，共同築起心中的聖壇祭拜。

楔子

如果我們的神祇允許，那麼就讓我們的血液滲入大地。
是的！是輪到我們了，歷史從此輪到我們負起責任。
天空高遠，令人敬畏。

第壹輯　艱難轉戰

平民長生的出生

據記載，一般中外名人出生時，都必定伴有異兆，以顯示與眾不同，以區別於普通民眾，以彰顯自己是天之驕子。

這在史籍的文本中，每每得到佐證。

西方神祇耶穌的降生就充滿了先知的意味。一切早有預言，一切都是預先設定：基督必由童女所生，是「女人的後裔」，必降生於伯利恆。降生前後有天神導引，天使告訴瑪利亞說：「妳要懷孕生子，給他取名叫耶穌。」主的使者又向約瑟說：「不要怕，你的妻子瑪利亞所懷的孩子，是從聖靈那裡來的。」耶穌降生的那天晚上，天使對牧羊人顯靈，報給他們莫大的喜訊：「今天為你們生了救世主。」

在古老的東方，聖人的出生更是充滿神秘的意味。比如后稷，據說后稷母親是有邰氏的女兒，名姜嫄。姜嫄在郊野踏巨人足跡而懷孕。懷胎十二月生下后稷。以為不祥，棄置野外，禽獸乳食，異而收養，就取名叫棄。棄還是孩童時，就對種植五穀麻菽有濃厚的興趣。長大之後，精於農耕，被封為農官，成為中國農耕文化的奠基人。歷代帝王的出生，更附會著千奇百怪的異彩祥瑞，以體現這是上天的旨意。似乎冥冥之中，有一種不可抗拒的力量在諸多事務的後面安排一切，人們只需要服從就行。

然而，可笑的是，本想故弄玄虛，意在為名人的經歷塗染一層神秘光輝的色彩，令人敬仰，結果卻弄巧成拙。拂去他們頭頂的眩目光環，人們就會發現：耶穌是個私生子，后稷則是野外偷情之後的棄嬰。

而平民百姓的出生，則平淡無奇，無須記載，也沒有哪位史家會在意一個草根之民的出生，因為那沒有既定的教化意義。何況平民出生也根本沒有什麼奇異之處。只要平安落生，就是吉慶。

關羽的出生，也正是如此。他是平民的兒子，他的出生沒有誰格外在意，也沒有具體記載。陳壽編撰《三國志．蜀志．關羽傳》時，也只是極其簡略的一句：「關羽字雲長，本字長生，河東解縣人。」除了他的父母，誰也不知道他出生在哪一天，甚至沒有人知道具體出生在哪一年。只是後世人們經過多方考證，得出一個不確切的年份，即大約出生於西元一六〇年。而民間傳聞又多不可信。直到清初康熙年間，解州守王朱旦在修古井的時候，發掘出關羽的墓磚。磚上刻有關羽祖、父兩世的表字、生卒年月等。

姑且不論這個記載是不是真實，或者說是不是後世好事者的偽託。但是有這樣一個墓磚，總比讓人疑惑不解要好些。至少使人們在某一天可以祭拜，以寄託思念之深情。

所謂的本字，就是乳名。也正因為他只是一介平民的兒子，並非名門貴族，所以，他出生時，也只是如平常嬰兒一樣，哇哇哭叫著來到世間。自然不會有什麼使者在各地報信說有個叫關羽的人出生了，更不會有人民的慶祝或歡呼。也無非是用一塊或新或舊的布衣裹身，也不一定有細軟的搖籃讓他舒服地安睡。沒有，肯定沒有。就這樣，他出生了，在他祖輩所居住的小山村中，根本就沒有引起誰的注意。僅是鄰居們相互間問候一聲而已。

總之，他出生了，這才是最重要的。他的出生，使家庭中的希望成為可能，使父母的想像有了寄託。

當然，不論貧富，在一個以農耕為主的社會，添丁增口，總是會令這個家族欣喜的。

當他的第一聲啼哭發出時，伴隨著的是老輩人的欣慰和全家的喜悅。但也只是僅此而已，不會有誰在意。該幹什麼的，還忙忙碌碌地幹什麼，因為生活是不會停頓的，懈怠不得。即使因為他的降生而帶來吉運，也還需要自己努力地爭取而來。

只是父母在心裡默記下了這個日子。因為這是兒子的生日，是比任何節日都更重要的日子。也只有在父母的心目中，兒子的生日是永遠會準確地記著的。

平民的出生，就是這樣的簡單。當然，如果平庸一輩子，這樣的日子也就漸漸被忘記，不再被人提起，因為沒有什麼值得記憶。如果日後能有點出息，比如建功立業，能夠留下名字在世間，就會有一個生卒年月刻寫下來。

然而，大多的人不會有這樣的幸運。也就只是平凡度過一生而已。

人們的生活仍然在慣常的狀態中度過，沒有任何改變。

他的父親按照祖輩傳承下來的規矩，給他取名「長生」。

是的，是叫長生。我們可以想像，這個名字當時寄託著他的父母怎樣的心情。母親一定高興地說：「好啊，長命百歲。」就是這麼的樸素，打著土地的深深烙印，帶著親人的殷切祝福。

我們可以想一想，「長生」，這是多麼土氣的一個名字。正像眾多的平民百姓一樣，他們中很多人也可能都叫過這個名字。或者也許正因為這個乳名，令平民百姓感到親切，於是尊奉他為自己的神靈。

沒有誰能夠想像得到，這個平民小子會有怎樣的未來。也沒有人預見得到他會成為鼎鼎大名的英雄，以至於會成為神靈。這是人們所始料未及的。我們可以猜想，如果他們的智力足夠高，那麼，一定也會附加一些什麼靈異傳說，以增加神秘而高貴的迷幻色彩，進而令人仰慕。但是沒有，因為他們那平庸的智力如同我們大多數以土地為生的人一樣，根本就不存有非分的想像，也沒有心思去花費工夫做無謂的幻想。對於他們來說，播下種子，收割莊稼，謀得全家一年的溫飽才是最為重要的。

這個取名叫長生的孩子出生了。這個後來成為英雄，成為後世膜拜神靈的人出生了。出生在一個毫無顯赫色彩可言的平民家庭。

這也正是他最終受到敬仰和膜拜的原因。因為他是唯一出身平民家庭的神靈。他沒有什麼靈異附身，也沒有什麼特別的傳聞。是父母的兒子，是真正的平民之神，我想這也正是他得以在平民百姓中享有盛譽的原因。因為「長生」的願望早已存在並深入人們心中。

因為他的普通，因為他就是凡人自身人生的折射，於是他承載了他們所有的願望。

從這個意義上來說，長生的父母是有遠見的，具有先見之明。或者說他們質樸的意願得到了上天的幫助和歷史的認同，也從另一個角度昭示了神靈也同樣具備孝行，或者說是孝行成就了神明。因為，作為人，能夠以自己的德行讓人對自己的父母懷有敬慕，就是莫大的孝行。沒有孝行的人，絕不會得到人們的敬重，自然也不會得到人們的供奉，無人供奉，又怎能成為神祇。

當然，平民神靈就這樣在一個平民的家庭毫無先兆地降生了。

這就是一切。

常平村，這個普通的小山村，也從此名垂青史，受到人們的朝拜。任何一塊土地上，都可能生養豪傑之士。任何一個人，也都有可能為生他、養他的這塊土地增光。地靈人傑，人傑地靈，本就相依相生。任何一個地方都有山谷，也有平坦的土地。任何土地之上都生長相應的穀物。這樣的地方也就養育這樣的人。

一個鄉村一個城市一個地區，因此而變得光榮。

出身的貧賤富貴，並不決定一切。那麼，他將面臨怎樣的人生呢？會有什麼樣的機遇或挫折在前面等待著他呢？誰也無法預料在他的人生之路上即將到來的是什麼，歲月又會對他進行怎樣的雕鑿？

那麼，就將一切交由上天來安排。

英雄的童年

他出生的時代，並不太平。大漢王朝經過了三百多年的歷程，淪入了衰朽的階段，陷入混亂與沒落，如同一個病懨懨的老人，每一天都在風雨飄搖中度過，每一天都不知道是否還會看到明天的太陽。

常平村，這個坐落在黃河岸邊的一個偏僻的小村子，在地圖上是可以不做任何標註的，也根本得不到顯示。但是，往往這樣的偏遠之地，正是盜賊搶掠的首選。

幸運之神從不眷顧像他們這樣的平民百姓，但是災難卻並沒有遺忘這裡的山民。

王朝的動亂也波及了這個小山村，那些帝國的兵士，藉著剿匪的名義徵斂。這群暴徒過去了，那些佔山為王的盜匪又肆無忌憚地前來接管了，並進行更加殘酷的擄掠。在這種反覆無止境的「拉鋸戰」中，遭殃的就是平民百姓。他們沒有任何依靠，也無從得到來自帝國的保護，因而他們和他們的鄰居同樣無助，神祇們只是遠遠地看著，並沒有降下什麼力量，為他們維護公平，也沒有替他們主持什麼公道。

沒有人知道一個鄉里小兒的成長過程。只是當某一天人們不能忽視他時，才突然發現，他已經長大了。那些童年的趣事就再也無從記起，令人感到說不出的遺憾，無法補充。所以，關長生的童年與少年時期，在僅有的典籍中，沒有任何記載。但是，人總是一天天長大的，其日後的成就總是與童年、少年的經歷密不可分。

在他的童年、少年時代，正是大漢帝國最黑暗、最混亂、最腐朽的時期。當時，社會動盪，豪強當道，盜賊紛起，民不聊生。大漢政權的航船正在急速駛向一個危機四伏的漩渦。國家的衰落，直接導致的是平民百姓生活的艱難，當然也波及一切的社會成員，只是所承受的程度略有不同而已。

他自己的母親，以及他們的鄰居，就是在這個時期的戰亂中死去的。

他的父親帶著他奔波避禍，每當夜幕降臨，父親低聲哼著一首古老的搖籃曲為他催眠，也為他的平安祈禱。那首搖籃曲就來自古老黃河那最憂傷的歌謠，是先民們對自己生存履歷的詠嘆。

當然，人與人是不同的。同樣，人的童年更是不同，因為出身，因為門第，因為社會基礎。在同齡的孩子中，這些差別很大，反映的是社會的價值取向，也昭示了未來。

讓我們把目光放得更遠一些，看看歷史的成因。

西元前二二一年，秦始皇吞併東方六國，建立了統一的中央集權的中原帝國，開啟了萬世家天下的帝王之夢。他的私心令他更為貪婪，他收繳天下所有武器，意在保證他的天下能夠傳承萬世，因而，他自封為始皇帝，然後二世、三世……以至於萬世。然而，夢境並不總是美好的。短短數十年，就在風雨飄搖中，秦王朝分崩離析，僅歷二世而亡。始皇艱難開闢的錦繡江山轉瞬之間就易主了。

經歷數年戰亂，代之而起的是漢朝中央帝國的誕生。一個強大而統一的中央集權的封建國家巍然崛起於大地之上，建立起了一個富庶繁榮的國度，充滿歡樂和祥和。這個草莽起家的王朝，就是大漢王朝。歷經數百年數代帝王的努力，確立了一套完備的典章制度，即所謂的漢家威儀。這套典章禮儀，對於中華民族的影響是深遠而又永久的。這個民族從此稱為漢族，中華民族都是大漢王朝的子民。在帝國的土地上，大漢的子民們安居樂業，創造了輝煌的文化，令大漢的聲威遠播，令後世景仰。

當然這已經是很久遠的事了。

不論這個政權的本質如何，畢竟保持了統一與安定。雖然圍繞皇權的承繼也有爭鬥，有變故，但是那都是皇家私事，就整個國家來說，仍然是統一的集權國家。帝國的基礎穩固，沒有動盪，百姓安居樂業。至少從這一點來說，就是值得維持的。然而到漢桓帝時代，政治腐敗，外戚專權，宦官專政，各種社會衝突積聚，人心渙散。帝國從強盛的巔峰，跌入了風雨飄搖之中。

人與人的不同，在出生前就已經決定了。

桓帝延熹年間，在河東解州（今山西運城市）常平村，關長生出生了。這就是後來名震三國的蜀漢五虎大將之一關羽，他又被後世歷代統治者追封尊崇為「武聖」，與「文聖」孔子並立。但是在他降生之初，誰也不知道他將來是英雄還是平民。

因為，英雄的降生和平民的出生，並沒有什麼差別。所不同的是英雄從來不能忘卻自己的使命，勇為天下負重。英雄應具備的形象本就如此。

據民間傳說：少年關羽孔武有力，嫉惡如仇。平民艱辛的生活，磨練了他的意志，也使他練就了一身好功夫。當時解州城有個綽號叫「解州虎」的惡霸橫行鄉里，欺凌百姓。尤其可恨的是「解州虎」買通縣尹，填埋掉全城所有的水井，僅留他家一口井，迫使全城百姓花錢向他買水，大肆敲詐勒索。百姓敢怒而不敢言。

在關羽十九歲那年的春天，那一天早晨的天空灰濛濛的，關羽來到解州城，繳納他家承擔的皇糧國稅。恰逢解州城街市上人群攢動，熙熙攘攘。而在鬧市的一角，人們提著盛水的瓦罐，排著長長的佇列，在等待著汲水。

飢渴中的關長生進到一家小店吃飯。看到那排成長蛇似的人群，他很納悶兒，就問店主人為什麼城裡用水還需要排隊。店主人小心地環顧四周，然後才告訴他說，「解州虎」與縣衙勾結，強行填埋水井，壟斷了全城的供水，獨霸水源。

趁著店中沒有別的客人，店主人告訴他，這個「解州虎」橫行鄉里。前幾天逼死了城南孤寡無依的老婆婆，搶走了老人家的孫女，像這樣無恥的行為經常發生，簡直多不勝數。

那天深夜，新月漸漸隱去，只剩幾顆星辰仍在深沉的夜裡發出微弱的光芒。遠處黃河靜靜地流淌，渾濁的河水沉默地流動著，那種低沉的流淌聲如同久久壓抑的嗚咽，令人感到喘不過氣來。

他悄悄摸進「解州虎」的莊院，潛入寢室，舉劍刺殺了那個打著鼾的惡徒，然後迅速逃離。在官府緝拿兇手的告示公開之前，他早已離開家，逃出潼關，「亡命奔涿郡」，從此開始了他江湖流浪的生涯。

勇於闖蕩社會的人，都不是甘於平庸之輩。不為盜徒，就是英雄。安於現狀的人，大多沒有出息。至少可以說，不會有大出息，充其量只是平庸而已。

常言道：非常之人必有非常之行。

社會的離亂，造就了菁英。《三國志．蜀志．先主傳》載：劉備，字玄德，涿郡涿縣人，是漢景帝子中山靖王劉勝的後代。先主早年喪父，少年孤貧，與母親以販履織席為業。莊前東南角生長著一株桑樹，高五丈餘，從遠處遙望，如車蓋，往來之人以為此樹非凡，匯聚風水，當有貴人出世。先主少年之時，與眾小兒在樹下玩耍。說：「我為天子，當乘坐這樣的羽葆車蓋。」叔父劉子敬對他說：「不許隨便說這樣的話，傳出會遭滅門之災的！」

非常之人，往往在年少之時，就已與眾不同。他的思維，他的言行，必然特立獨出。

同樣出生在這樣的時代，但是童年卻各不相同。

忠臣或奸雄，同樣生而相異。幼年的曹操就行為智慧超過常人。曹操還在幼年的時候，就是一個紈絝子弟，但是他的叔父很正直本分，看不慣他的行為，於是多次向曹操的父親曹嵩告狀。曹操內心深為不安，對他的叔父很厭煩，於是他天性中的奸猾令他想出了一個主意，當他再次在路上見到叔父的時候，就佯裝著暈倒在地，臉色青紫，口中吐出白沫，人事不省。他叔父驚慌中急忙抱起他施行救護。他醒來後，告訴他的叔父說：剛才受到惡風侵害了。出於對他的關心，他的叔父就把這件事告訴了曹嵩。曹嵩驚愕，叫來曹操時，看到曹操一切正常。問道：「剛才你的叔父說你中邪了，是怎麼回事？現在好了吧。」曹操卻說：「並沒有中邪的事，恐怕是因為叔父不喜歡我，所以才這樣中傷我吧。」結果曹嵩從此以後再也不相信弟弟的話了。曹操達到了自己的目的，行為更加放肆，無所顧忌了。

在後來的歲月裡，隨著大漢帝國政治命運的變遷，關長生的人生也發生了令人振奮的變化。他出身於平民百姓，沒有顯赫的家世可供依靠，也沒有可供炫耀的資本。他的未來，只能靠自己，只有藉由自己的奮力拚鬥才能贏得。

是的，只有戰勝了一切挫折和困難，才夠資格被稱為英雄。

桃花盛開時節的相遇

這裡距離都城洛陽很近，土壤肥沃，作物成長的週期較短，一年三熟，人民相對富裕。嚴冬過後，春天到來的時間相應早於北方。

此時正是桃花盛開的季節。這個春天，對於亡命天涯的關長生來說，似乎提供了一個改變命運的契機。當然，這時他也已經是闖蕩江湖數度春秋的老資格江湖俠客了。有了相當的閱歷，顯得更加沉穩老練了。

時代進入了光和初年。歷史以其固有的節奏從容推進，或曲折或直進，但是從不因某個人的命運而猶豫不前。

此前在建寧年間，帝國的統治氛圍呈現出空前的異常，謠言紛起，災禍頻仍，盜賊橫行，人心惶惶，到處都顯示出一派山雨欲來的景象。

一・逃亡

五年前的那天晚上，集市散了之後，他隨著人群離開解州城。

月光初升之時，他返回城裡，殺死了「解州虎」，為民除了害。然後他迅速走上了通往山中的小徑，沒有對任何人說一句「再見」。這是一條擺在他面前唯一可選的道路。

他沿著兩邊開著各種鮮花的小路，在月光的照耀下，向東急急走去，甚至沒有回頭望一眼，也無心留意飄拂在夜空中的山花的芳馨。

那年他十九歲。從那時開始，他的生命就完全改變了，開始了在帝國北方土地上的漂泊生涯。他翻過泰山，渡過黃河，進入涿郡。

為了生活，他什麼工作都做過。一路上，他受人雇用，做過挑夫。也跟著流浪的戲班，跑過龍套，還在寺廟做過雜工，從事過各種行業，也學過見到的一切武藝。總之靠著自己的誠實和勤勞，不知不覺間度過了五年的時光。當然，在那個離亂的年代，他所能掙得的工錢是有限的，他也所求不多，只要有一個地方棲身，有一碗飯吃就行。

每當人們問到他的身世，他總告訴人們，自己是從山那邊來的。母親死於戰亂，父兄也被抓了壯丁，被迫參加了戰爭，他隻身流落他鄉。

人們也願意相信他所說的一切，在那樣的亂世，很少有人對別人的動機有什麼懷疑。因為大家所面對的是同樣的境遇。

經歷過歲月的磨礪，他也漸漸長成為一個孔武有力的青年。

對他而言，歲月的流逝顯出了不一樣的意義，內心湧動著不甘沉淪的激情，這樣的流浪生活是他所不願承受的，他幻想著有朝一日能夠闖出驚天動地的英雄功績，然而報國無門的苦惱又令他陷入深深的鬱悶之中。

二・轉機

在漫長的古代封建中國，崇尚敬天法地，對於不可見的自然力的畏懼，是這個民族的基本心態。人們內心普遍對於神秘的自然界懷有深深的敬畏。對於中國古代的封建統治者來說，凡是政治上的決策或者重大國事活動以及自然界有什麼異變時，都必然召集臣議，以預測凶吉，因此也就會有臣屬藉自然現象說事。當時各地災害紛呈，謠言四起，漢靈帝頒諭詔書，改元光和。改元圖新，這是歷代統治者應對各種變遷的首選舉措，似乎改元就意味著可以遠離災患而高枕無憂。明智的聖主，則同時下令革除一些弊政，以求順天應人，從而緩和社會衝突，使社會又回歸穩定。當然這只是一種形式上的姿態，是政治上的一種手段，並不會有什麼實際的意義。

事實也似乎真是如此，凡有重大變故，總是伴隨著種種怪異的災變發生。

時代也在悄悄地變遷中，蓄積著相應的能量，孕育著變革的種子，等待著迸出劇變的火花。點燃這星星之火的是一位落第秀才。因為，在一個朝綱不舉、政治腐敗的時代，沒有什麼人會把讀書人放在眼裡，這些沒有背景但有能力的讀書人只能游離於體制之外。

鉅鹿郡有張氏三兄弟，長兄張角，二哥張寶，老三張梁。他們以採藥行醫為業，傳教惑民。歷經數年的經營，在九州大地上，已有八州民眾成其黨徒。於是，他們的心態就發生了變化，自以為民心歸順，圖謀舉事。

因為內變，也因為人性中的自私自利觀念，背叛與告密，就被某些人奉為達到目的的捷徑。所以，在那些烏合之徒中，出現叛徒應該說是很自然的事，謀洩激變，倉促間星夜舉事，從而爆發了規模浩大的民眾變亂，捲入的四方百姓有四、五十萬人，很快燃成燎原之勢。史稱「黃巾起義」。

朝廷詔令全民討賊立功。

這給那些流亡天涯的社會不安定份子提供了一個報效國家的機會，使他們能夠有一個管道走向正途，而不至於沉淪。

三．相遇

流落江湖的關長生緊緊抓住了這個機會，他便趕去縣城報名參軍。

他推著一輛車子，在中午來到了集市前的一家小酒店門前。他感到力乏飢餓，就走進店來，也同時打聽招募的情況。他進門就迫不及待地高呼說：「快拿酒來。」聲音洪亮有力，引來眾人回顧。

他身長九尺，鬚長二尺；面如重棗，唇若塗脂；丹鳳眼，臥蠶眉，相貌堂堂，威風凜凜。雖淪落顛沛，但也難掩天生的英武本色。

這引起了坐在旁邊桌上與張飛飲酒的劉備的注意，劉備主動邀請其同坐並互致問候。

劉備說：「我本中山靖王之後，字玄德。」

「我姓關名羽，字長生，後改雲長，河東解良人。聽說這裡招軍破賊，特來應募。」關羽自我介紹後，劉備也介紹張飛相識。

「先主於鄉里合徒眾，而羽與張飛為之禦侮。」這是正史的記載。演義則給予了符合生活邏輯的引述：在人頭攢動的集市上，以織席販賣草鞋為生的劉備面對招募義兵的榜文，慨然長嘆。這時，身後一人厲聲說：「大丈夫不與國家出力，何故長嘆？」就這樣結識了形貌異常的莽張飛。這位張兄身長八尺，豹頭環眼，燕頷虎鬚，聲若巨雷，勢如奔馬，而且還是一個富戶。他世居涿郡，賣酒屠豬，攢得一份家業田產，性格豪放，專好結交天下豪傑，是個有抱負有大志的英雄。後來民間有諺語說：「張飛賣肉，只喊不割。」事實上，張飛是一位很豪爽的英雄。身處落魄之境的劉備「本漢室宗親，聞黃巾倡亂，有志破賊安民，恨力不能耳。」故而只能無奈長嘆。張飛便豪邁地說：「吾頗有資財，當招募鄉勇，與公同舉大事，如何。」實在是天大的好事，雪中送炭。兩人攜手進入村店豪飲高談。

張飛大叫：「快拿上好酒來，我與兩位朋友共飲三百杯。」

關羽舉起酒杯，向劉備敬酒致謝。

「我不是盲流，」他態度友好地說，「也不是城郊的居民。我來自泰山之西的群山，祖祖輩輩都是本分的農民。只因為遭逢亂世，居無定所。所以想投軍報國。」

張飛放聲大笑，他拍了拍關羽的肩膀，對他說：「你也不必去向官府報名了，我們就自己拉起隊伍幹吧。這個世道正是英雄創業的時代，為什麼要去為那些貪婪腐敗之徒賣命呢？」

他用黑白分明的雙眼掃過喧囂的酒店，然後緊盯著劉備和張飛。劉備堅定地點點頭，誠懇地說：「翼德說得對，我也正是這個意思。與其應募為兵丁，不如自己率軍征戰。」

酒店中的人們藉著酒精的鼓舞，更是情緒昂揚，流露出對帝國前途的憂慮，狂呼高叫，不時爆發出一陣陣的怪叫聲。

雲長深為贊同。於是這個大事件就此得到了解決。

他們共同暢飲，深感投緣。從中午一直喝到傍晚。張飛說：「我家莊後有一桃園，花開正盛，明日就在園中祭告天地，我們三人結為兄弟，協力同心，共圖大事。」

四・桃園

他們一同來到張飛莊上，各自暢談自己的抱負，也互相敘述了以前的經歷，相互之間心生敬慕。他們發現，彼此擁有著共同的夢想和共同的志向。

關羽說：「古有廉藺刎頸之交，那麼我們兄弟也效法古人，結為生死兄弟。」

在春秋時期，趙國趙惠文王時，宦官總管繆賢推薦其智囊團中的傑出人物藺相如跟隨趙王出使秦國，藺相如不負重託，面對強大的秦國，以其勇略和高超的外交手腕挫敗了秦國的政治圖謀，維護了趙國的利益，捍衛了趙國的尊嚴。於是，他得到了趙王的器重，任為趙國右相，位在有攻城掠地、衛國安邦大功的大將軍廉頗之上。這位廉將軍心中很不服氣，耿耿於懷，挾憤找碴兒想污辱藺相如，藺相如則大度地予以迴避。後來當有人問他時，藺相如平靜地說：「你覺得廉將軍與秦王相比，誰更強大？」旁邊的人都說，廉將軍與秦王根本不可同日而語。藺相如就說：「我面對秦王尚且不懷畏懼之心，難道就怕廉將軍嗎？我之所以禮讓廉將軍，只是考慮到國家的利益。趙國之所以能夠抵禦秦國，就是因為有我和廉將軍同在。如果我們二人相爭，那麼勢必不可共存，那麼秦國就有機可乘了。何況我與廉將軍並沒有私仇啊。」當有人把這番話轉述給廉頗後，廉頗很慚愧。耿直的老將軍背負著荊條前去相府請罪：「我廉頗只是一介武夫，不理解將軍的苦心，實在有罪，請將軍懲處。」藺相如扶起廉頗，攜手相拜，結為生死之交。從此各諸侯國對趙國懷有畏懼，數十年不敢相侵。

張飛立即贊成關羽的提議。

他們心意相通，義氣相投，不謀而合。

「兄弟們，」劉備這位皇室後裔開口說，「我想我們的心靈是相通的，我們的目標達成了一致，這是一個不錯的開始。」劉備繼續說：「在我們死後，世人必定會記住我們，後人也必然能夠理解我們，就像我們能夠彼此理解一樣。」

在這個盛開著燦爛桃花的山間桃園，他們相遇了。

他們的相遇，意義非同尋常。因為他們的相遇，使大漢帝國的歷史進程受到深刻影響，左右了大漢帝國的命運和前進的方向。

五．祭天

沐浴。齋戒。

當然這只是象徵性的儀式，真正的結拜在於內心的誠敬。

也不必選擇黃道吉日。他們就確定在第二天的早晨，他們深感相見恨晚。他們受著創一番事業的熱情的推動，沒有時間等待，也不願等待。他們是頂天立地的男子漢，他們選擇了主宰自己命運的路徑，他們只相信天地，不相信神靈。他們覺得，自己就是自己的神靈。所以他們認為每一天都是吉日，都可以做他們想做的一切事情，不必徵得什麼神靈或是別人的同意，他們有權自主做出決定。

因此，他們只需要祭告天地。

在「為帝國守夜」這一神聖職責的鞭策下，他們難以抑制心中奔湧的歡樂。

張飛立即準備祭獻的供品。

在星月的光芒下，他們三人各自祭告祖宗。他們說：「我等將互相結為兄弟，願我們祖先的在天之靈，共同護佑我們。」

劉備說：「我永遠與你們同在。我以我帝國子孫的榮譽起誓，我永遠信守我的諾言。」

「您用您王者家族的榮譽擔保，這份諾言的價值無可估量。」關羽誠懇地說：「我同樣與你們同在，我以在戰爭中死去的母親的靈魂發誓，我永遠不會放棄我對你們的信任。」

張飛接著說：「承蒙兩位兄長願意接受我，我願與你們同在，並用我的人格做出保證。」

皇天高高在上，星月燦爛，他們跪於深厚的大地，以酒潑地，互相歃血，祭告天地祖宗。

在這靜靜的深夜，天籟無聲，空氣純淨透明，沒有雜質，也無雜念。上天聽到了他們發自內心的聲音。

六・盟誓

完成了祭告天地的儀式，在他們的內心升起一種血肉相連兄弟般的親情。他們不願分開，從此在帝國的歷史上，誰也無法把他們兄弟三人分開。史書記載：「先主與二人寢則同床，恩若兄弟。而稠人廣坐，侍立終日，隨先主周旋，不避艱險。」（《三國志・蜀傳・關羽傳》）

他們盼著第二天的到來。

第二天，朝日升起，靜靜地照在大地之上。

桃園之中，千萬朵桃花迎著這初升的光芒的照耀，更加爛漫多姿，蓬勃盛開著。空氣中溢滿芬芳。

面向太陽，供設烏牛白馬等禮儀祭品，獻祭的血液新鮮如同鮮花的花瓣。

玄德、雲長、翼德三人焚香再拜，面對太陽同聲共誓說：「念劉備、關羽、張飛，雖然異姓，既結為兄弟，則同心協力，救困扶危；上報國家，下安黎庶。不求同年同月同日生，只願同年同月同日死。皇天后土，實鑑此心，背義忘恩，天人共戮！」

義結桃園，花開正盛，園中桃樹，就是見證。樹神在前，皇天在上，太陽輝煌，一齊傾聽他們發自內心的誓言。

他們說：「我向你許下誓言，從現在開始，你就是我的兄弟，直到我生命終止的那一天。」這就是震撼天地的桃園結義，為後世兄弟結義所仿效。其誓詞也為後世確立了基調。

這就是彪炳千古、對後世產生極大影響的兄弟義氣。這就是傳承千年的俠義精神。為了守護這種俠肝義膽的赤誠之義，數千年來多少英雄豪傑用自己的鮮血澆灌滋養著這股浩然之氣。這也正是中華文明傳承數千年而不衰的內在驅動力。

雖然演義不乏虛構的成分，但是演義所描沭的情節，似乎更符合歷史的真實，更符合人情事理。因為，兄弟結義，這是中國最為古老質樸的傳統方式，在於互相依助，形成實力。

為什麼是桃園，而不是蘋果園？桃枝、桃符，在民間習俗中具有驅邪避禍鎮魔的寓意。至今在各地的廟會上，在五月的端午節，北方人仍然保持著給孩子帶桃木斧、桃木刀、桃木棒槌的風俗，意在保佑一年平安，諸邪不侵。桃符，更是一種安神鎮邪的靈符。鎮就是正，就是正氣，就是正義，就是邪不勝正之義。

誓詞，需要終生恪守。需要經過時間考驗，並不是信口說說而已。當然，對於仁厚忠誠之人來說，誓言就是行為的準則。但是，在那些背信棄義之徒心中，則只是可供利用的心計。有用時則祭出來，是個法寶；對自己不利時就故意忘記，如同風煙過眼，了無痕跡。因此，無論多麼完美的誓詞，都需要經歷考驗，看能否經得起時間的蕩滌，是劃分君子與小人的試金石。也正因如此，才成就了神與聖，才有了後世對於關羽的膜拜。

他們的聲音穿越時空，如同暗夜中的火光，從此照亮了人類的心靈，放射出璀璨的希望之光，使人們孤獨的心靈受到了光明的祝福，互相有了依靠和支撐。

於是，在這個桃園之中，在他們的心中，似乎一切都不存在，只有一個用心靈才能夠聽到的聲音在迴盪，各自的眼中只有他們兄弟三人。

他們結盟了，他們從此就是合夥人，開始了人生的永恆合作。

是的，以他們的名字，以他們故鄉的名字，以他們光榮的祖先的名字，以他們的鮮血締結了終生的約定。

七・結義

他們相遇的那天，是一個豔陽高照的美好晴天。空氣中飄盪著春天蓬勃的氣息。從結拜到傍晚沒有發生任何意外的事情，這意味著上天對他們給予了支持和認同。

結義，其實就是簽下了一份生死契約，是必須一生信守的心靈之約，而不是短期的盟約。

現在，他們以義為紐帶，互相緊緊地聯繫在了一起，成為一個不可分開的整體。而從某種角度來說，這個結盟也將影響到未來帝國的局勢。這一切並不是此時他們就能明確意識到的。但是在他們的心中，必然也有這樣的大志。

於是在他們的心中自然升起了一道熾熱的光芒，他們有一種從此獲得新生的奮發之感。從這一刻開始，這道光芒改變了他們人生的命運軌跡。

歷史的發展，也超出了他們的想像。

桃園結義，實為「三義」相結，即仁義、忠義、情義。結義的本義是「義」之交。沒有任何功利的私懷，以兄弟結義的形式，形成陣營的核心，也就保證了強而有力的戰鬥力、號召力和有效的帶動性，從而達到控制局勢的目的，向著某種目標前進。

古今千年，英雄眾多，之所以桃園結義為世代所稱頌，就在於「義」。真英雄，真豪傑，就在於「義」，就在於共赴大義。

有義就可縱橫天下，無義則寸步難行。

英雄的武器

演戲需要道具，工匠製造器械依靠工具，英雄必須要有武器。

武器是成就英雄所必不可少的因素。一刀一槍，往往成為英雄獨具風格的特殊標誌。

關羽與劉備、張飛在桃園結為三兄弟，面對天地祭拜，確立了報國綱領，成為終身奉行的約定。從此「寢則同床，恩若兄弟。」但是空有熱血和勇氣不行，必須要有實力。任何美好的思想，都代替不了武器。沒有實力支持的設想，都是幼稚的空想，都只能是他人哂笑的促丙。

雖然聚集了鄉間熱血勇士數百人，但是缺乏軍器馬匹，更無糧餉兵資。

吉人自有天助，上天總會在特定之時讓幫助你的人及時出現。縱使「山重水複」，總會抵達「柳暗花明」之境。此時來自中山的兩位大商人張世平和蘇雙，販運戰馬，路過這裡，中途住宿小鎮，於是劉備率關羽、張飛以兄弟名義設宴款待。

當他們聽說三兄弟的憂慮時，張世平說：「如果你們有什麼計畫，我願意恭敬地聆聽。」

蘇雙也慨然說：「在這件事情上，我願意盡我微薄之力，給予全力幫助。」

三兄弟目光相視會意，劉備再次舉杯向兩位商人敬酒，看到他們誠懇的表情，內心升起深深的感動。

在雙方友好合作的氣氛下，賓主徹夜盡興歡飲。兩位富商慨然應諾，贈送良馬五十匹，並捐助金銀五百兩，鑌鐵千餘斤，以資製造兵器。他們還主動提出聯合。有了他們的加盟，三兄弟的這支武裝有了一個可靠的後勤保障。

天下人共舉天下之事，天下之事的奇巧演化，總是這樣的不可思議，或許冥冥之中確實存在一種自然之力在左右一切。當然，在國家大義的旗幟之下，他們必然得到鼎力支持。正應了古語所說：得道多助。

劉備待人接物的準則是：寬宏大度，內心永遠不存疑忌，坦然接受他人的慷慨捐贈，也自然地給予別人回報。他高興地接受了這兩位豪商的義獻，舉杯相敬，將杯中美酒一口飲下，然後才道了聲謝。

所謂機遇，其實就是一種必然。是將內心的目標釋放在外，從而達成一致的合力。只要堅持不懈向著這個方向努力，絕不放棄，那麼，你的人生必將達到一個頂峰。

其實，歷史就是這樣形成的，是由那些堅定的人其決心所影響而形成的。

走出酒店，在燦爛的陽光下，幾片紅色和粉色的桃花花瓣在微風中飄過，送來一縷清香。有了錢，就能夠招兵買馬，就可以組起隊伍。

他們立即召集能工巧匠趕製兵器，打造武器鎧甲。關羽定製的長刀，名叫「青龍偃月刀」，又名「冷豔鋸」，重八十二斤。據傳說，刀成之時，天空有青龍飛過，刀從爐中升起，斬殺龍頭，以龍血淬火。歷代英雄，都有賴以成名的兵刃。沒有稱手的兵器和鋒利的刀劍，就總會受制於人，就必然面臨「人為刀俎，我為魚肉」的危境，只能任人宰割。所以刀對於英雄而言，其實就等同於他們的生命。

在這個崇尚武力的烽火亂世，有刀就有一切。

同時，置辦鎧甲，統一裝備，然後帶著隊伍去見太守。

有兵，有刀，就有資本，就是實力。說話的底氣也就充足。

令人不解的是，為什麼關羽定製的是這樣奇怪的兵刃——青龍偃月刀呢？十八般武藝所對應的兵器中並沒有這樣的兵器分類。而且，此刀重達八十二斤。對於凡俗之人來說，這柄長刀過於沉重，不是平常之人所能施展得了的。

獨特的兵刃，必然有獨特的武藝相配，自然必須由超常之人使用。

也許正因為如此，我們推測他的武藝應該是在十八般套路之外，必是獨創的絕招。否則絕不至於令那些成名大將也不堪一擊。

當然，或許是因為這種不合套路的武藝太過詭奇吧，施展開來，具有震懾心魄的威力。所以他們無法拆解，只有送上頭顱，任關羽取去，成就其威名。

刀是殺人的工具。殺人或被殺，是區別英雄和失敗者的最好方法。

殺人，是對別人的生命擁有決定權；被殺，是由別人決定自己的命運。

因此，刀在生命就在。刀必須握在自己的手中，手中有刀，就有可恃的武器，就無所畏懼，就有威懾力，就擁有發言權。沒有鋒利的刀劍，誰願聽你指使、任你驅策？

人是有思想的，同樣，刀也擁有靈魂。從此，八十二斤重的青龍偃月刀伴隨著關羽戎馬一生。人以刀成名，刀助人威勢。戰則必勝，每攻必克，勇冠三軍，所向無敵。

為了帝國的安定

其實，誰也不想殺人。

但是，為了國家的安全，老百姓的安居，叛亂必須平定。那些製造暴亂的恐怖份子，必須徹底清除。因為不論他們造反的理由多麼充分，他們的暴行對於平民百姓生活所造成的災難性破壞是不容赦免的。

這場戰爭並不是某一個人所挑起的，征戰雙方也無從區分正義與邪惡，這是社會衝突積聚所引起的必然爆發，誰也無法否認，更不可避免。

中平元年(西元一八四年)，黃巾軍首領張角自稱「天公將軍」，張寶稱「地公將軍」，張梁稱「人公將軍」。他們提出「蒼天已死，黃天當立」的口號，頭裹黃巾，擾亂四方。所過之處，生靈塗炭，郊野空虛，挾裹百姓，雲集影從，聲勢浩大，數路襲掠，席捲幽州、青州、潁川、曲陽等地，官軍望風而逃。

朝廷詔諭各地，自為守備，保境禦敵。同時組建平叛大軍，命令中郎將盧植、皇甫嵩、朱儁率兵分路征討。

關羽隨劉備帶著剛剛組織起來的五百鄉勇義兵，投奔駐守涿郡的校尉鄒靖。經鄒靖引見，參見幽州牧劉虞。劉太守十分高興。劉虞本也是皇室出身，於是與劉備各敘宗派。

太守之所以滿心歡喜，是因為在此國家多事之際，正需要這樣豪俠仗義的勇士賢才來助力，為己所用，保境安民，其實並不是因為什麼親情。所謂的親族相認，也無非是為了籠絡人心，作為實力，互為利用。

對於關羽三兄弟來說，拜見太守的目的，就是為國家平叛出力，取得一個正規軍的番號，使自己的作戰理由正當，得到國家的認可，為維護國家的安定盡力。當然，能夠與太守攀上點關係，也自是有益，何樂而不為。

不過，如果沒有黃巾軍的暴亂，他們這種聚眾持械會是什麼性質？能以什麼理由組織一支武裝力量？又怎麼能夠被太守敬為上賓而禮遇呢？無論他們是懷著多麼美好的目的，都會被視為不安定因素，進而被剿滅，而且根本不必問親情關係。

所以，時局的急遽變化也就為英雄提供了機會，為英雄提供了用武之地。這樣一個亂世，也正是需要英雄振作的時代。當然，想藉勢成就英雄之名的也大有人在，多少自以為英雄的人，更是躍躍欲試，乘勢而起，樹起各種旗號，奮勇嘯聚。大家都想在這個時刻成就功名，建立功業，想在江湖揚名立萬，想讓自己的旗幟成為時代的標識。比如孫堅，比如袁紹，比如曹操……

忽然烽火傳訊，黃巾軍前部先鋒程遠志領兵五萬進犯涿郡，聲威震動州境。劉虞命令鄒靖率領關羽兄弟三人前去迎擊，禦敵於境域之外，以保本郡百姓平安。他們三人帶領所募集的五百兵勇欣然前往。他們進軍至大興山下，與叛亂的黃巾軍狹路相逢。

「兵者，兇器也。」歷代軍事家都非常注重首戰。必欲萬全而不敢輕易冒險。因為初戰勝敗，關係到部隊的士氣和戰局的發展進程。當然，狹路相逢，任何的退卻迴避都不可取，必須具有決死之氣概，勇往直前，才有戰勝對手的可能。

程遠志挾其兵眾氣勢，欲先發制勝。他命令副將鄧茂出戰。張飛更是急切求戰，挺丈八蛇矛迎戰，舉手之間，刺中鄧茂前心。程遠志懷怒拍馬舞刀，襲擊張飛。雲長揮動大刀，縱馬截擊。程遠志驚愕，措手不及，被雲長很瀟灑地一刀揮為兩段。

叛眾首領程遠志被斬，眾軍倒戈奔逃，作鳥獸散。玄德揮軍追擊，大獲全勝。

兵不在多，烏合之眾雖號稱數萬，並沒有多少戰鬥力。以五百兵迎擊五萬之眾，勝在對敵必勝的氣勢，非勇武冠絕之人不可。

這次戰鬥，是三兄弟協力為國建功的祭刀之戰。從此，他們開始了轉戰中原的匡復大業。

關羽等人未及卸甲休整，又接到青州太守龔景請求救援的告急文書。黃巾軍包圍了青州城，城池即將被攻陷。劉備說：「我願去救援。」三兄弟當即率五千兵勇，又馳赴援青州。在青州城外與黃巾軍圍城部隊混戰，寡不敵眾，暫退三十里駐紮，尋機殲敵。

劉備說：「敵眾我寡，必須以奇計才能取勝。」他考察了地形，決定採取夾道設伏的計策，由關羽、張飛各帶一千名精銳軍兵，埋伏在兩側山下，佈成「口袋陣勢」，約定以鳴金為號，協同攻擊。

第二天，劉備引軍鼓譟吶喊進攻。圍城的黃巾軍組織兵眾迎戰，劉備撤退，黃巾軍乘勢追趕，進入預設的戰場。劉備軍中一齊鳴金，左右關羽、張飛兩軍齊出，劉備回軍搏殺。三路夾攻，黃巾軍陷入重圍，一觸即潰。劉備乘勝直逼青州城下，太守龔景率守城軍民出城助戰。黃巾軍圍城部隊潰敗，青州之圍即被解除。

劉備說：「據說中郎將盧植與張角在廣宗決戰，以前我曾拜盧植為師，應該前往援助。」於是將所帶正規部隊歸還建制，只率本部五百人奔赴廣宗馳援。在這兵荒馬亂的沙場，師生相見，更感親切萬分。盧植即令劉備三兄弟留在軍中聽候調遣。

盧植指揮的五萬官軍，吸引並拖住了張角十五萬大軍，雙方相持於廣宗，各自都在等待戰機，東線戰場暫趨穩定。在西線，皇甫嵩、朱儁率領官軍在潁川抗擊著張梁、張寶數十萬大軍的進攻，局勢不明。盧植說：「我現在將賊軍主力緊緊拖住，使其不能西移，你再帶一千官軍，前去潁川取得聯絡，約期會剿，發起總攻，舉行決戰。」

危難之際，正是英雄出現之時，於是劉備三兄弟奉命引軍星夜向潁川進發。

黃巾軍進攻遇到皇甫嵩、朱儁所率官軍的堅決抵抗，突擊猛進的步伐被阻滯，兵鋒受挫，雙方進入相持狀態。黃巾軍因為多屬流寇所集，未受正規訓練，根本不懂結陣紮營的常識，隨意地依草結營，這是十分危險的，是非常致命的失誤，犯了兵家大忌。皇甫嵩與朱儁抓住良機，乘夜縱火，風助火勢，火助軍威。這群未經嚴格訓練的烏合之眾，哪裡經得起訓練有素的精銳之師的衝擊，眾軍驚慌，潰散逐奔，混戰到第二天早晨，張梁、張寶引剩餘軍士，奪路而逃。

烽火燎原，在火勢的助力之下，他們擊敗了正面的敵人。但是，黃巾軍首領卻逃走了，似乎上天對他們網開一面。

忽然一支軍馬，高舉紅旗，切斷了叛軍逃跑的去路。為首的年輕將領，正是騎都尉曹操。他引馬步軍五千，前來潁川助戰。兩軍相遇，曹操攔住敗逃的張梁、張寶殘軍，奮勇衝殺，斬首萬餘級，繳獲極多。張梁、張寶臨陣迷惑了士卒的心神，因而得以逃脫。曹操引兵尾隨繼續追襲。

當初曹操任洛陽北部尉。到任之始，即設五色棒十餘條，高懸於四面城門，有違禁觸犯者，不避豪貴，重責懲戒。中常侍蹇碩的叔父，夜間酒醉，公然持刀行走城中，被曹操巡夜拘拿，當即棒責懲處。從此，洛陽城內外，社會風氣煥然一新，沒有誰敢觸犯禁令，曹操威名震動朝野。

關羽與玄德、張飛來到潁川，只聽喊殺之聲震天盈野，又望見火光遍地，便立即加入戰鬥，黃巾軍敗散遠遁。他們在戰場上與皇甫嵩、朱儁相見，轉述盧植的戰略意圖。皇甫嵩說：「張梁、張寶勢窮力弱，必定去廣宗與張角會合。你們即當星夜返回援助。」

表面看來，這是讓三兄弟承擔了些許責任。其實，是相互推諉，並不願將三兄弟收編為正規的軍隊，誰也不願意讓他們進入自己的勢力範圍，即使他們懷著捨命投效的決心。這些有著正規番號的軍士，從骨子裡就有一種優越，對於草莽英雄並不願正視，總以為對方是懷著什麼目的，又覺得這樣的鄉勇不受約束，難以節制，所以還是遠遠打發了為妙。

在返回的路途上，卻遇見盧植被囚於監車之中，押解去京城受審。癥結是盧植沒有以重禮打點朝廷前來瞭解戰況的使者，被惡意陷害。盧植說：「我包圍張角，即將獲勝；只因為張角施放妖術，未能即勝。朝廷差黃門左豐前來視察，問我索取賄賂。我說：『軍糧尚缺，安有餘錢奉承天使？』左豐挾恨，回奏朝廷，說我閉城不戰，惰慢軍心；因此朝廷震怒，遣中郎將董卓取代我，拘我回京問罪。」張飛大怒，要救盧植。劉備急忙勸阻：「朝廷自有公論，豈可造次？」

大業往往就被這樣的一些貪佞之徒所破壞。加速朝代滅亡的主要因素，就是因為有這樣的一群小人得到了重用。這種人之所以得到重用，就在於他們慣於鑽營。當然也因為政治生態的腐朽，造就了這群小人生存的土壤。因為有人需要這樣的小人為他所用，於是他們就很容易得到任用，也就是這種人合夥毀了這個帝國。歷史上很多國家都是這樣被葬送的。

評價一個朝代是否有活力，是否有振興的希望，一個最簡單最直接的方式就是考察這個時代什麼人得到重用。

關羽問：「盧中郎已遭誣陷逮捕，別人領兵，我們去無所依，不如仍回涿郡。」

於是只好引軍回歸。忽然聽到山後喊聲大震。縱馬上高崗遠望，只見官軍敗退，後面黃巾軍追擊而來，旗上大書「天公將軍」。劉備說：「正是張角！立即投入戰鬥！」三人率軍衝擊。張角正乘勢追殺董卓，忽遇三人所向無敵的衝殺，敗退五十餘里。

劉備兄弟三人救了董卓回營。董卓詢問三人職務。劉備說：「平民百姓。」董卓立即換上了一副十分輕視的面孔，態度倨傲，全然沒有一點尊重。他以為在與叛亂之軍的這次戰鬥中，關羽三兄弟只是僥倖取得了一個微小的勝利。何況這個小小的勝利又令他的失敗顯得如此沒有面子。自然他心懷敵視，故意抹去他們的功績，不予理睬，更別說得到相應的獎勵。

為了整個帝國統治的穩固，為了帝國百姓的生存，劉備三兄弟義無反顧，也只能默默忍受著這種屈辱。雖然在表面上看，這個扭轉戰局態勢的戰鬥被他們認為是如此的不合時宜，但是在實際上，畢竟是為帝國的命運做出了應有的貢獻，挽救了帝國的覆滅，也拯救了數萬將士的生命，更重要的是使更多的百姓免於叛亂的災禍，所以他們無愧也無悔。儘管那些無能的將領是如此的無禮，在這種將領指揮下的軍隊如此地缺乏鬥志。可是何必與這些人一般見識呢？

報國無路，英雄無依。縱使具有經天緯地之才，通徹造化之能，然而，當你處在社會的底層，又沒有什麼可供利用的背景資源，那麼你的命運就可想而知。你所做的一切，都只是為他人做嫁衣。你的一切功績都將理所當然地記在別人的頭上，書寫在別人的功勞簿上，你所付出的血汗都是為他人爭得榮譽，然而你卻得不到一句真誠的感謝，往往無處安身，更會受到勢利之徒的白眼，被人恥笑。你拚命作戰，但是勝利的果實卻由別人盡情享受。

在平定整個黃巾暴亂的戰爭中，劉備三兄弟所依靠的只是這股在涿郡拉起的子弟兵。這是一支忠誠的力量，他們是這個軍隊的骨幹和核心。在兄弟三人合力經營之下，經過歷次戰鬥的洗禮，這支軍隊最終被錘鍊成了一支強大而忠誠的力量，追隨著他們轉戰南北。為了帝國的復興，為了帝國人民的安定和自由奮戰著，不辭艱難險阻。

關羽說：「兄長建許多大功，反而被如此侮辱，吾思枳棘叢中，非棲鸞鳳之所。不如歸鄉，別圖遠大之計。」

英雄見微識機，往往超於常人。

於是他們轉身而去。當然，他們也不會受到任何真誠或假意的挽留。沒有人在意他們，他們太微小，誰也不會把他們放在眼裡。

其實就是一杯酒的溫度

民心，就是天意。天意必以民心而昭示，以民心而推進，以民心而實現。

漢獻帝初平元年（西元一九〇年），懷有野心的董卓弒殺少帝，立劉協為帝。朝政大權被董卓控制。董卓的大逆之舉，引起了各地實力派的不滿，中原諸侯矯詔而起，以討逆為旗幟，名為「義兵」。從而直接導致了長達二十年的諸侯混戰。

動盪由此開始，帝國陷入長期的戰亂。

義，在民眾心中具有強大的號召力，深深地融入民族的血脈之中。凡有重大舉措，必有義在。無義則不會得到回應，就沒有支持的力量。只有在義的旗幟下，才會聚集人心。講義氣的人，心中都必然懷有一種正義感。在他們的心中，以伸張正義為己任，為了義氣，熱情澎湃。民眾對於關羽的崇拜，也就在於一個「義」字。只要樹起「忠義」的大旗，以「力扶社稷」為理由，英雄們就會從天下各個角落，競相奔投，一時間便能聚起數千人馬。「應募之士，如雨駢集。」可見這個義字是如何深入人心。

有人馬，就有了實力，就要舉行征討了。征討，就得有名，因為「名不正，則言不順」。那麼，就得有口號，就得有檄文，從而使自己理由充分，使自己師出有名，使自己的行為顯得正義。於是，「作檄文以達諸郡。」檄文寫道：「曹操等謹以大義佈告天下：董卓欺天罔地，滅國弒君；穢亂宮禁，殘害生靈；狼戾不仁，罪惡充積！今奉天子密詔，大集義兵，誓欲掃清華夏，剿戮群凶。望興義師，共洩公憤；扶持王室，拯救黎民。檄文到日，可速奉行！」

本來各地的實權派早已按捺不住，雄心高漲，只是沒有藉口。現在持有檄文，實在是一拍即合。他們誰都知道這是矯詔討逆，之所以說是矯詔，因為皇帝被董卓控制了，怎麼可能發出討伐的詔書呢？但是他們心照不宣，配合默契，根本就不願有所質疑，何況這是多麼及時的一個理由。發展自己，擁兵自重。於是「各鎮諸侯皆起兵相應」。這其中有後將軍南陽太守袁術，冀州刺史韓馥，豫州刺史孔伷，兗州刺史劉岱，河內郡太守王匡，陳留太守張邈，東郡太守喬瑁，山陽太守袁遺，濟北相鮑信，北海太守孔融，廣陵太守張超，徐州刺史陶謙，西涼太守馬騰，北平太守公孫瓚，上黨太守張楊，烏程侯長沙太守孫堅，以及祁鄉侯勃海太守袁紹。「各路軍馬，多少不等，有三萬人的，有一兩萬人的，各領文官武將，向洛陽會聚而來。」耀武揚威，各顯其勢。

且不論戰鬥力如何，這些響噹噹的名字，就令人感到振聾發聵。他們中的任何一位都是跺跺腳就可以讓一方震動的重量級人物。

這群不甘平庸的實力派人士，煥發出了雄心，既有力扶社稷的美名，又有擴張權勢的實際利益，更有名垂千古的機遇，自然踴躍。

按常理推測，數十路大軍，會聚一處，聲勢必然浩大。如果齊心協力，那麼區區一董卓哪裡能夠抵擋得了。

但是，也正因為他們都太威風八面，也就各懷打算，所以，其實質也只是貌合神離的烏合之眾，誰都想著得利，可是誰也不願第一個衝鋒陷陣。因為他們誰也不願負責任。他們都是為了分紅而來，並不真心是扶危濟困。他們只是需要一個分肥的理由。

看看這些名字，就可以想像得出他們能夠成就多大的事業。這是一群機會主義者，而機會主義者在任何時代都存在，只是所叫的名字不同而已。他們根本就不具備管理天下的德能。

真正的英雄是務實的，務求實效，務求對國家、對民眾有切實的責任，而不是趁機撈取實利，更不在乎虛名。當然，林子大了，就有鷹隼棲落；江海深處，必然潛藏蛟龍；深山密林之中，必有臥虎；人群廣眾，必有真豪傑。

事實也正是如此。北平太守公孫瓚，路經德州平原縣。在城外桑樹叢中，遇見等候迎接的劉備兄弟。知關、張「乃同破黃巾者」，感嘆說：「如此可謂埋沒英雄！今董卓作亂，天下諸侯共往誅之。賢弟可棄此卑官，一同討賊，力扶漢室，若何？」三兄弟同心說：「願往。」於是，玄德、關羽、張飛便跟隨公孫瓚共赴國難。眾諸侯會聚，各自安營紮寨，連接兩百餘里。乃宰牛殺馬，會盟商議進兵之策。

這群所謂的英雄，只是在英雄的盛名之下，佔據著實際的利益，當國家真正需要他們時，他們只是虛張聲勢，起起鬨而已。

這世間資源很緊缺。但是，哪裡都不缺少沽名釣譽、華而不實之徒。浪得虛名的人實在是太多了，他們徒有虛名，佔有名位，然而每臨大事，卻無任何良策。真正的豪傑之士，卻每每被淹沒，不得而出。

當然，不論懷有什麼目的，他們畢竟行動起來了。只是蛇無頭不行，群龍無首也無益於舉大事。羊群無論多大，都有一隻頭羊領路。何況人馬會聚，就不能沒有帶頭的首領大哥。於是，按照他們那種自以為是的架式，以勢利的眼睛和狹隘的見識，群起而附和著，推舉袁紹為盟主。理由是：「袁本初（袁紹字本初）四世三公，門多故吏，漢朝名相之裔，可為盟主。」這位出身豪門的子弟，只是假意推辭一番，然後就欣欣然登壇盟誓了。盟誓說：「漢室不幸，皇綱失統。賊臣董卓，乘釁縱害，禍加至尊，虐流百姓。紹等懼社稷淪喪，糾合義兵，並赴國難。凡我同盟，齊心戮力，以致臣節，必無二志。有渝此盟，俾墜其命，無克遺育。皇天后土，祖宗明靈，實皆鑑之！」讀畢歃血。雖然盟約的誓詞語意鏗鏘，字句慷慨，令人涕泗橫流，但是盛舉之下，事實將會如何，還需要時間和事實的驗證，也只能拭目以待。

但是在這個環境和語境之下，至少群情是激憤的，是高漲的，令人熱血沸騰，令人勇於仗劍而前。

既然已經誓師，戰爭即將展開，那麼由誰第一個發起攻擊，承擔突擊的使命呢？長沙太守孫堅畢竟是一位血性男兒，他願意作為先鋒。袁紹說：「文台勇烈，可當此任。」孫堅當即帶領本部人馬奔襲汜水關。

面對天下諸侯，董卓震恐，急聚所屬將領商議。呂布挺身而出，說：「父親勿慮。關外諸侯，布視之如草芥；願提虎狼之師，盡斬其首，懸於都門。」董卓自然非常高興，說：「吾有奉先，高枕無憂！」此時，呂布後面一人高聲說：「割雞焉用牛刀？不勞溫侯親往。吾斬眾諸侯首級，如探囊取物耳！」正是關西人華雄。他身長九尺，虎體狼腰，豹頭猿臂，威風凜凜。董卓嘉其勇氣，於是升任為驍騎校尉。統領五百萬馬步軍，前往迎戰。

急功近利之徒無處不在。濟北相鮑信，只怕別人奪了頭功，於是私自調遣所屬兵馬，取捷徑搶先進攻關防。華雄率領五百鐵騎，如飛般衝鋒，氣勢震天，鮑信之弟鮑忠倉促不及招架，就被華雄一聲大喝嚇得失了魂魄，被斬於馬下。

這個聯盟其實是脆弱的，因為他們沒有一個統一的軍事行動綱領，也沒有一個全局的戰略計畫，人多勢眾時，爭名奪利；遇挫臨難時，則退避三舍，作壁上觀，以便見風使舵。這些人既無大德，也全無軍事才能，臨陣交鋒，諸侯所部各自為戰，又各自保存實力，袖手旁觀，不肯同心合力共進共退。看似兵多勢強，實為烏合之眾。

歷來聯軍少有協力同心作戰的。戰爭還沒有展開，往往就已心懷異志。更在勝敗沒有任何端倪之時，就已互相掣肘。事實也正是如此，廝殺在即，卻已有小人在搬弄是非了。有人遊說袁術：「孫堅是江東猛虎。如果打破洛陽，殺了董卓，正是除狼而得虎。如今不給予糧草，他的軍隊就無法堅持，必然潰散。」心胸狹隘的袁術聽信並採納了這個讒言，不發糧草，導致孫堅軍隊補給斷絕，軍心動搖。心胸決定著一個人一生事業的成就。袁術以害人始而終累己，這是必然的規律。這是一群成事不足，敗事有餘的宵小。所有的事業就這樣被葬送。

李肅與華雄設謀：「分兩隊乘夜協同行動，一隊從小路奔襲孫堅側後，將軍率軍正面衝擊，就可立即擒獲孫堅。」

在這個月白風清的夜晚，陰謀在夜月的美麗面紗下悄悄展開了。然而，困處前線的將士們卻根本沒有任何警惕。營壘靜靜地沉睡在夜空的星月之下，或許已有美夢回到家鄉。因為已是半夜，白天征戰的鼓聲已歇，戰刀上的血漬已經拭去，呼喊暫時停息，爭戰的雙方都該緩口氣了。

突然，喊殺聲驟起，滾滾如潮的鐵蹄鋪天蓋地席捲而來。孫堅倉皇不及整軍抵禦，華雄已舉刀砍來。軍營內四處火起，喊殺之聲響徹夜空。飢疲無措之軍，如何抵擋飽食精銳之師。兵無鬥志，四散逃竄。孫堅慌忙招架數回合，在祖茂的護持下，突圍而走。

華雄卻不願讓他這樣輕鬆地逃跑，從後面緊追不捨。得勝之時，誰也不會給你逃遁的機會。沒有人會對失敗者心慈手軟。因為當殺人成為賺得榮譽的合理理由時，人們就只想用他人的鮮血，書寫並澆鑄自己的豐碑。所以，誰也不會輕易放棄。除非天意為你留一條活路。

孫堅取箭連射，藉以阻止華雄的追擊，也謀求一箭射中，求得翻盤取勝的僥倖，但是兩箭皆被華雄機警地躲過。情急之下，第三箭因用力太猛，扯斷了弓，只得棄弓縱馬奔逃。祖茂急切地說：「主公頭上赤幘射目，為賊所識認。可脫幘給我引開敵人。」孫堅換上祖茂的頭盔，分路而走。孫堅從小路得以逃脫。祖茂則被華雄一刀砍殺，孫堅的赤幘作為戰利品被繳獲。

孫堅損兵折將，傷感不已，星夜派遣人員報告戰況。袁紹大驚：「不想孫文台敗於華雄之手！」便聚眾諸侯商議，卻並不追究導致失敗的緣由。公孫瓚帶著劉備三兄弟最後到達。袁紹說：「前日鮑將軍之弟不遵調遣，擅自進兵，殺身喪命；現在孫文台又敗於華雄，挫動銳氣，怎麼辦？」諸侯面面相覷，默然無語。未戰輕敵，小挫即懼，狼顧不前，懷私自保。正如呂布所言，空有虛名，實如草芥，實不足以成大事。

由此可以看出，這群所謂的英雄們能夠成就多大的事業。太過勇烈的孫堅，已然遭人忌憚，受到暗傷。而天下諸侯此時已經受制於袁氏兄弟，他們的命運已經成為一個問題。其實，誰都心知肚明，都知道會是這樣的結果，但是都得留在這裡以表明自己對於帝國的態度，免得成為被遷怒的對象。因為，帝國豢養的這群勢利走狗們，他們咬狼不行，但是咬狗卻都是好手，所以，要避免自家的毛被咬掉。因而面臨失敗的同類，只能默然面對。

袁紹舉目遍視，無人置言。忽然看見公孫瓚背後立著三人，容貌異常，冷然而笑。英雄不得志時，往往屈處人後，被人輕視。那些堂堂坐於前排的所謂位尊名高之人，卻不識英雄於低微之時，實為不足為謀的草芥之徒。

只因為覺得別人的冷笑太令人不舒服，於是袁紹發問：「公孫太守背後是什麼人？」公孫瓚介紹說：「是我自幼同舍兄弟，平原令劉備。」曹操說：「是不是破黃巾軍的劉玄德？」公孫瓚說：「正是。」並將劉備及其兄弟的功勞，扼要述說。袁紹請劉備上座，劉備謙遜致謝。袁紹說：「我並非敬重你的官職，我只是尊重你是帝室後裔。」意思是說，你別不識抬舉，以為我把你當什麼菜。

什麼叫勢利，已經不需要再闡釋。

短視勢利之人，時刻不忘自己出身的高貴，以顯示自己顯赫的門第。也只有這一點是他唯一可以自恃的，才能使他的虛榮心得到一點支持。

劉備坐於末位，關羽、張飛於兩側侍立。忽然通信兵報告說：「華雄引鐵騎出關，用長竿挑著孫太守赤幘，前來挑戰。」袁紹說：「誰敢迎戰？」有驍將俞涉說：「小將願往。」但是，俞涉與華雄交戰不到三回合，即被華雄斬了。

太守韓馥說：「我有上將潘鳳，可斬華雄。」袁紹急令出戰。潘鳳手提大斧，結果又被華雄斬了。眾人聞言失色。袁紹自語：「可惜我上將顏良、文醜不在！如果有一人在，何必懼怕華雄！」自抬門面，自高身價，往往是內心虛弱之徒的慣用伎倆。

他還未說完，一人厲聲說：「小將願往斬華雄的頭，獻於帳下！」眾人驚視，其人身長九尺，鬚長二尺，丹鳳眼，臥蠶眉，面如重棗，聲如巨鐘，立於帳前。公孫瓚說：「這位就是劉玄德結拜兄弟關羽。」袁紹問是什麼職務。回答說：「跟隨劉玄德充任馬弓手。」當然，一介縣令手下，馬弓手是他所能給予的最高職位了。袁術大喝道：「在你的眼中以為我們諸侯沒有大將嗎？一位小小弓手，安敢亂言！給我趕出去！」

你可以平庸，但是你不可以超出他們以顯出他們的無能。因為你平庸，他們就會覺得高高在上，就會覺得安全，就會自以為威風八面，於是你也就可以平安。如果你有所不同，那麼就會讓他們覺得不安，於是，你將被擠壓，或者被「亂棍打出」。

曹操急忙說：「此人既出大言，必有勇略；試教出馬，如果他不能取勝，那時責罰也不遲。」雖然有理，其實也等同於廢話。在以性命相搏的戰場，如果不能取勝，就意味著殞命疆場，何以責罰？又哪裡用得著你來責罰？袁紹說：「讓一弓手出戰，必被華雄所笑。」曹操說：「此人儀表不俗，華雄又哪裡知道他是弓手？」關羽說：「如果不能戰勝，請斬下我的頭來。」曹操即斟熱酒一杯，請關羽飲，以壯聲威。此舉也算是實實在在的支持，令人心暖。關羽說：「酒且斟下，我去去就來。」出帳提刀，飛身上馬。帳外鼓聲大振，喊聲大舉，如天摧地裂，嶽撼山崩，眾皆失驚。鸞鈴響處，馬到中軍，一顆滴著新鮮血液的人頭，擲於地上。

杯酒尚溫。

曹操極為敬佩。這時，張飛高聲大叫：「俺哥哥斬了華雄，還不立即殺入關去，活捉董卓，更待何時！」袁術大怒，喝道：「俺大臣尚自謙讓，量一縣令手下小卒，安敢在此耀武揚威！都給我趕出帳去！」

他們始終不忘自己的身分，也必然時時處處提醒著別人不要忽視了各自的身分，誰也不能藐視他們的存在。誰如膽敢藐視他們，必然露出本相，齜著牙要咬人了，要將你們都趕出去了，免得讓他心裡不是滋味。他們總是覺得身分就是他們的一切，不容別人動搖。因而也容不得身分低的人在他們的面前說話。他們總想壟斷一切。就是這種人毀了這個帝國。

曹操說：「得功者賞，何計貴賤？」袁術說：「既然你們只尊重一位小小的縣令，我當告退。」這就是典型的無賴。曹操說：「怎麼可以因為言辭而耽誤國家大事呢？」眾人盡皆默然而散，誰也不願說出一句話。因為他們誰都明白：沉默是金。沉默就會顯得高深莫測，就顯得高明，就顯得不同凡俗，也是對自己身分最有力的保護，也意味著對於威脅著自己身分的人的否定。同樣，沉默所顯示的態度既是支持也是否定，既可以是對你也可以是對他，可以讓自己從容轉舵。

營帳中，人們都保持著沉默，沉默中透出一種徹骨的冰冷，充滿著不屑與敵意。

只有曹操讓人送來牛肉和美酒撫慰劉備兄弟三人。其實一杯酒就已經足夠。

關羽並沒有因為殺敵而立功，也沒有因為解救了危難而受到尊敬，更沒有因為力挽狂瀾而受到應有的封賞，反而幾乎被亂棍打出。這就是世道。

英雄總是埋沒在壟畝之間，總難有用武之地。因為那群徒有虛名的勢利小人當道，因此，空懷報國之志的壯士，總也無法進入報國之門。

一個人是不是英雄，主要在於他有什麼事蹟，而不是看他的父親是誰，更不在於他的祖輩有什麼功績、是不是貴族。但是，世道卻並不如此簡單。

諸侯震驚

在汜水關前的鏖戰廝殺中，關羽斬殺了威懾諸侯的驍將華雄，挫敗了敵方銳氣，穩定了戰局態勢，為這群英雄們爭得了喘息的機會。同樣，對於那些恃勇無謀之輩來說，形成了新的震懾。汜水關守將李肅以緊急軍情公文報急，董卓惶恐不安。

任何人都有朋友。同樣，無論罪惡多麼深重的敗壞之徒，也必有幫兇。

在義的旗幟下，關東群雄匡扶漢室。諸侯聚集，以討伐不道。董卓之所以能夠為禍天下，自有其智略膽識，並不就是草包一個，也有其令人不可小覷的能耐。當即，他也聚集起所追隨的黨徒們進行密謀，商議應對之策。

李儒獻出殃及無辜的奸計，看看居住在都城的袁氏家族遭到了怎樣的對待吧。太傅袁隗一家，不分老幼，盡遭毒手。因為他不幸是袁紹的叔父，又不幸的是他在朝廷任職，並且就在長安安家。所以，他就成為洩憤的目標，也就理所當然地作為警告異己份子的代罪羔羊。

隨後董卓立即調集二十萬大軍，分兩路馳援。命令李傕、郭汜引兵五萬，堅守汜水關。董卓親自率軍十五萬，帶著李儒、呂布、樊稠、張濟等人作為機動兵力，尋機野戰，以求挽回敗局。

戰爭，無論正義握在誰手，都是殘酷的。其實，戰前的正義都是自封的，戰後的正義也同樣是強奪到手的。因為，戰勝者就擁有了決定權，那麼正義就是他的。戰敗者，無論是否有正義，都沒有伸張的機會了。因此，古云：「兵者，兇器也。」無論最終是誰勝利，都需要面對千瘡百孔的廢墟，而最終是無辜民眾來承載創傷。戰爭雖然對敵人形成了打擊，也同樣令自己遭受重創。在消滅敵人的同時，自己也付出了鮮血與物質的沉重代價，人力、物力、財力都被大規模地損耗。

權力之爭的殘酷，就在於捲入漩渦之中的當事者，都必須付出血的代價，勝或敗都是血淋淋的。當然對於那些野心勃勃的冒險者來說，其回報率是可觀的，值得為之一搏。但是對於平民百姓來說，實在無辜，實為無奈，毫無意義。不要聽信那些所謂的為民請命的話，那只是為了掩蓋私心的極度膨脹而製造的冠冕堂皇的理由。

諸侯們所藉口維護的，也無非一家一姓的天下。事實上，在他們的內心之中，也並不就真正是為了維護這個一家一姓的天下，只不過是一個在當時的語境之下漂亮的藉口而已。他們真正想的是什麼，只有他們自己知道。

其實他們內心正在幸災樂禍著，因為這樣的動盪給了他們機會，他們才是最大的得益者，是最實際的贏家，他們只以最小的賭本──百姓的血汗所生產的資財和別人的鮮血，卻可能搏取到最大的利益。因此，只有民眾是在真正地承受著苦痛。

還是讓我們來到汜水關前，再看一眼當年的古戰場吧。

汜水關，在今河南滎陽汜水鎮，也就是虎牢關，又有武牢關、成皋關、古崤關、旋門關等稱謂。由這諸多稱謂，足以見出這個關隘在歷史上的地位。之所以叫虎牢關，傳說周穆王射獵圃田，在此豢養獵獲的猛虎，於是得名。演義裡故意用一個關隘的兩個稱呼來描寫，其意就在竭力展示當時戰況的慘烈與戰爭規模的宏大。

佇立城頭，舉目四顧，汜水關北臨奔湧湍急、一瀉千里的黃河，南依逶迤起伏、墨潑黛染的嵩嶽，大伾、浮戲、廣武三山橫亙綿延，群山壁立，大河為壕，天險自成。山巒掩映之中，一條大道蜿蜒而出，成為連接東西，抵齊魯拒秦隴之咽喉要道。大自然的造化偉大之力，鑄就了其「天鎖中樞，控地四鄙」的泥丸封關之勢。也正因其是囚虎拒龍的理想之地，因此歷代王朝在此設置關隘，戍兵固守，也就是一勞永逸之想了。

在中國戰爭史中，汜水關因其地勢獨特，成為歷史上帝王爭勝、諸侯爭雄、英雄爭鋒之要塞。秦末楚漢時期的成皋鏖兵，東晉時期石勒、慕容氏的搏殺，唐初李世民與竇建德之戰，宋朝岳飛在此破擊金兀朮……

戰爭在這裡留下了諸多勝跡與傳說。現今所可憑弔的有關三國遺跡，唯有兩座荒涼的土城：東南象鼻山上的張飛寨和與張飛寨成犄角之勢的呂布城，以及傳說中從大伾山半山腰垂出的一段鐵索，據當地人說，這是張飛戰呂布時所用過的絆馬索。

烽火暫息，烽煙散入歷史的深處，站在黃河之堤遠眺，峰嶺交錯，跌宕起伏，滾滾如波，氣勢如虹……

當時，諸侯盟軍齊聚汜水關前，敲擊關門，形勢確有山雨欲來城欲摧的氣勢。因為，只要打開汜水關的大門，洛陽就沒有任何屏障可供依恃，從而變得暢通無阻了。

關上援兵已到，關前風雲驟起。

呂布帶三千鐵騎，身披獸面吞頭連環鎧甲，手持畫戟，乘坐赤兔馬，威風凜凜。果然是「人中呂布，馬中赤兔」！剛一出陣，就將聯軍先頭部隊的河內名將方悅一戟刺於馬下，衝殺之下，聯軍潰散奔走，退三十里外駐守，等待與聯軍各路兵馬會合。懾於呂布的威名，無人可敵。諸侯各懷憂慮，破敵無策。未及定計，呂布已列陣挑戰了。

倉促之中，只好迎敵。聯軍中，上黨太守張楊屬下驍將穆順挺槍迎戰，呂布舉手之間，就將穆順刺殺。諸侯大驚失色。北海太守孔融部將武安國，舉鐵錘飛馬衝出。只支持到十餘回合，被呂布揮戟砍斷手腕，鐵錘跌落，倉皇敗逃。

聯軍戰前會議憂慮束手，苦無良謀。曹操說：「呂布英勇無敵，可會十八路諸侯，共議良策。如果俘虜了呂布，董卓就容易誅除了。」

諸侯們再次陷入沉默，這次的沉默是一種無奈。

這群帝國的貴族們，沒有人敢站出來反抗，也沒有誰獻出一條可行的計策。他們高貴的血統，在強權壓力下，毫無用處，一文不值。只是仍然擺出不可一世的架勢。

計議未定，呂布又來挑戰。公孫瓚鼓足勇氣親自出戰呂布。但是，勇雖可嘉，武藝相差太遠，招架不到十個回合，就落敗奔逃。呂布卻不願輕易放手讓他逃去，縱開赤兔馬追趕。赤兔馬日行千里，飛走如風。轉瞬間就將趕上，呂布舉起畫戟刺向公孫瓚後心。在這危急時刻，張飛圓睜環眼，倒豎虎鬚，大吼：「三姓家奴休走！燕人張飛在此！」挺丈八蛇矛，飛馬直擊呂布。呂布來不及傷人，只好放棄公孫瓚，迎戰張飛。激戰五十餘合，難以分出勝負。關雲長拍馬舞刀，夾攻呂布。相持三十回合，仍然不能取勝。這時劉玄德掣雙股劍，乘黃鬃馬，急衝而來，加入戰鬥。兄弟同心，協力拚殺，呂布只能勉強招架，無力還擊。此時，聯軍各路人馬，只作壁上觀，呆呆地看著這驚心動魄的廝殺。呂布情急之下，奮力殺出，倒拖畫戟，催馬逃回。劉備兄弟三人緊追不捨。喊殺聲大振，聯軍合兵掩殺。呂布軍大敗，逃回關上，閉關不戰。

三兄弟在奮力搏鬥。諸侯們在袖手旁觀，誰也沒有出手援助。因為，他們自忖，誰也不是呂布的對手，誰也沒有出戰的膽量。他們的虛名在這真刀實槍的戰場上毫無用處。

拯救帝國的重任就只能由這個小小縣令和他的兄弟來承擔了。這實在是一個莫大的諷刺。也正如那個自以為高貴的袁術所說：天下諸侯真無大將。

天下諸侯有名無實，更無英雄之魂魄。

其實，他們同樣是一群劫匪，所不同的只是他們冒名為帝國的大臣，擁有帝國授予的爵位。在他們的良知中，早已不把帝國的榮譽當回事，只是需要時撿起來戴上，以遮羞，以攫取更多的實際利益。

如同當年項羽破釜沉舟大破秦軍，那些諸侯們只能是戰戰兢兢地作壁上觀。他們也只能是一群大言不慚的看客。因為他們本來就是一群各懷鬼胎的烏合之眾，是一群有利則爭之、臨危則逃避的小人。他們從來就不以天下、民生為己任。他們斤斤計較的只是自家的利益，他們自身就一文不值，卻總是自大地視別人為草芥，以顯得自己高高在上。他們是一群無脊樑的混混，之所以竊有諸侯之名，就是因為他們會混，善混，混得滋潤，如此而已。當然，他們勢利，就是因為他們無能。由於他們無能，所以他們重名，緊緊抓住祖宗的虛名不放。於是他們凡事便習慣性地以名取人。如果沒有虛名的支撐，他們便再也難以混下去。

眾多諸侯，名冠當時，然而，遇到勁敵，束手無策，縮腦無謀。悲哉！徒有英雄之名的庸碌之輩，盛名之下，其實難副。虛名累人，虛名敗事，虛名誤國。

對於英雄，不必刮目，本就應當正視。

其實，真正的英雄，正是無名之輩。

之所以無名，是因為沒有機會。因為機會總被那些所謂的名流們壟斷著，又被他們斷送了。當壟斷在強力的競爭下被轟然打碎，那些所謂的名士們的真功夫才讓人們得以看清，是怎樣的虛浮、虛偽、虛弱，不堪一擊。

不要迷信那些盛名之下的傳說。其實，很多都是虛的，都是炒做出來的，都是合夥捧出來的，在明星的外衣之下，有真才實學的不多。因而不要妄自菲薄，只要踏踏實實努力，相信我們與他們並不相差多少。

往往真正挽救歷史、扭轉局勢的，是那些曾被勢利的眼神所輕看的，出身低微的無名小卒。

轉戰平原的烽火歲月

汜水關之戰，聯軍轉入戰略反攻的有利態勢。董卓為避鋒芒，一把大火，焚毀洛陽宮室，劫持天子，遷都長安，洛陽古都殘破。

強盜永遠是強盜，骨子裡的匪性永遠難以改變。他們除了殺人放火，也還是放火殺人。不論他們竊居何種要職，多麼顯赫，秉性中的賊性不會有稍許改變。

人類的先祖燧人氏舉火而炊，開闢了人類發展的新天地，火帶給人類的既有福祉，也伴隨著難以言說的災難。凡歷史上的重大變故，必舉火而焚，所過之處，焦土遍地。人類所建設的一切，一把火就化為灰燼，毫無惻隱之心。金碧輝煌的大廈轉瞬間成為瓦礫廢墟，放火者卻逍遙於光天化日之下，或可得到記功讚美。阿房宮一炬，似大快其心，然而從此首開焚燒宮室先例，於是這群不肖的後人們，紛紛效尤，殺人放火，成為有理，只要懷有仇恨，就焚之而後快。於是在跳動的火光中，我們看到的是魔鬼般的猙獰與病狂……

這座昔日繁華錦繡的都城，在夏日的陽光下冒著濃煙。那些精美的建築變成了塵土和灰燼，宮殿被毀，廟宇化為瓦礫，屋舍被夷為平地，整個洛陽城的上空瀰漫著死亡的氣息。濃煙籠罩，如同幽靈在徘徊，又如那些死於亂軍鐵蹄下不散的冤魂在聚集。

無助的人民選擇了逃亡，帶著自己的孩子遠離燃燒的城市。

諸侯聯軍進入洛陽，「兩三百里並無雞犬人煙。」

荒涼。廢墟。焦土。滿目淒涼。

曹操說：「今董賊西去，正可乘勢追襲。」然而，袁紹卻說：「諸兵疲困，進恐無益。」曹操說：「董賊焚燒宮室，劫遷天子，海內震動，不知所歸，此天亡之時也，一戰而天下定矣。諸公何疑而不進？」眾諸侯卻意見相同，共同認為不可輕動。

由此可見，他們興兵，其意並不在於匡濟天下。他們的心態與嘴臉由此畢露無遺。

曹操大怒說：「豎子不足與謀！」獨自引兵追擊。

孤軍深入，獨木難撐。於滎陽城外山谷中其埋伏，大軍被圍殲，曹操只與數百騎殘兵倉皇逃回。曹操見諸侯們各懷異心，「料不能成事，自引軍投兗州去了。」雖敗猶榮，因為難得的勇烈。

公孫瓚對玄德、關羽、張飛說：「袁紹無能為也，久必有變。吾等且歸。」當即撤離，令劉備為平原相。

袁紹見眾人各自分散，也就撤離洛陽，回關東去了。

一場轟轟烈烈的匡扶義戰，就此草草落幕，諸侯作鳥獸散，如同兒戲般偃旗息鼓。民心被踐踏了，將士的血白流了，一文不值。

但是，戲劇並不會就這樣簡單地結束。有些人來了，但不一定能夠走得了。這只是序幕，一切才剛剛開始，正劇即將上演，一場持續近二十年的兼併混戰將漸次展開。這些曾經慷慨激昂的英雄義士們，一個個粉墨登場了，撕下了偽裝，露出了貪婪的本相，開始了相互的爭奪與齧咬。他們置國家民生於不顧，只是熱衷於掠奪、搶佔地盤，讓人民以血汗為他們的私欲埋單。

他們討賊無能，但是相互撕咬，卻各自牙利心狠，出手狠毒，奇計百出，設謀機巧。

帝國的憂患就且任由它去吧，他們只是盯著眼前的大好河山，都想切下一塊據為己有。因為在他們的心目中，只有地盤是實實在在的利益，佔有了地盤，就擁有了一切，就是土皇帝。當所佔的地盤相當大，大到併吞了帝國的所有土地之後，他就是理所當然的皇帝，他就可以正名了。既然現在帝國的統治已經無暇也無力顧及這裡，這塊地盤就應該由自己說了算，誰如果有意見，就刀槍相見，然後了斷。

於是，諸侯紛爭，天下即成四分五裂之勢。一位董卓雖討而尚且未死，無數董卓卻又並起。荼毒百姓，禍亂國家，民不聊生，天下無尺寸之土可供安居。帝國於此分裂為數個小塊，那些有點實力的野心家們，各自佔據一塊，並且相互征戰，相互吞併，力圖使自己所佔的一塊更加擴大。

他們雖然打著義的旗幟，其實內心中卻並沒有多少道義之心存在。他們只是剽竊了義之名，卻並無仁義之心。

還未來得及收兵，背約的背約，毀盟的毀盟。不相支持，互不合作，兄弟反目。

他們像惡狼一樣相互警惕地注視著對方，繞著圈子。又像兩個拳擊手，在尋找著對手的破綻，以期予以致命的一擊。這種情況持續了差不多二十年。

而現在，鏖戰即將爆發，就在此時此地，但並不是為國家的利益而戰。誰也沒有那個心思。所有可能發生的事情都會發生。

孫堅私藏玉璽，因此急於趕回江東。

兗州刺史劉岱向東郡太守喬瑁借糧，喬瑁推辭不借，於是劉岱就動刀了，突襲毫無防備的喬瑁，刺殺喬瑁，收編軍兵，於是聯軍中從此少了一個番號，也減少了一個競爭的對手。

以此為開端，討逆的戰火未及熄滅，各地爭奪的烽煙又相繼燃起。

會盟諸侯，征戰董卓之時，袁紹胸無一策。但是在內部的鉤心鬥角中，卻運籌自如，一紙書信，就令孫堅危機四伏。

貪婪之心，令人喪失一切理智。

為了保有實力，劉表放棄原則，可以不顧國家利益而袖手觀望，不出一兵一卒以助聯軍。但是為了得到一塊小小的玉璽，卻可以不惜流血爭搶，無來由地與孫堅結下仇怨。

可惜有英雄之名如孫堅者，見識卻是如此愚陋。小小一枚玉璽，致令其野心畢現。

相傳卞和在荊山之下，見鳳凰棲於石上，就將這塊「鳳棲石」進獻於楚文王，鑿而得玉。秦始皇二十六年，令良工雕琢製作，鐫刻李斯所寫篆書：「受命於天，既壽永昌。」作為傳國之物。

有璽不一定有國，有國必須有德，無德無行而又野心勃勃，必然死無葬身之地。

只要有德而得民心，何在乎一枚玉璽？

人在一念之間的私心，就可能斷送自己一世的英名，不堪回首。

從此開始了無意義的爭奪。鑄成了雙方血淋淋的仇恨，導致了動盪與刀兵。

人們都不甘示弱，都在盡力地打拚著，踩踏著弱者的屍體，吸吮著別人的血液，滋潤壯大著自己。

袁紹也並沒有安然而處。他坐擁河內諸郡，猶自貪心不足，還想佔據冀州富饒之地。這時，他突然就變得精明起來，他的才智突然就有靈光現出，奇謀妙計迭出。設鷸蚌相爭而坐收其利之計，約公孫瓚共取冀州，不費一兵一卒之力而得冀州。其謀略發揮得淋漓盡致。

欺人之人，必以欺人開始，而以自欺告終。於是引發了袁紹與公孫瓚的火拚，互相交惡不容。

由於劉備與公孫太守的私交深厚，朋友有事，劉備三兄弟自然不能旁觀坐視，他們便自然而然地捲入這樣的混戰與爭奪的洪流之中。

劉備三兄弟以仁厚之心，以義氣之行，不辭辛勞地為朋友出頭，為諸侯出力，積極地參與征戰，拚著命地搏擊，從而累積著人脈，目的也是想混出一點名堂來，以圖形成自己的實力。

事實也正是按照既定的目標推進的，每一次征戰，都使他們的實力有所發展壯大。以當初的五百人起家，兄弟三人同心奮鬥，幾經搏殺，逐漸形成了一支不容忽視的勢力了。江湖之中也就有了劉、關、張兄弟的威名。

與此同時，在這個動盪時期，那些有實力的人都沒有閒下來，他們都想有所作為。曹操藉掃除黃巾餘黨的詔令，招降納叛，建立了自己的私人武裝，號為「青州兵」，實力大增，成為新崛起的軍事暴發戶。他的雄心並不使他僅停留於坐擁自大的現狀，他在謀求更大的利益。於是，他求賢若渴，廣為訪求賢能之士。潁川潁陰人荀彧叔姪脫離袁紹陣營前來投奔，相談歡悅。曹操說：「此吾之子房也！」以漢高祖自喻，可見其志不小。賢士相薦，一時名士如程昱、郭嘉、劉曄、滿寵、毛玠等，曹操皆重用，謀士眾多，人才濟濟；武有于禁、典韋、夏侯惇之流，威震山東。志得意滿之下，曹操差遣泰山太守應劭，前往琅琊郡迎接父親曹嵩。

曹嵩途經徐州，州牧陶謙也是一時名流，早就意欲結納曹操，只因沒有緣由，這次曹操的父親路過，正是獻殷勤的大好機會。他親自出境迎接。陶謙與曹嵩相見，極盡地主之誼。

陶謙說：「有幸結識尊駕，深感榮耀！此後，還請您多來徐州視察。無論您專程前來或是路過徐州，徐州百姓都會熱烈歡迎您。」

又贈予豐厚的禮品，並派兵護送。

中途大雨驟至，軍兵怨嗟。夜宿古寺，變亂驟起。亂軍擊殺曹嵩全家，搶奪財物，分散而去。曹操遷怒陶謙，歸怨徐州百姓。西元一九三年，曹操舉兵討伐徐州。切齒而言：「陶謙縱兵殺吾父，此仇不共戴天！吾今洗蕩徐州，方雪吾恨！」世間多少不平事，彼時不與此時同。當年呂伯奢一家，同樣被誤殺，可是卻又有誰來為他們復仇呢？

陶謙也實在是浪得名士之稱，其實很沒有見識。一念之私，為了獻媚結好曹操，結果卻為自己釀成禍患，為徐州百姓帶來災難。

世間多有如此攀附勢利之徒，他們以鑽營結黨為能事，隨風俯仰，攀爬趨奉，從而左右逢源，活得風光滋潤。

其實，人還是實在一點好，能夠挺直脊樑地活著，實在是難得的輕鬆快樂。

古道熱腸，義赴急難

世間之事，必有因果。種下的是良種，就有美好的收穫。

在平原任職期間，關羽追隨劉備，轉戰往來。兄弟三人，戮力同心，共赴急難，雖履險而不辭。但因職位低微，只是為人所驅策。每臨戰陣，關羽力戰，屢建奇功，卻無封賞。

黃巾餘黨流竄，襲擾州郡。管亥領群寇數萬，包圍北海郡，強行向北海太守孔融借糧。管亥說：「吾知北海糧廣，可借一萬石，即便退兵；不然，打破城池，老幼不留！」孔融叱道：「吾堂堂大漢之臣，守衛大漢的土地，怎麼可能有糧米資給反賊呢！」

孔融，當世名士，字文舉，魯國曲阜人，孔子二十世孫。自小聰明，十歲去謁見李膺，門衛對於一個小孩要見名人很不耐煩，因而不讓進門。孔融說：「我是李相世交。」門衛通報後，放他進入相見。李膺問：「汝祖與吾祖何親？托言世交。」孔融說：「昔孔子曾問禮於老子，那麼我與您難道不是累世故交嗎？」李膺大感驚奇。一會兒，太中大夫陳韙來到。李膺指著孔融說：「這是當世神童啊。」陳韙說：「少小時聰明，長大就未必聰明。」孔融立即說：「如君所言，幼時必聰明者。」陳韙等大笑：「此子長成，必為當代之偉器。」從此名傳遠近。後為中郎將，累遷北海太守，極好結交天下賓客，常說：「座上客常滿，樽中酒不空。是我平生的願望。」在北海任職六年，大得民心。

黃巾餘黨軍眾勢強，北海郡守將宗寶殉職，局勢危急。東萊黃縣人太史慈回家探望母親，他的老母親說：「我平日裡多次受到府君的恩澤，現在府君有難，你應當前往救援。」

當初太史慈遠出遊歷，老母孤弱，住在城外二十里的鄉間，孔融時常給予撫恤，派人送給粟米織物衣帛，其母感念孔融德義，當得知亂賊圍攻郡城，就讓太史慈前來救助。太史慈單槍匹馬助戰。

孔融說：「劉玄德當世英雄，如果能夠請他來救，此圍自解。只是沒有人可以承擔這個重任。」太史慈說：「府君請寫書信，我立即前往。」

太史慈奮力殺透重圍，馳書平原縣，星夜來見劉玄德。呈上書箚。劉備正容說：「孔北海也知道世間有劉備啊？」於是和雲長、翼德帶三千精兵，急往北海郡進發。

英雄，只需一句暖心的話，就可使內心中深蘊的那份古道熱腸之血奮起，從而激起內心的豪情。

管亥見援兵人少勢弱，不以為意。雙方交戰，雲長青龍刀起，劈管亥於馬下。太史慈、張飛兩騎齊出，雙槍並舉，殺入敵陣，如虎入羊群，縱橫莫當。玄德驅兵掩殺。城上孔融驅兵出城。兩下夾攻，大敗群賊，降者無數，餘黨潰散。

於是設宴相慶致謝。

任何時候，宴會都必不可少。無論處在何種狀況之下，宴會可以結成聯盟，可以溝通關係，可以增加信任。何況勝者需要一個狂歡，敗者也需要一個起點，使自己重整心情，鼓起勇氣。

宴會的歡慶還未結束，黎明到來之際，就已傳來消息：曹操帶領軍隊已經越過邊境，向徐州進軍，一路擄掠而來，燒毀所有村莊和田地，所過之處，遍地焦土。

公報私仇的戰爭爆發了。

興平元年，曹操親率二十多萬精兵殺氣騰騰地進擊徐州，志在復仇。曹操下令：「但得城池，將城中百姓盡行屠戮，以雪父仇。」由於陶謙當初的一念之私，鑄成這樣的仇恨，令人可嘆。做人還是本分點好，一切隨緣，別刻意攀附。雖然可能平庸一生，但也強似如此不堪。有記載說，太祖歸咎於陶謙，故伐之。攻城掠地，東至大海，「所過多所殘戮」。

他迅速率領著自己的軍隊，帶著孝子痛失父親的憤怒，一路殺向徐州。所過之處，燒毀了見到的每一片田野，每一個村莊，甚至不放過任何一個女人和小孩。沒有絲毫仁慈和遲疑，只有強者的仇恨，如同死神降臨。

徐州城猶如一隻待宰的羔羊，無助地在那裡等待著他的到來。

「寧可我負人」，因而曹操找到了殺呂伯奢全家的理由。屠戮徐州百姓，是因為「不可人負我」。強盜總有強盜的藉口，強盜自有強盜的邏輯，強盜做出的永遠是強盜行徑，而且振振有詞。

尤其是當強盜與強權聯姻，強盜與專斷結盟，那麼遭殃的永遠就只能是無辜的平民百姓。

誰來拯救弱者，誰願意為了民眾的安寧承擔起守護的責任？

命運之劍已經高高舉起。

九江太守邊讓，引兵援救徐州。曹操在半路設伏截擊。

曹操故友陳宮當時為東郡從事，聽說曹操興兵報仇，揚言盡殺徐州百姓，星夜來見曹操。陳宮說：「明公為報父仇，兵臨徐州，欲盡殺百姓，實為不祥。陶謙仁人君子，並非好利忘義之輩；尊父遇害，也不是陶謙的罪責。況且州縣百姓，與明公有什麼仇恨呢？望三思。」曹操怒道：「誓當摘膽剜心，以雪吾恨！公雖為陶謙遊說，其如吾不聽何！」

曹操語氣怨毒，並且自以為理由充足地說：「公當初有負於我，如今有什麼臉面來勸說我？」陳宮羞慚而去。曹操曾經為躲避董卓的追殺，逃出洛陽，被縣吏捕獲。陳宮為救曹操，放棄了縣令的職務，相伴奔逃。夜晚借宿在曹操舊友呂伯奢家。呂伯奢為了款待故友，好心宰豬置酒，曹操卻起疑心，殺了呂伯奢一家。陳宮內心自責，也由此覺得曹操心狠手辣，不是他心中可以追隨的英雄，所以就分道揚鑣了。而現在卻受到了曹操的奚落。

曹操縱兵擄掠，大軍所到之處，殺戮人民，挖掘墳墓。陶謙仰天慟哭：「我獲罪於天，致使徐州之民，受此大難！」就準備自縛而去曹操軍營，任由處置，以救徐州百姓。

祈禱已經沒有意義。只願以自己的鮮血洗去對方心中的仇怨，使無辜的生命得以保全。

在這樣一個以力說話的時代，首先自己得強大起來，然後才可能去做一切事情。如果自己不夠強大，那麼就不要懷有非分的奢望。欲求太多，必然迷失心靈的方向。誰的刀鋒利，誰就有發言權，誰的發言就是最終的結論。否則你就沒有提出意見的機會。批判的武器不如武器的批判有效有力。最終的結果，由武力決定。

為父復仇，天經地義。「子夏問於孔子曰：『居父母之仇如之何？』夫子曰：『寢苫枕幹，不仕，弗與共天下也。』」（《禮記．檀弓上》）但是復仇絕對不應該是佔領、燒殺和死亡。曹操的復仇太過殘忍，屠城焚掠，掘墳毀塚，想把在這塊土地上生息的所有人都抹去，必然人神共憤。

急難之時，必有豪傑之士挺身而出承擔重任。也只有在危急存亡之際，方顯英雄本色，才見人心冷暖，也正是英雄脫穎而出之機。在這城池將破的非常時刻，陶謙別駕從事，東海朐山縣人，姓糜，名竺，越眾而出，說：「府君久鎮徐州，人民感恩。今曹兵雖眾，未必就能立即破城。府君與百姓堅守勿出；某雖不才，願施小策，教曹操死無葬身之地！」糜竺說：「我願親往北海郡，求孔融起兵救援；更得一人往青州田楷處求救。若二處軍馬齊來，曹操必定退兵。」於是帶著陶謙書信，前去尋求解救之兵。

據傳說，糜竺家境富裕，曾去洛陽經營買賣，返回途中，路遇一位美女，求告乘車，糜竺就下車步行，讓婦人坐車。婦人請糜竺同坐，糜竺上車端坐正目。行過數里，婦人辭謝。臨別對糜竺說：「我就是南方火德星君，奉上帝令諭，去焚燒你家宅。感念你以禮相待，因此明告。你可急速回家，搬移財物。我夜間就到。」忽而不見。糜竺大驚，飛奔趕回家中，將資產財物，盡數搬出。當晚果然廚中火起，屋舍盡被焚燒而盡。糜竺因此廣捨家財，濟貧扶弱。

糜竺至。孔融請入相見，問其來意，糜竺出示陶謙書信，說：「曹操攻圍甚急，望明公垂救。」

然而未待發兵救人，黃巾殘部卻已兵臨城下。

因此，孔融於筵席間介紹糜竺與玄德相見。增進故交的友誼，引見新的朋友，這就是宴會。談到張闓殺曹嵩的真相時，糜竺說：「今曹操縱兵大掠，圍住徐州，特來求救。」

玄德說：「陶恭祖仁人君子，未曾想到卻受到這樣的冤枉。」孔融說：「公漢室宗親。今曹操殘害百姓，倚強欺弱，何不與我共同前往援救？」玄德說：「不敢推辭，只是兵微將寡，難以輕動。」孔融說：「我想救陶恭祖，雖因舊誼，亦為大義。公豈獨無仗義之心耶？」玄德說：「既如此，請文舉先行，請允許我去向公孫瓚借三五千人馬，隨後即到。」孔融說：「切勿失信。」玄德說：「公以我為何如人？聖人云：『自古皆有死，人無信不立』。劉備借到或借不到軍兵，必然親至。」是的，人人不免一死。但是我們可以選擇自己死的方式，盡可能地讓自己死得體面一些，死得有價值一些，令我們的死顯出尊嚴。對於死亡的畏懼不是逃避信義的理由。我們可以死去，但是我們不能失了做人的信義。沒有信義的人，活著還有什麼意義？

玄德見公孫瓚，談到去赴救徐州之事。公孫瓚說：「曹操與君無仇，何苦替人出力？」玄德說：「我已許人，不敢失信。」公孫瓚說：「我借給你馬步軍兩千。」玄德說：「更希望有趙子龍同行。」關羽又跟隨劉備，與張飛率本部三千人為前部，子龍引兩千人隨後，奔赴徐州。

糜竺回報陶謙，說同時又請來劉玄德援助；陳登也回報青州田楷欣然領兵來救；陶謙心內稍安。孔融、田楷兩路軍隊因懼怕曹兵勢猛，遠遠依山下寨，未敢輕率進擊。曹操則分軍以待，暫停攻城。

聯軍的唯一可取之處，就在於聲勢，就在於讓敵人有所顧忌。至於真正的戰鬥力有多大，則值得懷疑，不能過於依賴，也不要迷信，更沒有必要畏懼。當然，也不可輕敵而不防備。在聯軍內部，則又往往相互猜疑，往往可能互相出賣。這是歷來戰爭血的真理。

劉玄德到達徐州城外。孔融說：「曹兵勢大，曹操又善於用兵，未可輕戰。且觀其動靜，然後進兵。」玄德說：「但恐城中斷糧，難以長期堅持。就讓雲長、子龍領軍四千，與公共同守備互相呼應相助。我與張飛衝殺過去，進入徐州城，去見陶使君商議。」孔融很高興地會合田楷，為犄角之勢。雲長、子龍往來警戒接應。

真正的主力是誠實的人。機會主義者是不可靠的，他們只待分享果實，不可能為這個果實的培育做出任何努力。

當天劉備、張飛引一千人馬打著「平原劉玄德」的紅色旗號，殺入曹兵營寨。衝過曹將于禁的防區，進入徐州城。

陶謙多日來懸著的心才暫時放下，十分高興。他看玄德儀表軒昂，言語豁達，心中感到有一種踏實感。當即就讓糜竺取來徐州官印文書，將治理徐州的重任交託劉備承擔。玄德愕然說：「這是什麼意思？」陶謙說：「今天下擾亂，王綱不振；公乃漢室宗親，正宜力扶社稷。老夫年邁無能，誠願將徐州相讓。公切勿推辭。我當自寫表文，申奏朝廷。」玄德離席再拜說：「劉備雖為漢朝後裔，但是功微德薄，任平原相猶恐不稱職。今為大義，故來相助。公出此言，莫非懷疑劉備有吞併之心？若存此念，皇天不佑！」陶謙再三相讓，玄德堅決不肯接受。糜竺說：「今兵臨城下，且當商議退敵之策。待事平之日，再當相讓。」玄德說：「我現在致書曹操，誠勸和解。曹操如果不接受，那麼再舉兵決戰。」

居中調停，雖然利在雙方，然而這種美意往往難以達成。因為劍拔弩張的雙方，都想著得到最大的好處，都想自己說了算，都想遏制對手，左右一切。尤其當雙方的實力處在不對稱情勢時，臨陣調停根本就不可能有結果。而且調停的中間人，更需要有感召力，使雙方能夠接受；同時又必須具備威懾任何一方的實力。否則，只能是自取其辱。

曹操正在與諸將議事，報告說徐州有戰書送到。曹操拆書觀看：「備自關外得拜君顏，嗣後天各一方，不及趨侍。向者，尊父曹侯，實因張闓不仁，以致被害，非陶恭祖之罪也。目今黃巾遺孽，擾亂於外；董卓餘黨，盤踞於內。願明公先朝廷之急，而後私仇；撤徐州之兵，以救國難，則徐州幸甚，天下幸甚！」曹操大罵：「劉備是什麼人物，敢以書來勸我！且有譏諷之意！」怒而命令斬殺使者，並下令全力攻城。

中間調停總是被逼到這樣尷尬的境地。強勢的一方，根本就不需要買誰的帳。

郭嘉進言說：「劉備遠來救援，先禮後兵，主公當好言回覆，從而使劉備放鬆警惕之心，然後突然發起進攻，那麼徐州城就可很快攻佔。」曹操覺得有理，予以採納。

正在部署攻城，這時曹操後方有緊急軍書到來：兗州被呂布襲破，濮陽也被佔領，後方危急。當初，李、郭之亂時，呂布逃出武關，投奔袁術。袁術因為呂布反覆不定，拒絕不願接納。於是呂布又先後投奔袁紹、張邈。正值陳宮來見張邈。陳宮對張邈說：「今天下分崩，英雄並起；君以千里之眾，而反受制於人，不亦鄙乎！今曹操征東，兗州空虛；而呂布乃當世勇士，若與之共取兗州，霸業可圖也。」張邈便令呂布襲破兗州，佔據濮陽。只有鄄城、東阿、范縣三處，因荀彧、程昱設計死守得以保全，其餘俱破。特此告急。曹操大驚：「兗州有失，吾無家可歸矣，不可不亟圖之！」郭嘉說：「正好賣個人情給劉備，退軍收復兗州。」曹操當即回覆書信給劉備，願意和解，於是退兵。徐州解圍，轉危為安。

這時，陶謙忽然染病，日漸沉重。就請糜竺、陳登議事。糜竺說：「曹兵之去，只因為呂布偷襲兗州。今因歲荒罷兵，來春必然又來。府君兩番欲讓位於劉玄德，時府君尚強健，故玄德不肯受；今病已沉重，正可就此而與之，玄德就沒有理由推辭了。」陶謙很高興，讓人請劉玄德商議軍務。玄德引關羽、張飛帶著數十騎來到徐州，陶謙讓請進臥室。玄德問安。陶謙說：「今天請玄德公來，不為別事，只因老夫病已垂危，朝夕難保；萬望明公以漢家城池為重，接受徐州牌印，老夫死亦瞑目了！」

玄德說：「我怎麼能擔當這樣的大任？」陶謙說：「我推舉一人，可作為你的輔佐。是北海人，姓孫，名乾，字公祐。此人可使為從事。」又對糜竺說：「劉公當世人傑，你當好好跟隨著他。」玄德終是推託，陶謙以手指心而死。時年六十三歲。

誠感天地。無論我們此生能夠成就多大的事業，只要能夠找到一個可以託付的繼任者，就是最大的成功，就值得敬佩。

玄德固辭。徐州百姓簇擁府前哭拜請求：「劉使君若不領此郡，我等皆不能安生矣！」關羽勸說道，徐州是大漢的城邦，徐州城的百姓是大漢的子民，現在的徐州城需要守衛，徐州的百姓需要保護，這是上天賦予的責任，難道能夠眼睜睜地看著百姓遭受戰爭的苦難嗎？張飛也再三相勸。玄德勉強答應暫且治理徐州事務；於是使孫乾、糜竺為輔佐，陳登為參謀。出榜安民，舉哀治喪。全城軍民隆重為陶謙致祭，將其埋葬在黃河之濱。

播下了種子，就會有果實。收穫只是時間的問題。只在於守誠。

人們為了達成目的，總是崇尚積極進取，其實急取不如緩圖，這是歷史反覆證明的結論。也只有當你給予別人支持的前提下，才可以獲得他人的敬重與敬獻。也只有為他人謀福利，才能得到別人的信任，才可能得到屬於自己的收成。可是人們總是按捺不住自己急切的心意，恨不得早晨播下種子，中午就收穫麥子。總想著把別人的東西強取到自己的手裡，佔有別人的一切。任何事物的發展總有一個過程，需要時間的孕育。急根本解決不了面臨的問題，或者還可能把事情槁砸。只有耐心地等待，等待時機的成熟。時機成熟了，那麼枝頭的那個鮮紅的漿果，就會自然而然地發出召喚的訊息，它熱切地告訴你：到了採擷的時候了！那麼你就伸出手，先向上天禱告，然後摘取。

樹欲靜而風不止

人在江湖，身不由己。

事實也總是如此。很多事不由我們自己掌握。很多時候，總是被江湖的波濤推湧著走向一個不明前景的方向。

先哲雖也有「己所不欲，勿施於人」的箴言誡語，但是，卻總有那麼一些人，在找著事做。他們不只自己不甘寂寞，還讓別人也不得安寧，以此顯示自己的與眾不同。

總有人要找你比試高低。

建安元年(西元一九六年)，曹操藉口：「東都荒廢久矣，不可修葺；更兼轉運糧食艱辛。許都地近魯陽，城郭宮室，錢糧民物，足可備用。」迎奉天子至許都（即今河南許昌）。從而使他向權力的巔峰邁出了關鍵性的一步。開闢了他「挾天子以令不臣」的新的政治局面。

東漢帝國經過數度兵革禍亂，皇權早已旁落，握有武力者，就可左右一切。帝國已經虛弱到了無以自保的地步。天子幼弱，事決於臣下。朝中大臣，也已慣於仰人鼻息。於是，朝中事務一決於曹操，帝國大務，必先經曹操決定，而後只是走個禮儀性的過場，以藉天子之名，詔令施行。換句話說，就是帝國一切要務，都由曹操專決，天子只不過是一個實施的工具而已。曹操初步實現了挾天子以令諸侯的預謀。

樹欲靜而風不止。命運的骰子已經開始轉動，誰也不能確定它會在哪一面停下。這世間沒有一方清淨之地，可供你安然放下身心。

曹府，後堂，家宴。

曹操，謀士，勇將。

既是歡慶曹操大權在握，總攬朝政，同時又在籌畫新的戰略取向。密謀正在進行之中。

曹操說：「劉備屯兵徐州，自領州事；呂布又因兵敗投靠，如果二人聯合，同心引兵來犯，實乃心腹大患。各位有何妙計可用？」屬下勇將許褚說：「願借五萬精兵，斬劉備、呂布之頭，獻於丞相。」荀彧說：「將軍勇烈可嘉，但不知用智謀。如今許都新近穩定，不宜輕易用兵。我有一條計策，叫二虎競食之計。」曹操目視荀彧，聽他說出其計：「劉備雖然代行徐州牧的職權，卻沒有得到朝廷的任命詔令。明公就做個順水人情，奏請詔命正式委任劉備為徐州牧。並同時附寄一封密信，讓他設計刺殺呂布。如果事成，則劉備沒有猛士作為輔翼為援，那麼就容易對付了；如果事情不成，那麼呂布必定與劉備反目；這就是二虎競食之計。」曹操當即採納，奏請詔命，派遣使者去徐州宣佈皇帝的委任命令：封劉備為征東將軍宜城亭侯領徐州牧。同時附秘密書信一封。劉備接受任命，並致感謝。使者即取出曹操的親筆書信呈遞玄德。

第二天，呂布前來祝賀，說：「聞公受朝廷恩命，特來相賀。」

張飛提劍上廳，要殺呂布。呂布大驚說：「翼德為何要殺我？」張飛大叫說：「曹操說你是無義之人，讓我哥哥殺你！」玄德慌忙阻止，喝令退下。於是引呂布同入後堂，將此事前因從實相告，並將曹操所送密信給呂布看。呂布哭著說：「這是曹賊欲令我二人不和啊！」玄德說：「兄勿憂，劉備誓不為這種不義之事。」呂布再三拜謝。飲酒，至晚而歸。關羽、張飛同聲說：「兄長何故不殺呂布？」玄德說：「這是曹孟德恐我與呂布同謀伐之，故用此計，使我兩人自相吞併，他卻從中取利。為什麼要為所使乎？」關羽深以為然。

回覆曹操，聲稱「容緩圖之」。

曹操就問荀彧：「此計不成，怎麼辦？」

一計不成，又生一計。

荀彧說：「還有一計，就叫驅虎吞狼之計。」曹操問：「其計如何？」荀彧說：「可在暗中令人往袁術處互相致以問候，透露情報說劉備上密表，要略南郡。袁術聽到有這種事，就必定震怒而攻擊劉備；那麼您就明詔劉備討伐袁術。兩邊相併，呂布必生異心。這就叫驅虎吞狼之計。」曹操聽後十分高興，依計而行。先派人去通知袁術，然後令人去徐州傳諭天子詔令。

皇帝詔令，必須遵行。玄德領命，調動軍兵，討伐袁術。

糜竺說：「這又是曹操之計。」玄德說：「雖然是計，但是王命不可違抗。」

軍隊奉命出征，後防留守的重任實為根本。為萬全之計，劉備請陳登輔佐張飛駐守徐州，告誡張飛不得飲酒誤事。與關羽率兵三萬進軍南陽。

袁術聽說劉備上書朝廷，欲吞併其州縣，大怒：「區區織席編屨之夫，憑什麼佔據大郡，與諸侯同列；我正要討伐你，你卻反而要圖謀我。深為可恨！」命令上將紀靈率軍十萬，殺向徐州。

傲慢是大家世族的固有劣性之一。那種妄自尊大的氣勢時時處處都流露無遺。不論處在何種境地，都覺得自己是個人物。

所謂愚蠢的草包，就是這樣的一群東西，被人玩弄於股掌，卻不能自知，只自以為出身高貴、優越，就覺得尊爵厚祿本是自家私有，該由自家這種豪門壟斷，平民百姓就不能染指。

兩軍在盱眙境內相遇。玄德依山傍水駐紮。紀靈出陣，大罵：「劉備村夫，安敢侵吾境界！」玄德說：「我奉天子詔令，以討不臣。你如今敢來相拒，罪不容誅！」紀靈理屈而怒，就以手中刀說話，拍馬舞刀，向玄德衝殺過來。關羽大喝：「匹夫休得逞強！」出馬與紀靈大戰三十回合，不分勝負。紀靈大叫暫停，各自回陣，關羽立於陣前關注戰局。紀靈遣副將荀正出馬。關羽說：「只教紀靈出戰，與他一決雌雄！」荀正說：「你只是無名下將，非紀將軍對手！」

物以類聚，人以群分。實在是精妙之論。勢利之徒總是以虛名而聚。英雄總是惺惺相惜。有眼無珠者，永遠這樣庸俗，時時不忘自己名人的身分，以名壓人，自抬身價。他們匍匐於名的腳下，卻以名凌駕於普通人之上。

關羽大怒，交戰只一合，荀正就被這位他以為是無名的下將砍於馬下。玄德驅兵衝殺，紀靈大敗，退守淮陰河口，不敢出戰。兩軍相持，各待戰機到來。

然而，一波未平，一波又起。

張飛鎮守徐州，卻因酒使性，杖擊曹豹。曹豹連夜約結呂布。呂布在月色的照耀下，乘夜悄然向徐州進軍。曹豹為內應，打開城門，突襲佔領了徐州城。

張飛猶自酒醉未醒，盔甲也來不及披掛整齊，在十八騎燕將的保護下，殺出東門，倉皇而去，引數十騎，到盱眙來見玄德。

這個早晨隨著太陽升起所傳來的並不是什麼好的消息，而是如此令人沮喪的凶信。

生存還是死亡？已經成為一個嚴峻的問題。

呂布乘虛鳩佔鵲巢，也只是出於自保，而不至於被人所謀害，所以也不願做得太過分。他進入徐州，並沒有對城中進行騷亂和鎮壓性的破壞，只是武裝接管了政權。同時他又親自出面，對在外決戰的雙方予以調停。暫時解除了曠日持久的戰爭，使雙方各自回到戰爭的出發地。因為呂布自己佔據了徐州，所以他就如同當年劉備對待他一樣，把下邳劃撥給劉備駐紮，作為棲身養軍之地。

深含意味的許田圍獵

陶謙之後，徐州數度易手，所屬無定。諸強虎視，各與爭鋒。所以，劉備說：「得何足喜，失何足憂！」雖得則不知為誰所守，既是失去又實為把包袱轉由別人去背。城池土地，本由有德者而居，非強佔可久。

建安三年(西元一九八年)，呂布與袁術合謀攻擊劉備，劉備不能守衛，敗走，從此被擠出徐州，依附曹操。曹操為收天下英雄之心，藉以做出姿態，上表舉薦劉備為左將軍，同時任命關羽為中郎將(次於將軍的武官)。

政治權謀，同樣也需要一個廣告，或者可以說也需要炒作，藉他人之名，傳播自己的德行，從而收取寬和容人的雅名。

十一月，劉備、曹操聯合討伐呂布。在曹操與呂布的歷次戰鬥中，雙方互有勝敗，誰也不能輕易拿下誰。曹操一世梟雄，呂布也是驍勇善戰之人，有「人中呂布」的威名，諸侯聞之色變。曹操雖然滿腹韜略，但在征討呂布的戰爭中，卻一直沒有取得決定性的勝利，反而總被呂布打得落荒而逃。呂布不只勇武，也稍通謀略，不甘居人之下。初事丁建陽，叛殺以獻董卓，謀董卓而助司徒王允，在諸強之間游離，壯大自己。兩雄相遇，自然爭持不下，數度交手，互相奈何不得。這次曹、劉聯合，戰爭的天平漸漸呈現出傾斜的姿態，呂布被圍，與外援隔絕。關羽數次與呂布交手，互有攻守，急切之間，誰也不能速勝。在這次圍殲戰中，呂布勢孤力窮，敗逃回城，被部下乘醉擒獲，全軍覆沒。呂布殞命於下邳白門樓。

「天下英雄誰敵手，曹劉。」曹、劉聯手，天下英雄又有誰能敵擋得了。因此，呂布的命運就注定是失敗了。當初，呂布驅逐劉備出徐州，已是失策之舉，更顯得沒有見識。短視勢利之徒，只注重一城一池的佔據，是山大王式的盜寇，不足以稱為英雄。最終為他的決定付出了代價。

曹操平定呂布，回師許昌。

外強暫定，內患必除。威脅政權安定的勢力被剷除之後，抽出身來，就需要整頓內部，肅清破壞穩定的力量，從而統一人心，形成一個核心，建立相對高效的秩序。

謀士程昱向曹操進言：「今明公威名日盛，何不乘此時行王霸之事？」曹操說：「朝廷股肱尚多，未可輕動。吾當請天子田獵，以觀動靜。」

百足之蟲，尚且死而不僵，何況是一個合法的政權，取代談何容易。所以，無論多麼腐朽的一個政權，畢竟是一個完備的體系，而在這個體系中，由於歷史的原因，必然也集合了當時當世的才德忠貞之士、豪傑英雄之人。縱使在腐朽的氣息漸濃日盛之時，仍然還有大批有良知的正義之士在支撐，必然仍有忠臣義士在盡補天之力以醫治，在為民眾努力撐起一方藍天。這就是一個威懾，就是正義的力量，就是天地良心。因為一個相對穩定的局面，總比一個動盪的社會要對人民有益得多。

客觀地說，權力無論把持在誰的手中，只要是對人民有益，讓人民安居樂業，那麼就應該支持。至於權力的爭奪如何血腥，那是別人的事情。只要能夠控制在較小的範圍之內，不致釀成大的波動，就是萬幸。因為那種血腥的爭奪是野心家與既得利益者們之間應該付出的代價，只要不使無辜的人民受到牽連和傷害就行。對於微不足道的平民百姓來說，無論是哪一姓的江山，他們都是種地生養，獻貢納糧。或者有所不同的，也只是賦稅的輕重與勞役的多少而已。

於是曹操便安排巡狩日程，緊鑼密鼓地進行準備。挑選良馬、名鷹、俊犬、弓矢，一應周到完備。先聚兵城外，沿途警戒，然後曹操請天子田獵。獻帝說：「田獵恐非正道。」

只一句「恐非正道」，便擊中要害。也由此可見，天子並非庸劣。而只是所處非時，弱處一隅，無力左右早已旁落的政權，無從收拾既定的局面，無力無助無奈。

曹操說：「古之帝王，春搜夏苗，秋獮冬狩。四時出郊，以示武於天下。今四海擾攘之時，正當藉田獵以講武。」

無論什麼事，只要決心去做，那麼就必然能夠找到理由，而且冠冕堂皇。

只要是真正的強者，那麼，就不在於地位的高下。真正大權在握的人並不需要儀仗的簇擁張揚，並不需要引起人們的注意，而通常所採用的方式是靜悄悄入場，代以觀察所發生的事情。當然，做出僭越之舉，必將為人所忌，必將使自己成為眾矢之的。其實天子也不好當，內心也很苦。那種被左右挾持而不敢不從的屈辱與不憤，庸常之人也難以忍受。必須要有堅韌不拔之毅力，經受這種煉獄般的煎熬。在這種情勢之下，天子也只好鋪排鑾駕依仗出城。關羽與張飛也跟隨玄德參加助威。各自彎弓插箭，內穿護心甲，手持兵器，引數十騎隨駕出許昌，進入皇家狩獵的林苑。在廣闊的皇家獵場，參與圍獵逐鹿。

中原，從古到今，就是一個宏大的獵場。平民百姓，奔走追逐生計所需的蠅頭小利；豪強雄傑之士，追奔爭奪的是權力的暴利；智勇超世之才，追求的是流芳百世或是名垂千秋的豐功偉績。全民都在參與，沒有誰能夠例外，誰也不願置身事外。所不同的只是在於自己的底牌與底氣，在於自己的眼光與骨子裡的豪氣，在於自已的目標與志向。一些人獵取的是一隻黃羊或一隻狐兔，一些人攫取的是金銀財富，另一些人盜取的則是權柄與千古罵名，當然也有一些當時不為人在意的並非傑出的深謀之人得到的卻是實質的贏利——青史美譽。

曹操引十萬之眾，與天子獵於許田。曹操與天子並馬而行，只爭一馬頭。曹操心腹簇擁在後。文武百官，遠遠侍從，無人敢靠近。

秋天的原野，正是萬物子實飽滿之時，也是鹿肥兔美之際。深深的草叢中、林樹間，伏藏著豐美的獵物，也在這背後深藏著陰謀。好戲即將上演，因為早已精心設計，現在進行彩排。

劉玄德在道旁迎送獻帝車駕。獻帝說：「朕今欲看皇叔射獵。」玄德領命上馬，忽然草叢中跑出一隻兔子，獻帝命玄德射獵。玄德舉箭射中那隻奔逃的兔子，獻帝喝采。轉過土坡，荊棘中一隻大鹿倉皇而逃，獻帝連射三箭不中。回頭對曹操說：「卿射之。」曹操就藉天子寶雕弓、金鈚箭，射中鹿背。群臣將校，看見金鈚箭，以為是天子射中，踴躍高呼「萬歲」。曹操縱馬直出，遮於天子之前接受祝賀。群臣相顧失色，然而無一人敢當即指出。

許田之狩，並非是對獵物的驅射，也不只是小鹿或兔子的命運問題。在對弱小的鹿兔的射殺中，展示的是強者的雄才。狩獵，參與者各有打算，都在暗中計算，都在試探與相拒，都在暗自運力於手中的箭鏃，打著智謀與實力的太極拳。意在測試各自的深淺。

曹操的做法與秦朝末期趙高指鹿為馬如出一轍。歷史其實總是驚人的相似，有時讓人覺得就是又一次的複製，只不過是時間地點不同，參與的人名號相異而已，其實質根本就沒有改變。歷史的冊頁間到處都是這樣的例證。雖為大臣，領受國家俸祿，但是在此種關頭，盡皆保身，噤若寒蟬。

歷來總是邪惡者以其囂張的氣焰逼迫著正直的人，正氣總是難以伸張。

因為邪惡總是不願遵守法律或既定的秩序，它們無視一切，它們可以肆無忌憚，可以為所欲為。而正氣總是以規範來運行，循規蹈矩，顧忌太多，約束太多，結果卻縱容著邪惡的氾濫。

天子蒙受被蔑視的恥辱，群臣噤聲，這樣的臣屬，何忠之有？

看到曹操的僭越之舉，雲長大怒，挑起臥蠶眉，睜開丹鳳眼，提刀拍馬便出，以正綱常倫理，弘揚正義。玄德慌忙搖手目視阻止。玄德向曹操祝賀說：「丞相神射，世所罕及！」曹操笑道：「這是天子洪福啊。」於是回馬向天子稱賀。卻故意不獻還寶雕弓，據為己有。

言辭相觸之間，各含玄機。

只有鹿兔是無辜的。但是卻必須由牠們來承擔血的祭獻。

林苑裡突然變得非常安靜，秋天的夕陽默默地照射下來，卻被茂密的樹枝和多彩的樹葉遮擋著。荊棘叢中，一條蜿蜒的小路，靜靜延伸而出，大隊人馬沿著這條小徑默默走去。

返回許都。雲長問玄德說：「操賊欺君罔上，我欲殺之，為國除害，兄何止我？」玄德說：「投鼠忌器。操與帝相離只一馬頭，其心腹之人，左右擁侍；吾弟若逞一時之怒，輕舉妄動，倘事不成，有傷天子，反成我等之罪。」雲長說：「今日不殺此賊，後必為禍。」玄德說：「且宜秘之，不可輕言。」

一次富含深意的圍獵，在參與者的內心留下了清晰的印跡。

獻帝回宮，哭著對伏皇后說：「朕自即位以來，奸雄並起：先受董卓之殃，後遭李傕、郭汜之亂。常人未受之苦，我與妳共同承擔。後來得到曹操，以為社稷之臣，沒想到他專國弄權，擅作威福。朕每見之，背若芒刺。今日在圍場上，身迎呼賀，無禮已極！早晚必有異謀，我們夫婦不知死所啊！」伏皇后說：「滿朝公卿，俱食漢祿，竟無一人能救國難乎？」

滿朝公卿，俱食漢祿，竟無一人能救國難乎？難道皆為尸位素餐之徒？

這樣的問題實在太重大了，任何一個微小的舉動，都會洩露出太多微妙的訊息，參與其事者都是非常善於掩飾自己想法的雄才。

有心殺賊，苦無良機。欲正大義，無奈忌器。

誰也不敢輕舉妄動。維持現狀，對於弱者來說，未嘗不是一種勝利。

把心事深深藏起

「採菊東籬下，悠然見南山。」任江河奔騰流瀉，看山谷間風起雲湧——悠然，自在。這是一種境界。

「明月松間照，清泉石上流。」捲而懷之，獨對青山——松風，古月，泉鳴，蟲吟。也是一種心情。

「長風破浪會有時，直掛雲帆濟滄海。」蓄勢以待，天道自衍——收束思緒，藏起雄心，保持著平庸的姿勢，則是一種心胸。

歷史從本質上說，是政治爭鬥的記載，是權力爭奪過程的記錄。爭奪的方式有多種，有明爭有暗鬥，有進擊有退守，有強取有弱求……而最終都必須訴諸於武器，由武力做出裁決。正如秋天枝頭上那個鮮紅的漿果，採摘到手則必須折斷莖葉。

透過獵場上的試探與偵察，陣營自然分明。面對精心設計的圈套，人們都謹慎地避開陷阱。雖然各自默然不語，但是人們的心態又昭然若揭。因為這群人都不是平庸之輩，各懷私心，只是並不明說出來，都在暗中使力。他們都是玩弄陰謀的老手，他們知道如何保護自己。因為只有妥善地保護自己，然後才有可能去消滅政敵。否則，就會成為敵人的祭品。

滿朝文武除了曹操的心腹，就是一群苟且偷生的投機份子，皇帝身邊幾乎沒有可以信任和依靠的力量。獻帝只好召見自己的岳父董承，哭訴被挾持的屈辱。撕下衣帶，齧指出血，詔令董承聯絡反曹勢力，共謀清除曹氏，化解危機，收回失落的權柄。董承暗中觀察，謹慎地運作著。無論做什麼事，都需要合作，都需要找到合夥人。找到那些和他們懷有同樣夢想的人。董承覺得劉備就是最佳人選，於是邀約劉備共謀。

董承說：「我之所以做這件事，就是為了把我們這些人團結起來，制訂出一個誅除曹氏勢力的計畫，整肅朝綱，匡扶大漢江山。」

在這個時候，正是報效國家，為帝國效力的關鍵時刻。他責無旁貸地背負起了這樁他的血統帶來的重大責任。

玄德說：「切宜緩緩施行，不可輕洩。」

這是一個十分危險的陰謀，即使一個最微不足道的告密者，也足以令他們萬劫不復。但是對於他們來說，這就是他們生活的現實，是他們生活的常態。因為他們不論做什麼，都會帶來相應的危險。當然，接下來的一年當中，許多事情都會發生改變。因而，他們希望來年的春天，能夠出現轉機。在那個春天到來之前他們密謀著，策劃著，發展著新生的力量，希望有更多的人加入。當然，這是志同道合者的聯盟。

玄德也在內心暗自提防曹操的謀害。於是他在居住之處，開掘園地，圍畦種菜，每天親自澆灌經營，怡然自得。他有一把鋤頭，是父親留給他的，他的父親臨終時只是希望他能在自家的土地上播種、收穫，建造自己的家。但是他不甘沉淪的心並不願固守在土地上勞作。但是，現在，他發現勞動是如此的美好。

關羽、張飛二人不解：「兄長不留心天下大事，而學小人之事，何也？」玄德說：「這不是二位賢弟所能理解的。」

所謂韜晦之計，其實就是在失敗的局勢下，或是力量不足時的努力，是權宜之時的堅持，並不是無奈的偷安。

詭譎多變的時代風雲，使得個人的夢想與陣營的目的遭遇空前的阻擋，無從實現。半生坎坷，不但一無所有，而且很多時間幾乎看不到任何希望。然而，還是得堅持。

只能抑制下暫時的浮躁，耐心地等待著，等待那個奇蹟的出現。因為，急躁不僅絲毫不會改變什麼，還可能造成滅頂之災。他深知面臨的危險，這是千鈞一髮的時刻。將自己的雄心如同這粒種子，深深掩埋，埋進這塊自己的土地，讓它吮吸天地精華，孕育著。寄望上天的眷念，懷著對天下憂傷悲憫的心境，在這歲月的廢墟之上，種植生命，讓心中的那個希望在陽光的沐浴下，一天天茁壯成長。

或許也真想就此相忘，相忘於江湖，忘卻那載入於自己命運的重負，從而得以休息，享受渾然忘我的幸福與安寧，這是怎樣的人生之福啊！然而，那個靈魂深處的聲音錘擊著他的神經——不能如此沉淪！骨子裡的血液，同樣促使他奮起，令他警醒，他的命運就是奮鬥，並不只是為了自己，因為他肩負著天下蒼生的希望與使命。

日月就這樣平靜地流逝著，一天又一天。關羽也只能每天演練武藝，自讀《春秋》。每天都與往日沒有什麼不同。這天早晨，仍然如同過去的那些日子一樣，也沒有什麼事要發生的特別跡象。關羽便與張飛同去操練。玄德獨自一人在後園提水澆菜。一切正常。

突然，許褚、張遼引數十人入園，說：「丞相有命，請使君便行。」玄德驚問：「有什麼緊急事務？」許褚說：「不知道。只讓我來相請。」玄德只得跟隨二人去見曹操。曹操笑著說：「在家做得好大事！」玄德驚得面如土色。因為心虛，所以驚心。曹操執玄德之手，直至後園。說：「玄德學圃不易！」玄德說：「老來沒有心思做什麼事，以此消磨度日罷了。」曹操說：「剛才看見枝頭梅子青青，忽然想起去年征討張繡時，長途行軍，路上缺水，將士飢渴。我心生一計，以鞭虛指前方說：『前面有梅林。』軍士們聽到後，口中頓生津唾，由是不渴。如今看見此梅，不可不賞。又值煮酒正熱，所以邀請使君在小亭賞梅相會。」玄德心神方定。來到小亭，已設樽俎。盤置青梅，一樽煮酒。二人對坐，開懷暢飲。

酒至半酣，忽陰雲漠漠，驟雨將至。曹操與玄德憑欄遠眺天際。曹操說：「使君知龍之變化嗎？」玄德說：「未知其詳。」曹操說：「龍能大能小，能升能隱；大則興雲吐霧，小則隱介藏形；升則飛騰於宇宙之間，隱則潛伏於波濤之內。方今春深，龍乘時變化，猶人得志而縱橫四海。龍之為物，可比世之英雄。」

劉備說：「那是絕對不同尋常的人物。」曹操就問：「你認為誰是當世英雄？」

劉備歷數當世諸豪強顯要，曹操皆目為碌碌之輩，不足掛齒。

玄德說：「捨此之外，我實在不知還有何人可稱為英雄。」曹操說：「所謂英雄，就是指胸懷大志，腹有良謀，有包藏宇宙之機，吞吐天地之志的人。」玄德說：「誰能當此？」曹操以手指玄德，又自指，說：「今天下英雄，唯使君與操耳！」玄德聞言，內心震驚，手中所執匙箸，不覺應聲跌落。幸得正值雷聲大作，天雨將至。玄德從容俯首拾箸說：「一震之威，乃至於此。」曹操笑著說：「大丈夫也畏懼雷霆嗎？」玄德說：「聖人迅雷風烈必變，怎麼會不畏懼呢？」以此輕輕掩飾過去。

他強使自己鎮靜，露出微笑。他將自己的情緒與失態謹慎地隱藏起來，如同什麼事都沒有發生一樣，自然而然地繼續著此前的對話。確實，什麼事都沒有發生。他的眼睛坦率地看著曹操，不讓內心的失措表現出來。

其實，英雄所見，本自略同。只是情勢所迫，只得敷衍自解。劉備也曾悲憤地說：「我如有基本，天下碌碌之輩，誠不足慮。」

關羽、張飛二人從城外射箭返回，聽說玄德被許褚、張遼請去相府，急切中冒雨闖入，左右攔擋不住。見玄德與曹操對坐飲酒。二人按劍立於亭前。曹操問二人為何而來。雲長說：「聽知丞相和兄長飲酒，特來舞劍，以助雅興。」曹操笑道：「這裡並不是鴻門宴，哪裡用得到項莊、項伯？」玄德也釋然而笑。曹操說：「取酒與二位壓驚。」關羽、張飛拜謝。

得意者的豪論暢飲，蝸居者的唯唯諾諾，這樣的聚會，不動聲色的較量，是誰受到了愚弄？杯盤狼藉之後的殘局誰能收拾得起？

事後，雲長說：「險些驚殺我二人！」玄德就說出掉落匙箸之事。關羽、張飛問是什麼意思。玄德說：「我之所以學圃，正在於讓曹操知我胸無大志，而放鬆對我的警惕。不料曹操竟然指我為英雄，我所以失驚落箸。又恐怕曹操生疑，只好藉口畏懼雷聲以掩飾。」

「我只能以假話掩飾，」劉備泰然自若地說，「免得被他猜疑。我討厭在這裡的生活，總感到有一種死亡的可怕氣息，我們應該設法早點離開。」

自從來到這裡，一切都變得如此艱難。他唯一所要做的事就是偽裝，將真實的自己深深藏起來。

當然，誰都存有雄心，總希望自己一出手就能達到一個高度。

酒已飲盡，人也沉醉……

讓他就在這樣的微醺中沉淪吧。

沒有什麼比自由更美好

無論出於何種目的，所存何種動機，人們所做的任何事，都必然具有兩重意義。

菜畦中的綠苗茁壯成長，英雄的志向也在急切地滋長著。然而，每天所能做的，也只能是澆灌著、孕育著。

飲宴。等待。

然而世事如棋，局勢往往會有令人意想不到的變化。

英雄，為人所敬，同樣也為英雄所忌。當英雄處在無用武之地時，也很無奈。

日子的流逝顯得平淡。但是，隱隱之中，又感到危機四伏，令人不安，但又無從應對。每天都在宴飲與習練射箭中度過，但又總覺得會有什麼陰謀在逼近。這天，關羽和張飛突然接到命令：星夜整軍啟程。關、張立即整頓軍隊開拔。擁圍著劉備走出許昌城門，關羽在馬上問道：「兄長今番出征，何故如此迅速？」玄德說：「吾乃籠中鳥、網中魚，此一行如魚入大海、鳥上九霄，不受網籠之羈絆也！」

關羽問：「那麼為什麼會突然讓我們帶兵出征呢？」

玄德說：「昨天與曹操正在歡飲之間，中原戰場傳來消息，公孫瓚已被袁紹擊破消滅了。袁紹收編了公孫瓚的軍隊，並繳獲了大量的戰備物資，聲勢更加強盛。袁紹的弟弟袁術卻因驕奢過度，不恤軍民，部眾背叛，難以獨立支撐，於是派人與袁紹取得了聯繫。近日袁術離開淮南欲歸河北，相約親自送交玉璽給袁紹。中原戰區報告：如果袁氏兄弟二人協力，那麼就將成為勁敵。請求朝廷出兵予以攔截。我整天都在考慮尋找怎樣的藉口離開這個牢籠，完全想不到發生了這樣的事。因此，必須根據自己的目標來制訂行動計畫。我暗想：不就此時尋計脫身，更待何時？當即決定離開這裡，南下徐州。」

規則已經改變了，不能長久留在這個危險的環境裡。

後來，劉備就對曹操說：「袁術如果投靠袁紹，必然途經徐州，請讓我帶兵在中途截擊，擒獲袁術。」

曹操當即高興地表示同意。曹操同時又派遣朱靈、路昭二人同行。

這是一個難得的機會，因此不能稍有猶豫，必須立即行動。

一念之間，一切就都發生了變化。福至自然心靈，或者說是天意注入了我們的內心，召喚我們做出應答，於是我們奮力而起。一直期盼等待的機會突然就這樣降臨了。劉備本來就伺機脫離曹操的控制，現在機會敲門了，豈可輕易放過。

劉備命令關、張催促朱靈、路昭快速行動。

行動，是計謀的實施，決斷之後，必當速行，不得遲疑。

曹操謀士程昱、郭嘉、董昭等得知劉備統兵離開，立即進言，認為不該放走劉備。程昱說：

「以前我等請求誅殺劉備，丞相因為不願失去天下英雄歸附之心而沒有採納；今日又讓他帶兵，這是放龍入海，縱虎歸山啊。以後想要控制他，怎麼可能呢？」郭嘉說：「丞相縱使不殺劉備，也不應當讓他離開。古人說：一日縱敵，萬世之患。望丞相洞察。」曹操立即命令許褚帶兵五百前去追趕，務必追玄德回來。

許褚說：「奉丞相命，特請將軍回去，別有商議。」

「這是丞相允許了的。」玄德說，「將在外，君命有所不受。我當面請示天子，又經過丞相任命。你可立即返回，代我稟覆丞相：兵貴神速，不要因此而貽誤了軍機。」他的聲音堅定有力，不容抗拒。關羽、張飛擁立在劉備身邊，保持著全神戒備的姿態，隨時準備著出馬迎擊。許褚暗想：丞相與他一向交好，今番又不曾要我來廝殺，只得以他的言語回覆，另候裁奪吧。

在英雄的相持博弈中，受到擠壓與傷害的總是那些盲目的追隨者。因為他無力左右局勢，卻又是處在中間的一個傳話者，往往無所適從。

劉備命令軍隊繼續前行。

此時，袁術即將到達徐州境內。劉備部署關、張、朱靈、路昭五萬軍馬佈陣而待。袁術先頭部隊到達，張飛刺先鋒紀靈於馬下。袁術親自率軍決戰，臨陣大罵：「織席編草鞋的小輩，怎敢輕視我！」

愚蠢無識之輩，永遠不能成器的原因就在於此，他們總是以出身來量度一切，以為自己出身的高貴就是一切，他們慣於高高在上吃著腐臭的老本。然而，無論他們自視如何高貴，其實永遠是無賴。

在數萬精銳之師的圍殲之下，袁術走投無路，眾叛親離，全軍覆沒，嘔血而亡。

劉備起草表章中奏朝廷，留下軍馬保守徐州。

在這個戰亂年代，徐州城數度易手，又因為曹操的殺戮，很多人逃離了家園，或是已經死去，人口少多了。田園荒蕪，集市蕭條，所有的一切給人的感覺與從前迴然不同。

首要的施政措施就是，頒佈詔諭使流散人民復業，以為長久立足之計。

動盪也是社會的一種自然篩選法則，因為那些佔據著各種重要位置的人，不一定就是菁英，往往濫竽充數者居多，但是，以正常的手段又不能徹底清除，因為那些患得患失之徒成事不足而敗事有餘，他們不會甘心自動退出，反而會使局面變得更壞。然而由於社會的動盪，那些傑出者就有機會走向自己的歷史位置，使那些竊據之徒被徹底地淘汰。

奮鬥就會有所得。任何人，只要努力奮鬥，都可成就事業。不論你出身多麼低微，藉由過自己的奮鬥，就有機會改變自己的命運。而命運也就是這樣的一個東西，當你經過了苦苦的奮鬥，它就會在某個路口突然出現，給你助力，引領著你走向注定的那個位置。它就是以這樣的方式給予，所以你得努力去爭取。

程昱、郭嘉說：「劉備不肯回兵，可知其心已變。」荀彧說：「可寫書信給車冑，讓他見機行事。」曹操暗中派人去見徐州刺史車冑，密傳曹操旨意。

謀害英雄的，不只是小人，也有英雄參與。往往是合謀。

車胄隨即請陳登商議。陳登暗中洩露機密。關雲長設計乘夜賺開徐州城門，襲殺車胄。

建安四年(西元一九九年)，對於劉備陣營來說，是一個十分重要的轉折期。他們藉機成功地擺脫了曹操的控制，並且佔據了徐州、下邳地區，擁有了發展的根據地。於是以關羽代理下邳(今江蘇睢寧西北)太守，屯兵小沛，擴充實力，很快發展至數萬人，周圍郡縣紛紛歸附，軍民安定。

雖然有了暫時的立足之地，但是又面臨著更為嚴峻的局面。襲殺曹操的心腹，就意味著與曹氏陣營決裂。那麼，新的決戰就將不可避免要發生。如何應對，能否經受得住這場實力懸殊的不對稱戰爭的打擊，成為擺在劉備陣營面前的嚴重問題。

天意難測

美好的景象總是如同虹霓，只是曇花一現。轉瞬間，風雨驟至，備受摧殘。

長期寄人籬下，周旋於各種勢力之間的劉備，抓住天賜良機，越出樊籠，總算取得了自己的根據地，有了施展拳腳的一個自由空間。以此為根基，正欲為拯救帝國做出切實的努力，然而情勢卻急轉直下，變得更為嚴酷。

衣帶詔所謀洩露。董承被處極刑。牽連該案的人員達七百多人，全部被處決。盛怒之下，曹操欲廢去皇帝而取代之。帝國又瀕臨重大變故的邊緣。

程昱進諫說：「明公所以能威震四方，號令天下，就是因為打著尊奉漢室的名號。如今諸侯未平，又突然做出廢立皇帝的事，必然引起兵端。」曹操這才中止了廢立的念頭。帝國的航船僥倖地繞過暗礁密佈的險地，避開了傾覆的災難，繼續前進。

一言之見，使災難深重的帝國及其子民得以喘息，使萬千生民由此免於塗炭。

然而，餘波蕩漾，並不會就此完結。既然皇帝暫時還不宜廢立，那麼就得有人付出代價，承擔罪責。

曹操既已殺了董承等眾人，怒氣仍然未能消解，還將遷怒無辜。於是懷怒帶劍入宮，來弒殺董貴妃。漢獻帝大驚失色。

無論皇權神授，還是君權天予，其實，都是唬人的空話，重要的是實力。當權力在手，那麼也就沒有必要製造什麼神秘的天意。如果失去了權力，縱使真正是上天賦予，也仍然難免被人宰割。那些刻意炮製的託詞又有什麼意義，又能保護什麼？

曹操厲聲說：「董承謀反，陛下是否知道？」此時的皇帝早已沒有了上天之子的威儀，戰慄著說：「朕實不知。」曹操說：「忘了破指修詔嗎？」曹操喝令武士擒董妃到來。帝求告說：「董妃已有五個月的身孕，望丞相見憐。」曹操說：「如果不是上天使得大殿之後的陰謀敗露，我這時早已被謀害了。豈能仍然留下這個女人，成為我的後患！」

皇天不佑，幸運的天平，發生了出人意料的傾斜。

曹操說：「你一定明白，你所做出的一切事情都是要付出代價的。」

伏皇后求情說：「就把她打入冷宮，等待分娩了，那時再殺她不遲。」曹操說：「想留下這樣的逆種，為母報仇嗎？」

帝王之嗣，歷來稱為高貴的龍種。然而，在曹操的眼中，則為「逆種」。

誰為叛逆？何為逆種？

董妃說：「人固有一死，而且有些人年輕的時候就死了，死並沒有什麼可怕的。但是並不是所有人都會做出弒殺皇帝的惡行。」

她將目光投向帝國深邃高遠的天空。天空中總有雲朵在流浪。

她的心靈越過了時空，似乎洞穿了遙遠的未來，她所能看到的只是沉默無言的歲月。帝國的大地上，花朵還沒有開放。帝國的這個春天，也姍姍來遲了。

獻帝說：「是得有人付出代價。」他已經不再抱有僥倖，他說：「任何事情都有代價。就連生命本身也不例外。衣帶詔是我所寫，只是上天沒有成全我，當然就由我承擔，我並不想讓我的家人替我付出這份代價。」

沉默。

董妃說：「陛下，不必哀求，強盜是不會有仁慈之心的。也沒有必要延長我的生命，我的使命已經完成了。在這裡，我有幸陪伴您度過三個春秋，我已經做完了我該做的事，就讓我為您承擔責任吧。」

獻帝面對董貴妃淚落如雨。伏皇后也失聲痛哭。

權力是什麼？

曹操諭令：「今後外戚、宗族，沒有我的命令，擅自進入宮門，格殺毋論。守衛警戒不嚴，與其同罪。」同時調撥心腹人馬三千補充御林軍，令曹洪統領，以為防察。

其實，就是監禁。

事情遠未結束。因為，一個重要的人物，必須得到清剿，不能容有喘息之機。「待其羽翼既成，急難圖矣。」

曹操說：「今董承等雖誅，尚有馬騰、劉備，不可不除。」然又憂慮袁紹虎視，議而難決。郭嘉自外而入。曹操問：「我打算東征劉備，怎奈有袁紹之憂，有什麼萬全之策？」郭嘉說：「袁紹生性遲鈍而又多疑，他的智囊參謀們又各自相互妒忌，不足為憂。劉備新整軍兵，眾心未服，丞相引兵東征，一戰可定。」於是動員二十萬大軍，分兵五路進軍徐州。曹操親自率軍東征劉備。

戰爭的進程正如郭嘉所料。

劉備向袁紹求援。袁紹疑而不肯出兵。劉備敗局已定。張飛說：「兄長勿憂。曹兵遠來，必然困乏；乘其初至，先去劫寨，可破曹操。」玄德從其言，分兵劫寨。

曹操的軍隊前進之間，忽然狂風驟至，吹折一面牙旗。謀士荀彧、毛玠判斷說：「風自東南方來，吹折青紅牙旗一面。今夜劉備必來劫寨。」曹操說：「上天護我，立即防備。」於是虛紮營寨，分兵埋伏。

上天之兆，並無所好，亦無所惡，只在於是否有識者。玄機就是這樣被洩露了，似乎冥冥之中，上天已經做出了某種選擇。

夜月微明，乾坤朗朗。遠山近景，如同水墨畫卷，鋪陳在天地之間。

慮不及深，必無全計。劉備只以一計賭勝負，並未做出計策被識破之後的打算。在夜幕之下，深入敵營偷襲，看到曹操營壘之中全無警戒，自以為得計，以為必勝。劉備帶著他的部隊悄悄進入曹軍營地。營寨靜悄悄的，似乎毫無防備。他命令士兵引燃了手裡的火把，衝向敵軍營帳。很快曹軍的營地火光遍佈，濃煙四起。藉著火光的照耀，他們向中軍最大的營帳衝去，但是，曹操並不在這裡。尤其意外的是，整座營地在這樣的突然襲擊之下卻沒有任何動靜。

錯愕之際，敵軍士兵的喊殺聲從後面響起，雙方交戰了，一方有備而來，另一方設計以待。所不同的是，偷襲者變成了跌入陷阱的獵物。前軍與後軍被截斷，互相不能救應。在曹軍的強大攻勢之下，劉備的軍隊亂作一團，根本無法組織有效的抵抗，士卒紛紛倒在曹軍的刀劍之下。劉備帶領近衛人員全速突圍。曹軍在後面緊緊追擊。

劉備拚力死戰，倉皇落荒而逃。單騎向河北投奔袁紹。張飛奔入芒碭山而去。

主戰場的戰鬥轉瞬崩潰，全軍覆沒，駐守下邳的關羽就成為孤立的據點，必將受到重圍。關羽就這樣與兄弟們失去了聯繫。這似乎就是天意，就是注定的命運。

上天也是如此勢利，對於弱者總是十分苛刻，似乎有意幫助著強者。從此兄弟間音信阻隔，關羽只能獨自面對即將到來的一切。因為那個陰謀的矛頭早就針對著他迅速撲來了。

其實，天意並不是有意偏袒誰，只是做出警示而已，只在於誰能夠識認出來。

正如每天都在下雨，只是不一定就下在這塊土地上。

主力全軍覆沒，主將逃亡。殘局如何收拾，這個重任就責無旁貸地由關羽承擔了。如何應對，成為關羽必須面對的問題。上天就以這樣的安排，考驗他們兄弟情義的真偽。因為，任何誓言都需要經受檢驗，只有經歷考驗的誓言才真正值得敬佩。道義之交，就應該牢固而不可離間。

你是上天的驕子，他也同樣是上天的寵兒，本來應該和睦相處，何況本無不共戴天之仇，何必刀兵相見呢？

馬到成功
人傑惟追古解良士民爭
拜漢雲長桃園一日兄和弟
俎豆千秋帝与王氣挾
風雷無匹敵志垂日月有
光芒至今廟貌盈
天下曰聖曰帝表義忠

第貳輯　寄身曹營

立下盟約

天意總是以出人意料的方式昭示出來。

野心家們總是高舉著替天行道的旗幟，自我標榜維護正義良知。可是皇天並不會因為他們美好的口號而給予特別的佑護和助力。因為上天永遠是公正的，毫不在意誰勝誰敗，無論誰勝利，大地仍然如此默默承載，並不刻意選擇，而是任由人們自己決定：誰離去，或誰留下。而事實往往是，對於奮鬥者來說，都必須經過艱難的歷程，有時似乎是上天有意幫著我們的敵人給我們嚴重的打擊。這不是上天的偏愛，而是我們的敵人不是無能之輩。也正是上天對我們的成全，讓我們的意志經受更為嚴厲的錘打，使我們變得更加強大起來，從而擔負起更加偉大的事業。

雙方在同一個戰場上作戰，都在力爭主動，但最終的結果卻分出了勝負。

這是必然的，無論勝負，怪不得別人，也不能推卸責任。一切取決於我們自己。

影響戰爭勝負的因素並不一定就是武器、實力，更不是技術。雖然這一切的任何一項都可以導致戰爭的天平發生傾斜，但是，強大者並不一定必勝，弱小者也不一定只有任人宰割的命運。決定戰爭勝負的，其實，最重要的是人的意志。勝敗最終取決於我們自己，是智慧和意志的較量，而不是運氣，更不能將勝利的希望寄託在敵人的錯誤之上。懷有僥倖之心，必然失敗。

在曹軍大兵壓境之際，劉備卻將本就人數不多、訓練不充分的兵力，分守徐州、小沛、下邳等地，使可用於作戰的機動部隊力量顯得更為不足。並且在臨戰之際，又缺乏戰略計畫，只以一條計策而行，以為就此可以一戰而勝，沒有做出意外情況發生時如何應對的計謀。所以當他的行動被識破之後，陷入重圍，那時倉皇的心理可想而知，他也就只有狼狽逃竄一途，更在情急之中放棄了對部隊的指揮，隻身逃命，缺乏有組織有效力的抵抗，自己先亂了陣腳，因而也就無法進行有秩序的撤退，也就不能保存實力，致使剛組建起來的這點力量轉瞬間被瓦解。

歷代以來的當權者之中，總有很多的「三拍」型人物，他們想當然地「拍腦袋」心生一計，即輕率地做出決策；又毫無理由地「拍胸脯」，不顧後果地推動實施；當造成了災難性後果，不堪收拾之時，就「拍屁股」走人，逃之夭夭，將災難留給堅守著的人。

戰役戰術性的錯誤，只是一戰的勝敗，並不具有決定意義。然而戰略性的錯誤必將導致全局性的崩潰。

戰爭，深於計謀，最怕輕敵。每戰必須有全面的計畫，胸懷全局。對於各種可能出現的情況都應當預先深思熟慮，不慮勝，先慮敗，做到成竹在胸。只有這樣，才能在主動時，發起迅猛而有力的打擊，不給敵人喘息之機；在被動時，能夠牢牢地把握戰機，使局勢轉換到對自己有利的形勢；即使達不到預期的目的，至少也應當能夠有計劃地迅速撤出戰鬥，保存實力。尤其在力量不足以決戰時，就應該避免與強敵正面交鋒。

劉備窮途之際，單騎前往青州去投靠袁紹。袁紹相待甚厚，出三十里相接，同居冀州。即使被尊為座上之賓，但畢竟不是主人。尤其是一個落魄之人，又會是什麼心境。哪裡會有作為主人的那種優雅與自信。

曹操當夜攻取小沛，又立即進攻徐州。然後將進軍的目標鎖定在關羽駐守的下邳。荀彧說：「雲長保護玄德妻小，死守此城。如果不立即攻取，恐為袁紹所竊取。」曹操說：「我一向敬重雲長武藝人才，想得到他以為己用，不如令人說服他歸降。」郭嘉說：「雲長義氣深重，必定不肯降服。如果派人去說服他，恐怕會被他殺害。」張遼應聲而出說：「我與關羽有一面之交，願去勸說他。」程昱說：「文遠雖與雲長有交情，但是我觀察這個人，並非可以用言辭能夠說服的。我有一計，讓他進退無路，然後讓文遠去勸說，他必然歸降丞相。」

真正深知我們的，是我們的對手。只有他們才會認真研究我們，深知我們。戰守之間，如果沒有確定出明確的戰略重點，什麼都想守，最終將什麼也守不住，以致最後必然失去駐足的根據地。

曹、劉之間的徐州戰役正是如此，劉備陣營事先沒有一個系統的戰略計畫，臨機又沒有具體的戰役目標。只是平庸地分兵把守，三座孤城，互為獨立的據點，缺乏協調統一的軍事行動支持，各自為戰，於是一戰而潰，結果是任何一座城池都無法堅守。

在二十萬大軍的圍攻之下，一個小小的下邳孤城，彈丸之地，不足萬人的守衛部隊，可以想像，會有什麼結局。

更何況有高參定計，奇謀迭出。任憑雲長忠勇，又如何守得完整。

曹操採用程昱之計，令徐州降兵數十人，乘夜逃歸下邳，以為內應。關羽以為舊兵，留而不疑。第二天，夏侯惇領兵五千來挑戰。關羽大怒，引三千人馬出城與夏侯惇交戰。夏侯惇且戰且走。誘使關羽追趕約二十餘里，此時伏兵齊出，已無歸路。關羽堅持到傍晚，只得引兵倚土山駐守。然而已經沒有了抵抗的意義。因為既沒有外援可待，也無險可守。

曹兵將土山團團圍住。

廝殺了一天的兵士們，飢疲不堪，散亂地倚著坡地而坐，以求喘口氣。關羽立馬山上，遠遠望去，下邳城中火光沖天，不禁心中驚惶。他知道現在的下邳城已經不再屬於他了。他唯一能做的，就是希望上天助他殺出重圍，奪回下邳城，因為這是兄長交給他的重託。於是不顧人困馬乏，又一次組織突圍，但是每一次的衝鋒都被亂箭射回。

夜幕降臨。深邃的天幕上第一顆晚星已經亮起，而在西方遙遠的天際，最後一抹晚霞還不願離去。征戰雙方暫時停了下來，士兵們開始點燃篝火。

冷月慘澹，照射在兵刃上，映射出肅殺的光芒。山風吹過，幾聲清冷的號角寥落地此起彼落。站在山頭，遠遠望去，星月的微光之下，他所能看到的只有遠處山下，曹兵層層疊疊的營火綿延四野……由此可以輕易地推斷出，留在山下的曹兵人數遠比跟隨在他身後等待黎明的同伴多得多。

吶喊廝殺了一天的士兵們誰都清楚所面臨的形勢，他們只是默默地準備，擦拭著武器，沒有水，只是麻木地嚥下乾糧，有人隨手從身邊的地上拔起帶著泥土的草根，送進嘴裡，嚼著，試圖吸吮出一絲汁液。他們確信，正在等待的，將是他們最後的一個黎明。因此，他們靜靜地等待著，沒有絕望的悲傷，也不抱任何幻想，所有人都沒有。他們什麼都不想，只是這樣靜靜地坐著，顯得麻木。因為他們知道，他們別無選擇。戰鬥，然後死去。

關羽出神地凝望著高而遠的天空，似乎什麼也沒有看見。或者說他根本就沒有看，只是保持著這樣的姿勢。

月光如雪，灑向凌晨的大地，給人虛幻的感覺。天剛破曉，關羽再次整頓人馬，準備進行最後的殊死搏擊。忽然他聽到從山下傳來一陣急促的馬蹄聲，抬頭看見張遼單騎從飄著晨靄的小徑上山。

關羽與張遼依禮相見，二人就倚著山頂翠柏席地而坐。張遼說：「玄德不知存亡，翼德未知生死。昨夜曹公已破下邳，軍民盡無傷害，差人護衛玄德家眷，不許驚擾。如此相待，弟特來報知兄長。」關羽憤怒地說：「不必以此言語來遊說我。我今雖處絕地，視死如歸。即當下山迎戰。」張遼大笑說：「兄長說出這種話不怕讓天下人笑話嗎？」關羽說：「我倚仗忠義而死，怎麼會被天下人恥笑呢？」張遼說：「兄今即死，其罪有三：當初劉使君與兄結義之時，誓同生死。今使君方敗，而兄即戰死，倘使君復出，欲求兄相助，而不可復得，這不是背負了當年的盟誓嗎？這是你的罪責之一。劉使君以家眷託付於兄，兄今戰死，夫人無所依賴，有負使君依託之重。這是你的罪責之二。兄武藝超群，兼通經史，不思共使君匡扶漢室，徒欲赴湯蹈火，以逞匹夫之勇，又怎麼能說是有義呢？這是你的罪責之三。兄長有此三罪，弟不得不特來告知。」

死並不可怕，大丈夫視死如歸，人生還有什麼能比慷慨赴死更令人敬仰的呢？死並不難，但是，難的是我們沒有死的自由。我們背負的責任無法放棄。為了所肩負的重任，我們仍然得負重並堅持活下去，這種時刻，怎一個「死」字了得。

關羽沉吟說：「你說我有三罪，可是我又該如何？」張遼說：「今四面皆曹公之兵，兄長如果不降，則必死；徒死無益，不若且降曹公，待訪知劉使君音信，即往投之。其一可以保二夫人，其二則不背桃園之約，其三則可留有用之身。請兄長深思。」關羽沉吟良久，說：「那麼，我也有三條約定。如果丞相能夠答應，我即當卸甲；如果不允，我寧願承受三大罪責而死。」張遼說：「丞相寬宏大量，何所不容。願聞三事。」關羽說：「第一，我與皇叔設誓，共扶漢室，我今只降漢帝，不降曹操；第二，二位嫂夫人處請給予養贍，雜人皆不許入門；第三，一旦得知劉皇叔去向，不管千里萬里，便當辭去。三者缺一，斷不肯降。望文遠急急回報。」張遼應諾，回覆曹操。

一位統禦者的榮譽和責任，就在於他對所守衛境域中的人民和土地負有使命。為了這份重任，有時不得不忍受命運載入的苦難，或者要付出更為沉重的代價。現在，關羽就面臨著這樣的困境，捍衛個人的榮譽，或者承擔歷史的責任。他不得不違背自己的本心，做這件讓他痛心而又無奈的事情。為了這份責任，就讓他承擔一切吧。

曹操應允。並傳令退軍三十里。讓雲長引兵進入下邳城。關羽看見城內民眾安居如常，便來見二位嫂夫人，稟告約定的降服條件，請二位嫂夫人裁決。

然後他出城去見曹操。關羽說：「文遠代稟三事，蒙丞相應允，諒不食言。」曹操說：「吾言既出，怎麼會失信。」

命運的每一個轉折都富含深意，每一個促成轉折的外力，都是必然。

這就是發生在建安五年（西元二〇〇年）的重大歷史事件。當初關羽隨同兄長劉備和三弟張飛擺脫了曹操的控制，離開了危機四伏的許昌，在徐州落腳，心情舒暢地開始建立他們的基業。然而，只過了幾個月的美好日子，就又被曹操大軍擊潰。劉備成為落難將軍，投奔並依附袁紹。關羽保護劉備妻室被圍於下邳，被迫投降。後關羽被命為偏將軍，曹操待以厚禮。

人們總是習慣於把一切的失敗歸咎為天意變化莫測。其實，真正的原因是應對失策。

當然，立足未穩，實力又相差懸殊，都是不可忽視的因素，然而如果有一個較好的戰略計畫，縱使不能以弱勝強，也不至於如此慘敗，至少也可以保存相當的實力。

當然，戰敗就意味著失去了一切，權力、自由，以至生命。再說什麼都顯得多餘，這就是戰爭的殘酷所在。

投降也理直氣壯

這個春天是如此的微妙，明媚溫暖的氣候，給人們的是一個虛假的消息，如同一個精心設計的騙局，一場嚴酷的倒春寒，使那些不甘寂寞早早醒來的花瓣遭受了空前的摧殘。

春天會有倒春寒，這是季節的情緒。

同樣，發生在這個季節的事件，其結局更是令人備感意外。徐州戰役以曹操全勝而結束。「建安五年，曹公東征，先主奔袁紹，擒羽以歸。拜為偏將軍，禮之甚厚。」（《三國志・蜀志・關羽傳》）歷史簡單扼要。劉備陣營遭受了毀滅性的打擊，這個試圖建立的徐州割據模式被強大的曹操軍隊打得粉碎，剛剛開始的生活被打碎了。曹操成功地阻止了又一個新的割據勢力的崛起，將其扼殺在萌芽狀態。

兵敗被圍，關羽必須重新考慮自己人生道路的選擇。生或者死，這是一個問題。

「流行在民間的演義說：關羽被圍土山，張遼勸降。雙方談判，關羽與曹操約法三章。」關羽於是引數十騎來見曹操。曹操自出轅門相接。關羽說：「敗兵之將，深荷不殺之恩。」曹操說：「素來敬慕雲長忠義，今日幸得相見，足以慰藉平生願望。」關羽說：「關某若知皇叔所在，雖蹈水火，必往從之。此時恐有不及拜辭，伏乞見諒。」曹操說：「玄德如果健在，必定任由公自去；但恐亂軍之中已經亡故了。公且放寬心情，尚容慢慢打聽。」關羽拜謝。

人生道路，原本就有兩種選擇，任何時候都是如此。因為如果有選擇，就必然不至一種。而選擇的結果，無非正確或錯誤。

處在這個兩難境地，關羽的內心，似乎聽見了一種來自遠處的鈴音，在他腦海中的某個隱蔽處響起，如同鄉間神廟的鐘聲，悠遠、細微而又清晰，充滿著深深的悲憫。

有條件的投降，並不就是徹底的失敗。雖然我們處在失敗的境地，但是並不是一敗塗地，我們仍然有自己的尊嚴，我們仍然要挺直脊樑。我們並不是一無所有，我們仍然有我們的條件。我們並不就此可以任人宰割，我們必須求得一個較好的結果。只有那些沒有脊樑的敗類，才無原則地放棄，才以出賣良知來求得苟活。

人活在世上不可能一帆風順，總要經歷失敗和挫折。如果把每次失敗和挫折都看做自己前進的墊腳石，那麼你就能跨過一道道關口；如果在失敗挫折面前退縮，那麼你就可能從此一蹶不振，再也沒有振作的機會。

即使投降，也當以國家利益為重，以民族大義為根本，而不能出賣良知，更不能以大眾的利益為交易，以換取自己苟且偷生。

投降，不只是為了活命。如果僅僅只為了活著，那麼我們寧願慨然一死，那種壯烈會令我們的生命迸發出燦爛的火花，令後世敬重。之所以投降，就因為我們所肩負的使命，我們沒有權利輕易結束自己的生命，因為我們的生命不只屬於個人，所以我們仍然得忍辱負起責任，所以我們只能選擇投降，以保留我們的生命，讓一切都由我們自己來承擔。這樣的投降，不只是應該原諒，更應該受到尊重。個人忍受的是屈辱，承擔的卻是人類的使命。與命運進行不屈的抗爭，不只體現的是英雄的氣概，更顯出神聖的精神。

負重而行，忍辱吞聲，那種咬緊牙關的堅持，那種在默然不辯中走出長長歲月的堅韌，非意志超群、睿見卓識之士不可承載。

歷史任由後人評說。一切取決於我們的良知，一切都合乎既定的邏輯。

任何時代，都注重實利，這就是世俗。世俗，就是真理。是真理的最樸實最深入人心的表現形態。同樣，不難理解，在任何時代，意識形態的主流往往採取實用主義的態度。

轉折，是為了達成目標的一種策略的靈活運用。不存在錯誤或正確的評判，只在於是否得到了預定的結果。或許留下了英名，或許跌入萬劫不復的絕境。

是的，在這一年，那些與關羽有關的人物，情況各不相同。他們當中，有的人需要對發生的一切負責，有的人則被發生的一切改變了命運，更有那些付出了鮮血和生命的人，卻沒有留下名字，這種改變有時表現得相當徹底。

我們在生活中無論遇到什麼事，都有兩個機會，一個是好機會，一個是不好的機會。如何把握，在於我們自己。

這就叫命運。

穿著舊袍行走

發生在這個春天的許多事件，令人猝不及防。來不及品味，一切就都發生了改變。那個匡扶社稷的美好夢境，突然間就被擊得粉碎。一切又退回到從前，他們又變得一無所有。根據地失去了，剛聚集起的人馬被擊潰了，兄弟們也失散了，毫無消息。一切已不同往日。即將到來的歲月，又將潛伏著什麼危機，更無從預先得知。

隨軍回到都城許昌，關羽受到了特別的尊崇和禮遇。

在宴會上，他的座位設在尊貴的丞相旁邊，皇帝在授予他人榮譽或爵位時，也必須請他出席。然而，即使如此，他的眼中仍然流露出深深的憂鬱。此時的處境，無論多麼的舒適，也難掩內心的牽掛。

關羽默默地凝視著酒杯，一抹憂傷悄然升起。孤獨，寂寞，充滿著懷念和回憶。

一些朋友遠去了，另一些朋友也失去了音信，環顧四周，卻沒有一位舊日朝夕相處的朋友。雖然也結識了一些新的人物，但是與那種生死相託的感情相比，顯得如此的陌生。雖然相互禮貌地問候，友好地相處，但實際卻格格不入。雖然每天都聚集在帝國的殿堂，站在同一個屋簷之下，但相互間卻是那樣的生疏。雖然每天都有美酒、歡宴，也被敬重，然而各自懷著不同的心態，內心總是感到深深的孤獨。

向陽的坡地上幾朵山花零落地開了。然而在還帶著冷意的風中，瑟瑟地抖動，顯得寂寞而又寥落。但是畢竟是有了一絲春意，使這幾經戰火烤灼，幾近廢墟的土地，又有了一抹鮮亮的色彩，煥發出了些微的生機。

可是，大漢的天空下，帝國的土地上，烽火仍然不熄。那麼兄友們此時遠在何處？翹首遠望，不知歸期。

只有無際的天邊一行雁陣，緩緩飛過。

他深深意識到，這裡不適合他，也不是他的舞台，這裡需要的是政治手段，是陰謀，而不是正義。他不適合在這裡，而且在這裡他不能率性而為，也沒有任何施展身手的機會。他所能夠得到的消息都是人為過濾之後的東西。

他穿著褪色的綠錦舊戰袍，坦然地處在這班衣錦華麗的群體中，但是卻顯得那樣的不合時宜。曹操便讓人製作了一套另外顏色的戰袍送給關羽。關羽接受了，穿在舊衣袍的裡面。曹操笑言：「雲長真儉樸啊。」關羽說：「不是這個意思。這件衣袍雖舊，但這是劉皇叔送給我的，穿著就如同天天見到我的兄長。我不能因為有了新的衣服而忘卻故交的情義。」

曹操感嘆：「這是真正的義士啊。」從一個人穿的衣服上，也可以看出很多事。

孔老夫子當年也對穿著破舊衣服的春秋義士子路感嘆說：「穿著破舊的粗布衣服，氣宇軒昂地與那些衣著鮮豔，穿著名貴的狐皮裘裝的人坦然站在一起，只有仲由這樣的人才能做到啊。」

喜新厭舊，向來都是人們共有的心理。能夠忠誠於永遠的感情是多麼難能可貴。這份真摯本身就具有穿透心靈的力量。

我們都在追尋。追尋著永遠。永遠其實就是懷念與固守，是對故人舊交的眷念，是對舊有的一切的留戀與不捨。

「衣不如新，人不如故。」一腔悲愴油然升起……

雖然送來了新袍，然而總不如舊袍穿著感到自在，感到親切。

縱有新衣，可是哪裡能夠代替故人的情誼。

太陽升起，或者落下，穿透時空。歷史的餘韻綿延不斷，千載悠悠。

明月青燈書卷香

坐落在許昌市中心文廟前街中段的春秋樓，又名大節亭，興建於唐代。傳說是關羽讀書的地方。裡面塑有關羽夜讀《春秋》的彩色坐像。清代甄汝舟頌曰：「秉燭中宵暫避嫌，宅分兩院亦從權。依曹已久仍歸漢，留得英風在潁川。」

曹操為了籠絡關羽，極盡收買之能事。安排給關羽一處宅院，關羽就分隔為前後兩個小院，讓二位嫂子居住內院，自己居住前院。秉燭夜讀《春秋》，通宵達旦。後世人們就在此修建了春秋樓和關帝廟，以褒揚關羽崇高的節操。

走在這座廟宇的曲徑迴廊間，歷史的風雲如真似幻。

拂去歷史的烽煙，黃河岸邊的濤聲似亦停歇，時間已是深夜。

銀色的皓月遠遠掛在深藍的天宇，鱗次櫛比的屋宇靜靜地沐浴在星月之下，悠遠的地平線上神秘的幽靈在徘徊。

打開所有的窗戶，讓夜晚的微風吹進來。

他的刀倚在旁邊，手中的酒杯緩緩舉起，几案上的書卷攤開著，隔一會兒輕輕翻過一頁。書香氤氳升起。

深夜。星月。疏竹。

小亭。燭光。《春秋》。

幾番征戰，數年奔波。顛沛流離，居無定所。

深夜的許昌，在這個亂世，顯得寧靜而肅穆，月光蒼涼地灑在竹葉上，一動不動，靜靜地看著小亭上的燭光，燭影裡，拈鬚讀書的身影雕塑般令人敬畏。

靜靜的等待著凌晨的到來。等待著新的征戰的到來。

《春秋》記述的是東周後期，春秋時代諸侯紛爭的史實，是經過孔子編纂而成的。成書之時，孔子說：「知我者，其唯《春秋》乎?罪我者，其唯《春秋》乎?」而先哲孟老夫子說：「孔子作《春秋》，而亂臣賊子懼。」

在那個時代，亂世風雲，群雄爭霸，英雄豪傑並起，諸侯挾持天子，大夫放逐諸侯，家臣背叛大夫，「《春秋》之中，弒君三十六，亡國五十二，諸侯奔走不得保其社稷者不可勝數。」周公所創設的禮樂制度被蓄意破壞，成為遠古的美好回憶，所有的人都為了竊取權力而奔走，又在追逐權力的過程中喪失了一切。

但是，那同樣是一個奮發的時代，為了生存與發展，人們拚命地奮鬥。奮鬥，其實也是掙扎的同義語。因為，失敗就面臨著毀滅，別無退路。於是，各種思想的交鋒，碰撞出了美麗的人生火花，造就了眾多的英雄人物，創造了諸多經典的戰役，創設了許多奇謀妙計，照亮了一個時代，影響著後世。那是一個令人嚮往的時代，更是一個充滿危機和希望的時代。

美酒，《春秋》，清風，明月，繁星。

一個又一個有月或無月的夜晚，他就這樣坐在窗邊，聽著遠處黃河的濤聲，對著昏黃燭光，品讀古人春秋大業，迎接黎明的到來。

任何時代，都有爭戰，只是戰場不同，性質不同，方式不同。《春秋》以其微言大義，令亂臣賊子心懷畏懼。這也正是關羽秉燭夜讀的深意之所在。英雄，不只在疆場殺敵，也在舉手投足間，令敵人內心震懾。

明月千古，靜靜照著。

天字第一號美譽

人生的成就與時代有關，但並不能把自己的失敗歸咎於時代，關鍵在於自己。不要豔羨英雄所處的時代，同樣，自己的時代也呼喚英雄。問題在於自己是否是真正的英雄，或者說自己的骨子裡是否充溢著英雄的血性。英雄降生在任何時代，都必將令自己成為英雄，並必將使他所處的時代以他為榮。只有那些庸碌無能之輩，才總是抱怨著生不逢時。努力成為所在時代的英雄，這是每一個人嚮往的目標，也是人生應有之義。

人生的一切成就也同樣與個人的基礎有關。不論你是怎樣的一個人，只要有特別之處，都可能助你成名，使你成為一個人物。不要把自己的缺點看得太嚴重，也不要把自己的長處刻意放大而自以為天下第一。其實，特長往往是拘限，缺點或許就是成就你人生的最有力資源。

喜歡一個人，可能那個人的缺點都會閃光。如果厭惡一個人，那麼那個人必然也就一無是處，即使有真正的優點，也讓人覺得不可接受。如同孔子所說：「愛之欲其生，惡之欲其死。」

當然，成功的人生，也需要炒作。

我們素常所說的成功，其實指的是成就，是指我們所取得的某一個方面的成績。所以，人生，只有成就的大小，而不是人生如何成功。而且往往這種成就，多靠炒作。有很多人，做出了成績，但是由於不知炒作，所以他的人生仍然沒有什麼影響，只是那樣默默無聞，黯然一生。這樣的人物在歷史上實在太多。很多傑出之士就這樣被埋沒了。當有一天，被哪位好事者從故紙堆裡發掘出來，如果精於炒作之道，那麼就會把他炒熱了，同時炒作者自己也就被炒出名了。從此世間才有人知道：哦，原來歷史上曾有這樣的一位人物。可是知道了又能怎麼樣？對於他的人生又有什麼意義？只不過讓有良知者增加了幾聲嘆息而已。所以，最重要的還是此生。把握住此刻，盡可能地進行炒作。本來不大的一點成績，炒著，炒著，它便爆裂開來，成為一個大大的花朵。就像爆開的玉米花那樣，變得比原來的那顆玉米粒大了許多。這時人們就覺得，這是怎樣偉大的成功啊！是多麼輝煌的功績！真該傳頌千秋！這就是炒作之功。

可是，事實呢，又能經得住太陽下的幾天晾曬？誰也不知道。

當然，那天的太陽也可能很好，或者說應該是個晴天，至少也應該算是一個好日子。因為大多數的日子，雖然也很好，可是卻不一定就有好運降臨。

曹操派人來請關羽赴宴。看到關羽似乎流淚了，就表示出很關心的神態，給予寬慰勸解，頻繁舉酒相敬。

美酒，歡宴，歌樂。然而，總是無法解脫心中的傷悲。

人在內心憂傷時，就容易醉酒。關羽輕捋著長髯感傷地說：「活著不能報效國家，今又背負兄弟，枉自為人一世！」

曹操引開話題說：「公長髯飄飄，已有數度春秋吧？」

關羽說：「當年與兄長結拜，我就暗自立誓『此生如不能興復漢室，絕不剃去鬍鬚』。因此已有二十多年了。」

曹操就送給關羽一只精美的錦囊，用於保護長髯。

第二天早晨，朝見皇帝。看見關羽胸前垂著的錦囊，皇帝和氣地詢問。關羽稟告說：「臣髯頗長，丞相賜給錦囊保護。」獻帝讓關羽當殿展開，長髯垂拂。皇帝說：「真是一位美髯公啊！」於是，人們便雅稱關羽為「美髯公」。

人生是無止境的，當然在時間上是有限度的，有一個可見的誰也不能違背的長度，但是時間又是沒有重量的，然而時間的意義卻是不同的。有的人讓有限的時間產生了不同的品質，於是生活就遠遠不同。

能夠被皇帝稱賞感嘆，這本身就是一個榮耀，不論所嘆賞的是什麼。當然這同樣也是一個炒作的絕佳元素，是可以用來炒作的一個難得素材。

炒作，實在是一個好東西。只要你精於此道，那麼，沒有什麼不可以用來炒作。大至做出的事業，小至一顰一笑，以至於那些不足為外人道的私秘與齷齪。事實上，在這個社會，似乎那些緋聞軼事，更是成名的捷徑，比終南之途更顯得路近快捷，又更為引人目光，令人想入非非。

或許這就是最早的炒作。因為從此「美髯公」便揚名天下，成為專用。因為這是經過皇帝命名的，那就是註冊了的天字第一號。

即使這個皇帝是如此的懦弱，即使他所代表的帝國到了如此風雨飄搖的狀態，但是畢竟比那些有實而無名的人要有影響力得多。他所說的一切，都是代天而言，是上天的恩賜，無論對錯。

世間的事就是這樣，有名的很多時候無實，有著實力的，卻不一定就能有相應的名分。因而，孔子總是斤斤於「正名」，以求名實相符。

成名，無非為了得利。名利名利，總是相依。以名為名，以利為實。舉著名的旗號，為了實現圖取利的目的。

得獲名馬曰赤兔

馬是世間最美麗的動物。

馬又是世間最具有天生靈性的動物。

馬更是天地間自由的精靈。

馬的天性就在於奔跑，而奔波就自然成為牠的命運。

帝國的任何一個王朝，都不能忽視馬的作用。它是背負帝國興盛衰亡的脊樑，是開闢帝國歷史必不可少的工具。

那天，也許就是機緣已到，注定牠與英雄相遇了，牠的軍旅生涯從此出現轉機，走向了新的輝煌，從此與一個英雄的名字緊密地聯結在一起。

曹操看見關羽戰馬瘦弱，就命令隨從牽來赤兔馬。曹操指著這匹全身如火炭，狀貌雄偉的戰馬對關羽說：「公知道這匹馬的名貴嗎？」關羽說：「這就是呂布所騎的赤兔馬！」曹操當即很大度地送給關羽，關羽拜謝。曹操說：「我多次贈送美女金銀物品，你從未致謝；今天我送一匹馬，卻如此看重，為什麼會看重一匹馬卻輕賤美人呢？」關羽說：「我知此馬日行千里，今日有幸得到牠，如果訪知兄長下落，就可一日而見面啊。」曹操愕然，頓時感到後悔。但又不可自食其言，只好自嘆道：「事主不忘其本，天下真正的義士啊！」

在此之前，牠告別了祁連山那高高的雪峰和羊絨般的白雲，告別了河西走廊的莽莽戈壁與美麗的草原，告別了那自由奔跑的美好時光，從自由而廣闊的原野來到了這個有著所謂文明之稱的世界。然而，牠所看到的這個文明世界卻是如此野蠻。

殺戮。鮮血。烽火。

荒蕪的田園。燃燒的村莊。

牠的命運更令牠心冷，就如同一個沒有生命的物品，被那幫勢利的小人們隨意地送來贈去，只是為了收買某個人骯髒的心。牠便輾轉於這一家與那一家的槽櫪之間，漂泊著，流浪著，居無定所，沒有一個心性相通的主人。牠有時悲憤地嘶鳴，可是沒有能夠懂得牠心意的心靈。牠奔湧的血液是如此的失望和無奈，受夠了被冷落驅趕的屈辱。

然而，只要是千里馬，就必然會有馳驅千里、一展驥足的歷程。因為歷史注定不能忽視牠的存在。聰明過頭的曹操失算了，為牠的一生打開了飛揚的道路。為了籠絡關羽，愚昧地仿效董卓「寶馬贈英雄」。然而，關羽畢竟不是呂布，他接受赤兔馬是為了心中的那份情義，為了千里的乘風遠行。赤兔馬從此有了自己真正的主人，終於遇到了一個足以生死相託的主人，一個真正光明磊落的大丈夫。

呂布也曾因為得到赤兔馬而動心，以至於不惜背叛並弒殺自己的義父。

關羽卻一腔忠義，念念不忘舊情。

人與人就是如此不同。從此，赤兔馬開始了光輝的奔騰！

這個人在這個時候出現在牠的命運裡，昭示的是什麼呢？就像天意。「時候到了，他便出現。」正如神的箴言。牠的生命從此進入了新的境界。

從此，赤兔馬與青龍偃月刀共同成就了關羽的功業，成為關羽這個形象不可替代的符號。

作為馳騁戰陣的良馬，能夠與英雄的名字相連，就是榮耀。能夠作為英雄功績的一部分或是一個直接的參與者以至於成為一種象徵，則更是一種榮幸。因而，牠當之無愧地加入了歷史的縫隙，為後世所稱道。更多的英雄都被遺忘了，可是卻沒有誰能夠將這個名字抹掉，也不枉為馬一世。

曹操說：「老驥伏櫪，志在千里；烈士暮年，壯心不已。」自古以來，人們總是出於各自不同的心情，對各類動物賦予某種精神和品格。更有人以擁有一樣寵物而自以為高雅，那種骨子裡的低俗令人不齒。但是，同樣的寵愛，卻有質的不同。

赤兔馬作為一個符號，因其佼佼而為世人樂道。

也同樣是戰爭的工具，經歷過了輾轉奔波的歲月，屬於牠的時光隨著關羽敗走麥城，一代將星的殞落而永遠逝去了，牠的使命也完成了，蒼天也不再允許牠繼續奔騰了！牠也倦於奔馳了，便在悲憤與痛苦中絕食自亡，追隨著主人關羽的英魂而去了。

天空中飄升著那縷馬之忠魂。

這同樣是英雄的赴死，這種殉義的精神，是與生俱來的骨子裡的高貴。從此，歷史的傳說因牠而美麗。

英雄情，美人淚

這個世界是由男人和女人共同組成的。

沒有真情的滋潤，心靈就將漸漸枯萎。沒有情愛的溫馨，生命還有什麼意義。

世間的一切，其實都是建立在這個「情義」之上的。唯情唯義，無情也就無義，無義又還有什麼情可談。

真正的英雄，注重的是心靈的相契，是自然的唯美。得志時需要心靈相和的共鳴。失意時需要心靈相依的滋潤。

人都好色，英雄同樣也不例外。聖賢如孔子，也說「食色性也」。愛美，是人的天性；好色，是人的本能。但是愛慕美色，並不就是縱欲，更不是濫情。縱欲，是道德的淪喪；濫情，是獸性的發洩。真正的好色，是心靈的相契，是真情的專注，是本能的融合，是天性的眷顧。

「英雄難過美人關」並不是英雄的本色。真正的英雄所注重的是情義。為情義而生存，為情義而殉命。「雪擁藍關馬不前」，不是馬不前，是人走不出心靈的眷戀。

所謂的美人計，針對的只能是那幫徒有英雄虛名的齷齪之輩。

關羽自到許昌，曹操待之甚厚。小宴三日，大宴五日。宴飲聚會，以貴賓之禮待關羽，請其上座；多次賜贈綾羅錦飾及金銀器皿。又送美女十人，侍奉關羽。

沒有真情的贈送，其實就是刻意的收買，無異於謀殺。用溫柔之劍削去英雄的意志。以美女相送，實則是對人性的褻瀆。似乎顯得慷慨，其實根本就毫無誠意，包藏更多的卻是禍心。更顯出送予者內心的那種不可見人的陰暗。因為，以其不堪，玷辱英雄的人格。

真情在於相悅。

愛，是一種滿載著古老的悲傷和新生希望的祝福，如同一個神秘的咒語。相慕相愛，是心靈的融和；相許相託，是靈魂的契約。即使千里萬里，縱使千年萬年，又何能阻隔。無愛的相送，無形中是一種逼迫。

當然，英雄思得美人心，美人渴慕英雄情。或許這些美人聽到英雄的名字，也會心生愛慕，但是卻不一定能夠喚起英雄的真情。這世間，真情相慕，不一定如願。更多的是英雄血、美人淚。

美人，美酒，美味，美景，良辰。千年歌詠追慕，更是登徒子之流所標榜的雅致。俗間濁物以為杯中美酒，懷中美女就是雅士情懷。其實，這是嬉皮的糜爛。

英雄的心，在於那縷縷縈縈繞繞的牽扯。悠遠，孤寂，遠遠相對。愛不是一切，但是一切都源於愛。愛能夠給人美好的希望，但在這個世界上，愛留給人的是永遠的憂傷。月下的佇望，歲月的淒切。愛，遠不是我們所能真正徹悟的，比我們想像中的一切更為深刻。江山，美人，空負了多少英雄血。

白馬坡前的斬首行動

白馬坡。

春。二月。

袁紹說：「我準備進軍許都的計畫已經醞釀很長時間了。現在正值春暖，興兵的時機成熟了。」袁紹調動十多萬人馬進軍黎陽(今河南滑縣東北)，任命大將顏良為先鋒，進攻白馬。顏良包圍白馬城，其戰略意圖就是打通主力渡河南進的交通要道。

官渡之戰由此拉開序幕。

顏良（？—西元二〇〇年），東漢末期袁紹部下猛將。《三國志．魏書》載：孔融對荀彧說：「袁紹地盤廣闊，軍隊戰鬥力強大；有田豐、許攸等名士作為參謀；審配、逢紀等盡忠之臣重用任事；顏良、文醜等猛將勇冠三軍，統率軍隊，不可輕視！」

東郡太守劉延告急請求增援。

四月，曹操為解除側翼威脅，親自率兵十五萬，北救劉延，馳援白馬。

關羽覺得這是報答曹操的機會。他希望抓住這個機會，早點報答曹操，然後就可以離開這裡，早日去見劉備了，從而徹底改變自己的處境，改寫自己的命運。關羽便去見曹操，請求參加戰鬥：「聽說丞相起兵，我願為先鋒。」曹操婉言拒絕了。

關羽只好默然留在後方。既然不能參加戰鬥，那麼就靜心讀書，就將這本《春秋》讀爛，讀出人生的燦爛。

曹軍初戰不利。宋憲、魏續被顏良斬於陣前。大將徐晃與顏良戰二十餘合，敗回。

程昱說：「非關羽不可。」曹操憂慮說：「恐怕他立了功就要離去。」程昱說：「劉備如果還在，就必定去投靠袁紹。如今讓雲長擊破袁紹軍，袁紹必然懷疑劉備，因而就會殺掉他。劉備既死，雲長又能到哪裡去？」曹操大為高興，當即派人去請關羽出戰。

無論什麼難題，往往當你換個角度看，那麼就會自然得出結論。

謀士荀攸建議：「如今我們兵力不足，可調動敵人分兵相持，從而使戰場形勢發生變化，然後採取運動突擊的手段，爭取主動。公到延津，做出將要渡河進攻敵人側後的態勢，袁紹必定做出應對。這時就輕裝前進，迅速突襲白馬，以迅雷不及掩耳之勢攻其不備，那麼顏良就將束手待斃了。」曹操依計而行。並任命張遼、關羽為先鋒。

袁紹果然中計。曹操揮師向白馬疾進，距白馬只有十餘里時，顏良方才察覺，大為震驚，倉促迎戰。戰場的形勢瞬息萬變，什麼意外都可能突然發生，任何時候都不能輕敵，更不能放鬆警惕，驕兵必敗的千年古訓必須牢記。在沒有取得最後的勝利之前，輕敵和自大都是愚蠢的，都是以自己的性命為兒戲。

站在戰爭的這個競技場上，面對的是生死搏鬥，必須高度戒備，無論對手多麼威猛或孱弱，你都必須竭盡全力去拚。如果心存畏怯或是心懷輕視，還擊不力，結果就只能是死。

曹操指著山下顏良的陣勢，感嘆地說：「河北人馬，軍容如此雄壯！」關羽說：「在我看來，如同土雞瓦犬一樣！」曹操說：「未可輕視。」關羽挺身而起：「我雖不才，願去萬軍之中取其首級，來獻丞相。」奮然上馬，倒提青龍刀，直衝敵陣。河北軍如波開浪裂，關羽徑奔顏良。顏良正在麾蓋下，措手不及，被雲長手起一刀，刺於馬下。割了首級，提刀出陣，如入無人之境。赤兔馬長嘶而回。如同高奏凱歌。萬軍之陣，怔怔而立，沒有人呼喊，也沒有人擂響戰鼓，一切都顯得沉寂。

一個人，一把刀，單騎赴陣，於萬軍之中取上將首級，無人可擋其鋒。這樣的神勇，又有何人具備。

高手相決，生死只是一揮手而已。殺人，只需一刀，準確而利索，很具有專業感。能夠這樣殺人，必然是高手，必然不同尋常。殺人很痛快，當然，寫在歷史上和演義中的關於關羽殺人的紀實，也同樣很痛快，令看的人都覺得痛快，那是他的成就，一種無可替代的成就。

人們也似乎聽到了馬蹄的疾馳聲。交戰雙方瞬間都被這逼人的氣勢所震撼，沉浸在震驚之中，竟然來不及呼叫出聲音。戰場上靜靜的，時間也似乎凝固了，沒有聲息，只有風吹旌旗的聲音。

回過神來的曹操乘勢揮軍攻擊，袁軍大敗潰散，遂解白馬之圍。曹操說：「將軍真是神人啊！」關羽說：「我何足道哉！我弟張翼德於百萬軍中取上將之頭，如探囊取物般容易。」他大聲說出的這個名字，令曹操深為震驚。曹操回頭對隨從將領說：「今後如遇張翼德，不可輕敵。」

曹操深讚關羽勇武，重加賞賜。上表奏封為漢壽亭侯。

自涿郡跟隨劉備起兵以來，關羽參加了數百戰，斬軍殺將，勇無可擋。然而，總是成就了他人的功勞。因為他們沒有樹起自己獨立的旗號，奔波依附在各個諸侯的旗下，為他人效力。因而，也就沒有多大的名氣，只是一員不為世人所注目的勇猛武將。因為，在這些勢利的諸侯們眼中，只有世家豪門子弟才配稱英雄，平民出身的英雄，他們故意不以正眼而視。他們狹隘的心胸不能接受別人超過自己。

就因為這群「土雞瓦犬」們佔據著高位，就因為他們總不能忘記自己的貴族招牌，因而，他們總覺得高人一等，別人只配仰望著他們而活著，只是為了襯托他們的高貴。這種以位取人，以出身論人的惡劣氛圍，令平民百姓的奮鬥更加艱難。縱使南征北戰，縱橫馳騁，無論取得多少勝績，他們都故意視而不見，不是故意抹去，就是厚顏記在他們自己的功勞簿上，勳爵也總為他們所得，利益也總被他們佔取，然而你卻不能有任何不平的表示，只能被利用，還得繼續奮力拚搏，以爭取下一個機會。否則，就會被他們全力封阻，也就意味著自己放棄。放棄就意味著被徹底埋沒，那麼以前的一切努力都將白費，都將被他們理所當然而又心安理得地佔有，不會有人懷疑。而在這種貴族的眼中，你只能是為他們戰鬥，替他們送死，但是他們永遠也不會讓你成為他們之中的一員，他們的門檻永遠橫在你的面前。你也不要試圖去擠入這個圈子，否則你就只有受辱的份。因為，在骨子裡，互相就不是一路人。而生活就是這樣，真實而又嚴酷。

現在關羽有了自己的爵位。

白天的戰鬥結束了，他以自己必勝的信心和勇猛完成了諾言，現在他冷靜地等待著，渴望著戰鬥，並祈求在戰鬥中能夠探聽到兄弟們的消息。

斬顏良，解除了白馬之圍。然而，關羽卻並未意識到自己陷入了一個精心設計的重大陰謀，這是精心挖掘好的一個陷阱，他在毫無察覺的情勢下，已經成為跌入這個圈套中的獵物。

黃河作證

立功封爵，雖然可使英名不朽，但也可能成為永遠的愧疚。

雖然你無意於封賞，但是為了報答所欠的那份人情，你就必須出手，為別人化解危機。在這戰局危急之時，你根本就不會想得太多，尤其不曾意識到那是一個精心設定的圈套。當然，他們也不可能讓你意識到，一切都是他們在不動聲色中所導演的，因而你無從得知可能殃及到無辜。

天地可以作證，黃河可以作證。

人的一生中，可以欠別人的金錢，但是千萬別欠人情。金錢可以歸還，即使加上利息，也總可以償還。人情卻是永遠難以還清的債務，如同套在靈魂上的鎖鏈。

因為要報答，所以就必須盡力。因為盡力，所以就要殺人。因為殺了大將，所以就得有人承擔責任，就有可能引起報復，因而必將導致嚴重的後果。然而你卻一無所知。

誓言必須遵守，承諾也同樣重要，不能違約。何況英雄必以信義行於天下，然後才可以為英雄，才可以有英雄之名。在你心中，大丈夫的行為，必須磊落。對於你來說，殺人太簡單了，只是舉手之勞。你殺人又是如此瀟灑，乾淨俐落。

當然，箭在弦上，不得不發。寄人籬下，就得被人驅策，替人解憂，為人奔波。你不殺人，必然就被人所殺。沒有妥協，也不容選擇。於是只能去拚。立功或者被殺，只有這樣的兩種可能，而結果只能是一個，必須做出取捨。結論是顯而易見的。

誰的生命都是生命，都希望美好，都嚮往永遠。

黃河滔滔，千年就這樣流過，就這樣流過了千年，還將千年又千年不息地湧流著。

你在間不容髮之際，出手就斬殺了顏良。你贏得了勝者所應得的封號與尊敬，當然也會有暗中的傷害，這是必然的。可是你怎麼也不會想到，你所斬殺的是袁紹的勇將，由此可能威脅到寄居在那裡的自己兄長的生命。而且，由於這個勝利的輝煌反射，你的兄長劉備將陷於被殺害的危機，墜入曹操陣營所精心製造的借刀殺人的密謀之中。

一切都沒有出乎陰謀者的預料，卻違背了誠實人善良的初衷。

劉備之所以逃得非命，實在僥倖，似乎出於天意，也正是因為遇到的是袁紹。事物間那麼多的因果，不是輕易即可為人所預知的。為什麼在那眾多的可能中，會是這樣的結局，難道沒有命運的神秘存在嗎？並不僅僅只是巧合，或許這就是宿命。

戰爭雙方進入新一輪的策劃之中，都在累積著實力，以求給對方迅雷不及掩耳的致命一擊。

文醜慨然說：「顏良與我如兄弟，今被曹賊所殺，我安得不雪其恨？」文醜，河北名將，並非等閒之輩。身長八尺，面如獬豸。曾在磐河之戰中，連敗數將，擊公孫瓚，平定河北。袁紹高興地說：「非汝不能報顏良之仇。我給你十萬軍兵，立即渡過黃河，擊殺曹操！」

劉備奮勇而起，說：「深蒙將軍大恩，無可報效，我願與文將軍同行。一是報答明公的大德，二是藉以打探雲長的音信。」身處別人的屋簷下，為一己安危而置身事外，顯然於情於理都不相合，因而不能不表示自己以他人之憂而憂的心情，無論是出於姿態還是真誠的心意都必須積極主動，都必須請命去承擔。袁紹便吩咐文醜與玄德共同率領先鋒部隊前進。文醜說：「劉玄德屢敗之將，於軍不利。既然主公要他去，我就分出三萬軍兵，讓他作為後援。」文醜獨自帶領七萬軍兵先行，劉備引三萬軍作為預備隊。當人處身尷尬之時，總是處處受到奚落。

文醜也不愧為名將，揮軍迅速渡過黃河，佔據了延津。將戰場推進到了延津南部。

初夏的空氣中融合著綠草的芬芳與清香，渾濁的河水掀起沉悶的濤聲，衝撞著高高的河岸。在黃河岸邊，兩支軍隊遭遇了。

只有數百騎機動作戰力量的曹軍武裝押運著糧草等戰備物資前進。面對浩浩蕩蕩的河北軍隊，曹軍處境危急。曹操命令丟棄糧草。迅速撤離，搶佔有利地形，等待戰機。

任何時代，裝備與補給，都是決定戰爭勝負的主要因素，是評價一個軍隊戰鬥力的基本要素。何況在這個冷兵器時代，無人能夠忽視，而戰爭的目的就是搶走別人的東西，誰也不願放棄唾手可得的物資。何況，曹操倉促間拋棄的輜重糧草，沿黃河岸邊散亂堆砌。這是敵人留下的饋贈，自然應該收取。雖然沒有報仇，但是有所收穫也是一個巨大的功勞。驕橫傲慢的文醜，以為憑自己的威名就可以使一切敵人聞風喪膽，無視敵軍的去向與目的，就縱兵搶掠。但是，裝備必須由人來搬運，繳獲也只有在殲滅了敵人的有生力量之後才顯得可靠。

決定戰役勝敗的是謀略，謀略永遠決定一切。為將之道，首在謀略，然後爭戰。無謀之勇，則只能被稱為莽夫。不幸的是文醜遇到的對手是曹操，他本意是來廝殺，卻並沒有一個成熟的戰略，更沒有想到計策。既沒有設計謀人，也沒有想到別人會設計謀我。於是，見利就搶，見功就奪，並不顧及掩蓋在香餌之下的災難是如何的陰險。

文醜心中得意地笑了起來，不費一刀一槍就得到了這樣多的繳獲，實在是好運氣啊。他感到命運之神實在是對他太好了，總是給他送來如此豐盛的禮物，讓他輕易就可以得到別人奮力拚殺而不一定能得到的一切，於是他縱兵搶掠。

香餌利誘，必有貪婪之徒前來搶奪。曹操的誘敵之計已經生效，文醜的軍隊陣形自亂，背起了曹操放下的包袱了。曹操見時機已到，命令這數百騎主力突襲蜂亂的文醜軍隊。戰場的情勢瞬間驟變。曹軍的精銳騎兵部隊第一波衝擊迅速地展開了，馬蹄聲如同迅雷閃電轟鳴，又如黃河的巨浪咆哮席捲而來，然後是第二波、第三波，回環衝擊。文醜的軍隊捨不得放下搶掠到手的繳獲，倉皇之中不能應戰，受到了沉重的打擊。文醜奮勇獨自支撐。張遼、徐晃的圍攻沒有收到效果，反而抵抗不住文醜的反擊。文醜即將控制住戰場的局勢了。因為曹軍以突襲手段震懾了河北軍，畢竟兵力對比懸殊太大。文醜開始號召起了有效的抵抗，戰場的主動權正在轉換。河北軍開始了沿河追殺的反擊，誰也擋不住他前進的氣勢。

必須消滅他的狂傲氣焰。戰鬥令勇士振奮，看到戰場形勢急轉直下，如同受到召喚，與強大敵手對決的激情在關羽的血脈中奔騰。他只率身邊的警衛兵數十人，以迅雷不及掩耳之勢縱馬從土山奔騰而下，旗幟翩翩，旗上寫著「漢壽亭侯關雲長」七個大字。一位大將提刀飛馬衝來，大喝：「賊將休走！」文醜交戰不及三合，內心膽怯，繞河急走。關羽所乘赤兔馬飛快趕上，一刀將文醜斬下馬來。

曹操立即驅人馬掩殺。河北軍敗逃落水溺斃眾多。曹操大破河北軍，糧草馬匹仍被曹操奪回。被怎樣奪走的，同樣也可以如此奪回。別人可以奪去，那麼採取同樣的方式，也可以取回。無非是暫時在別人的肩膀上寄放了一會兒，讓我們得到片刻的歇息，有何不可。是我的，肯定就是我的，別人誰也不能拿走，這是鐵定的法則。

袁紹退守官渡。

強者相遇，勇氣決定成敗。所謂「狹路相逢勇者勝。」戰勝更強對手的唯一可能，就在於勇氣。任何猶豫和手軟，都將是致命的錯誤，怨不得別人。戰鬥中，心中膽怯的人永遠不可能取得勝利。

英雄的產生，總是以他人的鮮血為鋪墊，以許多無辜生命的犧牲而造就的。歷來如此，永遠如此，也似乎應該如此。

舉起手中的刀，以我們的勇氣，為我們的名譽而戰。

朝陽，漸漸變成夕陽。沙場，隨著廝殺的結束，靜默了，只有風悠悠吹過。

用什麼代替我們心中深懷的憂傷。

其實，或許他們應該成為相知的朋友。而之所以成為敵人，這是時代的錯誤，是那些野心家們所促成的。關羽是真正的鬥士，因而他無須仇恨任何人。這是一種深深的悲哀，無法說明這種悲哀對我們脆弱心靈的震撼有多麼深刻。

直到後來他才知道劉備的處境是多麼危險，而這個危機竟是他造成的。

名馬，英雄，青龍刀。

默默流淌的黃河。

放下那些毫無意義的俗物遠行

天地之所以為天地，就是因為坦蕩，並不存有偏見。萬物坦然生育其間，接受日月精華，經受風雨洗禮。無須掩蓋，也不必隱瞞。

人生天地之間，任何陰謀，無論多麼天衣無縫，總也難掩他人耳目。終為智者所識。

雖然音信遠隔，橫加阻絕，但總會有傳播消息的通道。關羽得到劉備書信，流涕北顧。他當即命令舊日跟隨人員，收拾車馬行裝，隨時待命；數次親往相府辭別，曹操避而不見。

關羽知道，在自己心中的某個地方永遠存有一個信念：一定要找到我的兄長。而且他認為他所想的必定會實現，因為，在很早的時候，他的心裡就明確知道，他這一生的目標應該是什麼，應該做什麼。所以，他一直都在準備著，準備著隨時做他承諾要做的一切，重與兄弟會合，共同開闢自己的事業。

關羽寫信向曹操告辭。然後騎著赤兔馬，手提青龍刀，率領舊日部屬，護送著二位嫂夫人離開曹營，去追尋劉備。至於路途中會遇到什麼，隱藏著多少風險，他已經不在乎了。誰都會死去，何必在乎死在哪裡，只要當生命存在時，做自己想做的事，這就足夠了。大丈夫就應該是盡自己最大的努力，去做應該做的事情，就是義無反顧地去做自己認為正確的事，並努力把自己的名字留在後代傳唱的歌謠裡。生命的意義，就在於找到一個目標，然後不懈地努力，當別人都放棄時，自己還在堅持著，從而給後世的人們留下點什麼，否則不如早點死去，然後開始新的輪迴。

當初，曹公敬重關羽為人，但也察覺其並無久留之意，就讓張遼去試探。關羽對張遼嘆息說：「我深知曹公待我情誼深厚，但是我蒙受劉將軍厚恩，誓以共死，不可違背，我不會長久留在這裡，在報答曹公之後就離開。」曹操深敬關羽。

很早的時候，曹營中很多人早已知道劉備在哪裡出現了。但是誰都不告訴他，都對他保守秘密。在深深關注著劉備行蹤的人們中，只有他是最後一個知道的。

對於如何留住關羽，曹操更是煞費苦心，成為最重要的事。這天，曹操正在與心腹人員商議。忽然有人報告說：關羽已闖出北門而去，並呈上關羽的留言。大意是說：「我關羽在年輕的時候就跟從皇叔，誓同生死；皇天后土，實聞斯言。下邳失守，所請三事，已蒙恩諾。今探知故主現在袁紹軍中，回思昔日之盟，豈容違背？新恩雖厚，舊義難忘。茲特奉書告辭，伏唯照察。其有餘恩未報，只願以待來日。」

緊接著又有負責關羽宅邸警衛的士兵來報告：「關羽把屢次賞賜物品，全部登記、封存，分毫未帶。漢壽亭侯印綬懸掛廳堂正中。美女十人，另居內室。只帶著原跟隨舊部及隨身行李離去了。」

曹操等人愕然驚嘆，左右將士請求派兵追趕。曹操說：「彼各為其主，勿追也。」

大哥，我的大哥，讓上天把我對你的思念變成我的錐心之痛。

大哥，今天我就要來了，回到你的身邊，我已走上了你所在的道路。

不必祈願神明庇佑我們的靈魂。我們的命運由我們自己創造。

他帶著舊日的隨從，在明媚的陽光下穿過城內的街衢，走出北門，走向他嚮往的地方。藍天肅穆，白雲歡欣飄蕩，大地之上微風和煦。

他走向了兄弟所在的營壘，儘管前途未卜，但是他的雙足踏上了通往高原的道路，他走在「義」的道路上。

在那個早晨，地平線上走著一小隊人馬，天地間的一切頓感鮮活。

名爵，印綬，財富，賞賜……

其實，這些都是別人的東西，本來就不屬於我們，是別人居高臨下時的施捨。如果沒有圖謀，他們根本就不會輕易把這些東西給予任何人。這種施捨，就是寄望於得到更多更重要的回報。其實在施捨者的內心，早就在作著算計，期待著收取相應的投資回報。同樣，如果他們哪天不高興，又會隨意地收回，而且還會從你這裡變本加厲地收取利息，不要指望會給你什麼保管費。那麼我們為什麼要放棄自己的人生而為他們做這些東西的看守者呢？

放下這些毫無意義的俗物，高舉著內心的情義，坦然行走在太陽下，經過鬱鬱蔥蔥的原野，將我們的浩然正氣化為人生的風景。

放下那些可以放棄的，只留下真實的自己，呵護著我們心中的那份真情的牽掛，然後上路。去尋找，尋找我們真摯的情誼。即使走到天涯，也義無反顧。因為，只有相契的心靈，才知道什麼是最重要的追尋。

那麼，走吧，現在就上路。

留下該留下的，只帶走我們自己的一切。把漢朝的歸還漢朝，把曹操的還給曹操。扛起我們肩負的使命，邁出遠行的腳步。無論走多遠，都一樣堅定。

只有「義」深植於我們的心靈，應該永遠堅守。

所謂「義」，就是先有父子，然後有兄弟，而後才有君臣。這是天地之大義。然而後世儒者，故意本末倒置，從而形成了御用的犬儒主義。

無論是真心的挽留，還是友誼的護送，對於心中的這份情義來說，都無足輕重，都不是留戀的理由。

他鄉雖好，畢竟是別人的地盤，不是自己的家園。縱使一無所有，淪落漂泊，心中渴念的也是自己的手足。

新恩雖厚，舊義難忘。放下那些毫無意義的俗物，輕鬆地走。

掛印封金，曾經是如此感動人心。其實，任何人都能夠做到，都應該做到。之所以為人稱道，就因為我們欲望中想得到、想佔有的太多，我們太貪婪了。

放下那些塵俗的負累，帶上我們的忠心，飄然遠行。那麼還有什麼能夠羈留我們的雙足，又有什麼能夠束縛我們嚮往自由的丹心？

一千八百多年前的這次艱辛的遠行，令人欽敬。關羽護送著二位嫂夫人，冒著風險，沿著黃河古道向著未知的渺茫追尋而去。在這戰亂頻繁的亂世，穿過兩大勢力對峙的沉悶空間，如同炎炎夏日裡一縷清新的微風，輕撫過燥熱的心靈。雖然這個過程佈滿艱難險阻，然而，他卻走得如此輕鬆，如此坦然，如此堅定。

超越了是非成敗，放下了名利富貴，只是守護著心中那份切切的兄弟情義，行走在天光照耀下的長長路上，義無反顧。他令王侯將相汗顏。

「人生於天地之間，行無終始，非君子所為。來時明白，離去也不可不明白。」是的，真正的君子行走天地之間，來時明白，去亦坦然。

高舉著大義行走，誰又能夠阻擋得了我們光明磊落的遠行？

無論前面潛伏著什麼，都不必在意了。

只因為這個久違了的「義」字，如同天山溫泉，潺潺流過，令人類未泯的良知突然感到天空高遠而且湛藍。

在這個烽煙籠罩的天空下，仍然有美好在生長，充滿天地之間。

願跟隨你遠行。千里萬里，千年萬年。

悠悠黃河，吾其濟乎

在這一年，有太多的事情在毫無預兆的情況下發生了。

一切都是如此突然，讓人來不及思考，更沒有機會做出準備。

一切又都是如此理所當然，合乎邏輯，不容置疑。

在這段遙遠的歷史中，無論發生過什麼，發生了多少重大的事件，有一個事實永遠無法淹沒，它閃耀著永恆的光芒，照射著人們的心靈，使我們不得不對既有的觀念重新做出反思和修正。

關羽走了。

他毅然放棄了已經擁有的榮華富貴的生活，離開了有著飛黃騰達前程的許都，承受著眾多各懷深意的目光，也背負著深深的敵意，乘著他的戰馬，提著他的戰刀，守護著心中那個古老的信念，向著一個渺茫的未來奔去。

不論他能夠走多久，能夠走出多遠，所抵達的是怎樣的地方，他所做出的這種選擇，本身就具有非凡的豪氣。唯有心中的「情義」，使他奔赴。其他的一切，都已經毫無意義。

尤其是處在帝國日漸衰落的時代，一些人的靈魂早已經丟失，露出了猙獰的本相，殘殺、搶奪、擄掠，無所顧忌，陰謀百出，無所不用其極。在這個悲劇時代，社會遭受著毀滅性的破壞，人性也承受著煉獄般的煎熬。人們破壞著一切，也同時毀滅著自己。焦土滿目，遍地荒蕪，白骨盈野，餓殍塞路。死亡的幽靈徘徊在帝國的大地上，飄蕩在時代的天空中，震顫著每個人的內心。

用美好的語言形容，就是英雄層出。

用蔑視的語言描述，則是盜賊四起。

無休止的征伐與遷徙，蹂躪著帝國的土地，禍害著帝國的子民。

人人都想收拾破碎的山河，報國安民。然而人們又都在做著罪惡的勾當，殺人或者被殺，放火或者被燒。

然而，只有他——關羽還深懷著一份美好，還恪守著信義，坦然行走。

走過擾攘喧嘩的中原大地，來到寂若洪荒的黃河古渡，面對滔滔逝水，一股愴然之情油然而生。

太陽還沒有落山，他們來到了黃河之畔。這條發源於遙遠雪山的河流，以它深沉的包容精神，挾裹著泥沙與雜草，奔湧而來，又慨然而去。

站在黃河古老的渡口，望著從深邃山谷中奔瀉而出的河水，遠天落日的餘暉帶給人一種莫名的憂傷。那些發生在這個河畔的古老而悲涼的事件令他的內心如同這河水，混沌滯重。

他已經走了很遠的路，經歷了太多的危險，而前面的路也仍然遙遠。他知道令他日夜思慕的兄弟就在黃河轉彎處的那座城市，他急切的心卻無法立即到達那裡。更加令他不安的是，無法推測他們所遭遇到的是什麼事。

倚著黃河而立，在這空寂的河灘之上，遠山靜默，倒影淹沒在混濁的浪濤之中。人類罪惡的靈魂如何超度？人們孤寂的心靈由誰擺渡？

沒有一個聲音能夠告訴他想知道的一切。

河漠，晚風，倚刀而立，飲馬黃河。

雙肩風塵，一身疲憊。渡口的晚風吹拂著，長髯飄飄。

如同一尊雕塑，鐫刻在這星辰將出的天地之間，永遠地定格在歷史上。

「道之所在，雖千萬人吾往矣；義之所在，知其不可為而為之。」遵循著內心之中道義的指引，不顧安危，不計得失，為了正義，就算是失去生命也在所不惜。「義之所在，生死以之。」這就是「義」的精神，就是「義」的靈魂。

無論前方的路途多麼遙遠，如何坎坷，挺起脊樑，向前走去……

千年長歌，萬事悠悠！

黃河亙古奔流。

長風萬里走天下

英雄。漂泊。但是卻沒有歌，只是無聲地走過。

走過原野，走過歲月。走出人們的視野，走向歷史深處。

英雄的命運，注定就是漂泊。漂泊的路途，又總是悲壯而又慘烈。

錦繡的前程，繁華的生活，尊貴的爵位，豐厚的賞賜，以及以生命相逼的威脅，這一切均無法阻擋他的心靈前行。

建安五年（西元二〇〇年）五月，關羽得知劉備存身袁紹軍中，於是離開曹營千里奔赴，去與義兄會合。這一路的艱辛，能與何人說。

既定的道路必須走過。是政治的需要，是歷史的需要。那麼權且讓他走一遭吧。只有經歷過，才得以證明英雄本色。

一千八百年的路途，從容走過。足跡所過之處，留下一個個傳說。

一・灞橋送別

城門守衛報告說關羽已出城而去。曹操說：「不忘故主，來去明白，是真正的大丈夫。你們應當效仿他。」又回頭對張遼說：「雲長封金掛印，財賄不以動其心，爵祿不以移其志，這樣的人我深為敬重。你先去請他暫時留步，我去為他送行，以路費征袍贈送，作為紀念。」張遼領命單騎挽留關羽。

關羽立馬橋上。看見許褚、徐晃、于禁、李典等人擁著曹操飛奔前來。曹操說：「雲長為何這麼急著走？」關羽說：「既知故主在河北，就不能不急切趕去。幾次前往相府不得接見，因此拜書告辭，封金掛印，納還丞相。望丞相勿忘昔日之言。」曹操說：「我取信義於天下，怎麼會自食前言。只是考慮將軍長途遠行，特來資助路費，以備急用。」關羽辭謝說：「累蒙恩賜，尚有節餘，足夠途中使用。還是留著這些黃金用來賞賜有功的將士吧。」曹操說：「雲長天下義士，遺憾的是我福薄，不得相留。就送錦袍一件，略表寸心。」雲長用青龍刀尖挑錦袍披於身上，致謝說：「蒙丞相賜袍，後會有期。」勒馬望北而去。

橋下流水無言。

自此而去，關隘重重，前面等待著他的會是什麼？那個深藏的陰謀，會在中途的哪個轉角潛伏著？荊棘塞路，坎坷滿途。

金銀，錦袍。這是一份禮物，無論這份禮物含有多少真誠，畢竟也有心意在。在他離去之時，還能送上路費，給予最後的饋贈，自然令人心中升起溫暖和感動。即使是假意的，其胸懷卻也寬廣，令人敬重。

既然心已經遠了，人豈能留住。那麼就為他祝福吧。

一切都聽天由命，一切也都由天意來裁決。

唯其仁至，所以義盡。

關羽必然會離開這裡，只是時間早晚的問題，因為這一切早就刻寫在其掌心的紋路中，是其注定的宿命，不可改變。那麼，保重，一路好走。

二．東嶺關前的無奈

東嶺關是許昌通往洛陽的必經之路。守衛東嶺關的將領姓孔，名秀。

穿越過帝國的土地，經過長途跋涉，從都城來到這個偏遠的城堡前。天空灰濛濛的，空氣中漂浮著一種令人不安的死亡氣息，似乎預示著將有什麼事件發生。

守軍將領孔秀說：「將軍要去哪裡？」關羽說：「去河北。」孔秀說：「請出示丞相簽發的通行文書。」關羽說：「因行期急切，沒有拿到通行證件。」

孔秀說：「沒有通行的簽證，誰也不能通過。」

關羽說：「任何人也別想阻擋我前進的道路。」

這是爭取權利和自由的爭鬥。也是維護既定秩序奉行職責的爭鬥。

雙方互不相讓。關羽強行闖關。守衛們知道自己無力阻擋，但是他們必須履行職責，戰鬥，然後死去。孔秀以身殉職。

這樣的結果，實在令我們無法接受。我們脆弱的神經不願看到血腥。孔秀並不該死。因為沒有通行的證件，自然就是非法私行，那麼不予放行，就是盡職，這是職責的應有之義。

舉手之間，一個生命就這樣終結。

死者無辜，生者無奈。

誰該承受罪責？

在那個特定的時代，人的生命就是如此簡單地受到侵害。

那麼，平民百姓更是形同草芥。

三．喋血洛陽

古城洛陽，自古以來就是兵家必爭之地，東有虎牢關，西據函谷關，北依邙山，南臨伏牛山，毗鄰中嶽嵩山。是黃河中游地區經濟、政治、軍事、文化、商貿重鎮，是南北鎖鑰，東西機樞。

洛陽太守韓福聚眾商議。副將孟坦說：「既然沒有丞相簽發的特別通行文書，那麼就是私自出走；如果不加阻擋，任其通過，必然要承擔罪責。」經過計議，佈設暗箭傷害之計。雖然不夠磊落，但也可以諒解。因為他們面對的人物太強大，他們很明智，誰有權力要求弱者一定要按照強者的邏輯去戰鬥呢？

關羽左臂中箭，怒而連斬韓福、孟坦，奪路而去。

這是一種在不正常體制下的一次非正常出走。既不可能拿到通行證件，也不可能開具放行的公文。

關羽的出走是受內心的指引，是必然的遠行。

抵達，或者被阻擋。

總之，得有人付出血的代價。穿越並不是輕而易舉的事，並不是想走就可以走得那樣隨意。職責所在，必然恪盡職守。只是他們所面臨的選擇實在殘酷，似乎只有一條死路，根本就沒有選擇的機會，因為死定了。他們所能做的，只能是選擇如何去死或死的姿勢：殉職或者瀆職；站著或者跪著。處在夾縫之間，這樣的處境不可避免，而且必須做出應對。

關羽的決心不可動搖：阻我者死。

他的氣勢不可阻擋：所向披靡。

同樣，守關者也無奈，只有赴死。即使死，也要恪盡職守。

他們必須這樣做，按照各自的方式，因為他們無法做出別的選擇，也不存在別的出路可供選擇。

同樣值得敬重，同樣應該讚美，因為這是真正的忠誠。

在這樣的亂世，有這樣的人品，難能可貴。

四・汜水關遇救

為了防備再遭暗算，關羽不敢停留，帶著箭傷前行。他們連夜到達汜水關下。舉目仰望，夜色中的汜水關，山勢巍峨，四周危崖聳立，北瀕黃河，南連嵩嶽，天險自成。

圈套早已設好，陷阱也已築成，羅網已經張開……

鎮守汜水關的是并州人，姓卞，名喜。他早已在關前鎮國寺中，埋伏了兩百餘名殺手，誘關羽至寺，約定以擊盞為信號，欲圖相害。安排已定，他便出關迎接關羽。卞喜說：「將軍名震天下，誰不敬仰。今歸皇叔，足見忠義！」他殷勤致意，關羽十分高興。連日的奔波身心俱疲，這樣幾句暖心的安慰備感珍貴，於是放下心中的警惕，攜手而行。眾僧鳴鐘出迎。

一切天衣無縫，陰謀即將得逞。

可是，世間的事，總是如此不可思議。在萬無一失之時，千鈞一髮之際，總會有出人意料的轉機，使那些既定的機謀算計，成為虛設。一些人死了，一些人逃生。

寺中住持，法名普淨，卻是關羽同鄉人。看見關羽到來，內心驚異，就暗暗以手舉所佩戒刀，目視關羽。關羽會意，暗自戒備。

空地上的陰影根本不可能掩蓋內心的陰謀，卞喜察覺洩密，強行動手。

但是，容忍是有限度的。關羽含怒出手，卞喜不及脫逃，因為他所面對的對手實在太強，他所設的僧兵，只好轉而為他做招魂的道場。

沿途處處危機，明槍暗箭陳設，雖無大兵追殺，但是到處都有堵截，每走一步都有陷阱，每一個時刻都有陰謀。而這種阻擊，比大軍的追殺更加危險。

今日的汜水關早已看不見遠古的關城，一些二、三十公尺高的山丘散落鋪展開去，構成了北邙山的餘脈。邙山末端依稀可見兩座古城遺址，相對矗立。中間隔著三百公尺寬的「鴻溝」，對峙千年。據傳說，當年楚漢在此相持，劉邦與項羽約定，劃「鴻溝」為界。汜水河在不遠處悠然流過，穿過北邙山向西注入黃河。

極目四望，滄桑巨變。當初的關防與楚漢戰爭的主戰場，如今只剩一片廣闊的農田，金戈鐵馬之聲遠去，隱入歷史深處，什麼都沒有了。只有幾位農民在田裡耕作……

關羽雖然幸蒙寺僧提醒，得以脫離危境。但是回想之下，驚心動魄。

人生深含玄機：誰是我們塵世生命的救星？誰能拯救我們來世的靈魂？

誰會在危難之時挽救我們的生命？誰是我們命運的守護神？誰來拯救我們的靈魂？

五・《春秋》大義照耀我們的心靈

只要你在人類社會中生存，不論走到哪裡，都要面對著壓力和擠陷，無處逃避，這世間就是這樣的嚴酷。雖然你不想與人過不去，但是別人卻總想與你過不去。

只有抗爭，然後才有自己生存的空間。只有在抗爭中，才能將自己鑄造成堅定的英雄。

走過了東嶺關，經過洛陽，走出汜水關，一路走來，眼前的道路逐漸伸展，進入無際的山坡和田野間。前面就是滎陽。

只是接下來會發生什麼？

滎陽太守王植，與韓福是兒女親家。關羽到達，王植笑臉相迎，將一行人接待到館驛中休息，並設宴相請。一路辛勞擔憂，隨從們早已困頓不堪。

笑容是通用的語言，不需要翻譯，誰都能懂。然而隱藏在笑臉深處的心計是什麼呢，並不是每個人都能猜得透。

王植密令從事胡班帶一千軍兵包圍館驛，備足引火之物，在深夜三更時分放火焚燒。

月光如雪，浸潤著凌晨的大地，虛幻陸離，給人詭異的震撼。

胡班尋思：「久聞關雲長大名，不識何等模樣。」就到館驛，問驛吏：「關將軍在何處？」驛吏說：「正在廳上秉燭讀書。」胡班輕手輕腳地來到廳前，見關羽在燈下看書。失聲嘆道：「真是天人啊！」關羽聞聲詢問是誰，胡班說：「滎陽太守部下從事胡班。」關羽就請他進來，將許都城外胡華託帶書信交給胡班。胡班自嘆說：「險些誤殺忠良！」密告說：「王植心懷不仁，欲害將軍，暗令包圍館驛，約於三更放火。我現在就去打開城門，請將軍立即收拾出城。」

英雄存在於我們的想像之中。道義，是我們人格良知的守護神。

夜空中星光閃爍，天幕深遠靜謐，說明烏雲已經散去。這也預示著陰謀不會得逞了。

關羽大驚而起，提刀上馬，請二位嫂夫人上車，走出館驛，果然看見軍士各執火把待命。關羽急忙來到城邊，見城門已經打開。關羽催促車馬急急出城。前行不到數里，背後火把照耀，王植率領人馬趕來。大叫：「關某休走！」拍馬挺槍，徑奔關羽。關羽憤然一刀，將其攔腰砍為兩段。其餘人馬自散。

關羽披著月色上路。遙望著啟明星升起的方向，邁出腳步。

無論當代或者後世，能夠長久留在我們心中的，只有在困境中的那份感念。

六·黃河渡口風雲

此岸，彼岸，中間只是一條河。

敵人，朋友，隔河相望。

此生，來世，相約。

隔岸的天涯，中間是長長的歲月。千年，萬年，不息地湧流著，正如這條河。

任何一朵雲上都有雨，只是並沒有落在這裡。

道義，責任，承諾，都得承托。

隔岸的簫聲，悠遠地吹奏。靈魂飛渡。

來到黃河渡口，秦琪率領駐防前線的精銳部隊嚴陣以待：「來者何人？」

古渡口守衛者的職責，就是防範敵人侵入，嚴查行人過往。即使知道姓名，也要例行公事般詢問。以便驗明正身。

關羽說：「漢壽亭侯關羽。」秦琪說：「去哪兒？」關羽說：「去河北尋找兄長劉玄德，特來借渡。」秦琪說：「請出示丞相公文。」關羽說：「我不受丞相節制，有何公文！」

守衛者振振有詞。

借渡者凜然正義。

佇立河畔。歲月的流水滔滔不絕，水天相隔，如夢如幻。

秦琪說：「我奉命守衛關隘，沒有通行證件，任何人也不能從此通過，還請將軍返回。」關羽大怒：「你知道我一路所過之處，斬戮攔截者嗎？」秦琪大怒：「你插翅也難以飛越過去！」縱馬提刀，擒拿關羽。關羽一聲大喝：「擋吾者死！」關羽刀起，秦琪的人頭已經落地。關羽說：「其他人不必驚逃。立即準備船隻，送我渡河。」

公無渡河，公竟渡河，渡河而去，誰奈公何！

回首黃河灘前，廣闊的原野，安靜而蕭索，河岸的黃土坡前，浪花拍擊河岸。

他繼續前進。

七・歷史的回聲

歷史只是簡單地一句：「關羽亡歸先主。」

亞里斯多德說：「有時詩人比歷史學家更接近真實。」我們更願意相信演義的真實。

環境左右著我們的一切。環境塑造並成就了我們。因為我們不能脫離環境而存在，我們也不能拒絕具體的環境。

成就英雄的功績，在於自己的努力。

不要辜負自己的時代，也不要辜負自己的生命。一些人總是把責任從左手換到右手，以為推卸掉了。其實，既然是責任，就義不容辭，就不可推卸。努力站直脊樑，呼出自己丹田的聲音。

群山圍攏，環抱著大片的水田，綠綠的玉米地，遮掩著散落的村莊。沿途的關隘坎坷，已經成為過往，雲淡風輕。

頭頂著帝國高遠的天空，毅然前行。「義之所在，天下赴之。」

人生其實就是一次旅行。只是這樣的旅行並不輕鬆，很多人來不及欣賞沿途的風景。

無論旅途多麼艱險，他的決心始終沒有任何動搖，也沒有想到過退縮。

古城英雄聚義

漫長的征途和不可預知的危險，壓迫著人們的神經。他們已經走過了很遠的路，太陽升起，月亮隱去，道路漫長而又曲折……這是一個變化難測的時代。

世界總是充滿太多變故，世事又總是出乎意料，人心更難把握。

關羽率著他的車隊，擺脫了堵截和追捕，渡過黃河，進入預定目的地。但是，傳來的消息卻令人大感意外。河北將士，各相妒忌，袁紹多疑，主持不定。內部爭權，交相攻訐。劉備已經尋機脫身離開袁紹軍中，去往汝南聯合劉辟。這是一個出乎意料的消息，使關羽的這次遠行又一次陷入不可預見的危機。道路出現了意外的轉折。

關羽便勒轉馬頭，向南繼續前進。大道蜿蜒，伸向不可知的遙遠。

黃巾起義帶給帝國的打擊是嚴重的，所造成的不安定因素更是到處潛伏著，致使帝國的山河處處傷痕。但是，這樣的大動盪，卻給了那些居心叵測的野心家們一個難得的想像空間，他們嘯聚山林，佔山成為盜寇，作亂暴動，騷擾百姓，禍害地方。

朝廷征討，他們便投誠，搖身一變就被收編成為正規軍，吃著俸祿。朝廷無力討伐，他們就打家劫舍，為盜為寇，嗜飲民血。為了生存，為了自由，他們不怕面對兇險，因為他們露出了他們兇殘盜匪的猙獰一面。

關羽途經臥牛山。這裡山高路險，荊棘叢生，有一種危機四伏的驚險。關羽命令人員快速行進。這時，從茂密的山林深處傳來了雜亂的山歌聲，更令人覺得詭異。據說這裡聚集著一夥盜匪，他們在這陡峭的深山建立了自己的控制區，不受任何人節制，只由他們恣意而為。

聲音已經傳來，而且很近，看來一場遭遇戰已經不可避免。關羽讓車馬緩緩前行，自己全神戒備，注視著周圍的動靜。過了一會兒，走到一個轉彎處。有人一聲暴喝：「留下車馬，饒過你等性命！」隨即數十名大漢擋住去路，遠遠的更多的人，站在樹後。

關羽說：「我乃漢壽亭侯關羽，今天送劉皇叔家眷從此路過，請壯士借路通過。」

領頭的大哥說：「我不知道漢壽亭侯是多大的官，我只認得手中的劍，弟兄們要生存，只能得罪了，留下行李盤纏，放你過去，否則，就請恕我等不敬了。」

關羽舉刀準備決戰。這時，從後面傳來一聲呼喊：「關將軍息怒！」一馬飛奔而來。見了關羽致禮相詢。

原來是黃巾軍張寶部將周倉，在此據山紮寨。周倉，關西人，兩臂有千斤之力，形貌威武。黃巾起義被平定後，張寶戰死，周倉便流落在這裡佔山為王，自封為綠林豪傑。今與關羽相遇，周倉說：「以前誤投黃巾張寶，在戰陣中得瞻將軍尊顏，只悔恨不得相隨，今日幸得拜見。願將軍不棄，收為步卒，早晚執鞭敬奉左右，死也甘心！」關羽見其意誠懇，就稟問二位嫂夫人。

甘夫人說：「叔叔自離許都，於路獨行至此，經歷了多少艱難，也不曾需要軍馬跟隨。此前廖化誠心相投，叔既推卻，如今為什麼願意收容周倉等人呢？我等婦人淺見，叔自斟酌。」關羽就對周倉說：「各位暫且留駐山中，待我尋見兄長，必定前來相招。」周倉頓首懇求說：「我周倉生為粗莽之人，失身為盜，今遇將軍，如重見天日，豈忍再次錯過！如果因為眾人相隨不便，就讓他們跟隨裴元紹暫且寄身此處。我隻身步行，跟隨將軍，雖萬里不辭！」關羽再次稟告二位嫂嫂。甘夫人說：「一兩人相從，無妨於事。」周倉便從此終生跟隨關羽。

遠遠看見一座山城，詢問當地居民，他們說：「這座山城名叫古城。幾個月前有一位名叫張飛的將軍，引數十騎到此，將縣官趕走，自已佔據了古城，招兵買馬，積草囤糧。如今已經聚集有三、五千人馬，四方遠近無人敢惹。」關羽高興地說：「三弟自徐州失散，不知下落，沒想到卻在這裡啊！」立即讓孫乾先進城通報，迎接二位嫂嫂。

原來張飛在芒碭山中失散後，出外探聽玄德消息，經過古城。來到縣衙借糧，縣官不給，張飛怒而趕走縣官，奪印佔據城池。張飛見孫乾來到，當即披掛持矛上馬，引一千餘人，徑出北門。關羽望見張飛，喜不自勝，將刀交給周倉，前來相見。張飛圓睜環眼，倒豎虎鬚，吼聲如雷，舉矛便向關羽刺去。關羽大驚，閃身讓過，說：「賢弟為何如此？難道忘了桃園結義的誓言嗎？」張飛厲聲說：「你既無義，有何面目來見我！」關羽說：「我如何無義？」張飛說：「你背叛兄長，投降曹操，封侯賜爵。今日又來唬我！我與你拚個死活！」關羽說：「你原來不知內情！我也自難解釋。現有二位嫂嫂在，賢弟請自問。」兩位夫人聽見，問何故如此。張飛說：「暫且看我殺了負義的人，然後請嫂嫂入城。」糜夫人說：「二叔在許都，原出於無奈。」甘夫人說：「今知你哥哥在汝南，特不避險阻，送我們到此。不要錯怪了。」張飛說：「不要被他欺瞞了！忠臣寧死而不辱。大丈夫豈有事二主之理！」

誤解總是這樣，令人有口難辯。而且愈辯愈覺底氣不足，更加令人生疑。

突然塵埃捲起，馬蹄聲聲，一隊人馬迅速來到，旗幟飄舞，正是曹軍旗號。

張飛大怒說：「你如今又帶著軍馬來捉我嗎？」舉丈八蛇矛便向關羽刺來。關羽說：「賢弟別冤枉了我。你看我斬此來將，以表我真心。」

曹軍列陣，蔡陽挺刀立馬大喝道：「你殺我外甥秦琪，卻逃竄到這裡！我奉丞相軍令，特來捉拿你！」關羽舉刀便砍。張飛親自擂鼓。鼓聲未停，關羽刀起，蔡陽人頭落入塵埃。曹操所送的禮物，只有這個最為珍貴，讓敵人的血液洗去猜疑，還我清白。

對於從敵人營壘中歷盡千辛萬苦歸來的人來說，家是令其嚮往的，親人相見更是如同隔世。但是，家裡的人，卻總會懷有疑慮，會以另一種眼神審視。痛，可以忍受；然而，來自自己兄弟的懷疑，令人傷心，是滴血的痛。那種無休止的審查，無以解釋的難堪，令人感到比承受敵人的酷刑更苦。皮肉之痛，痛過也就忘記了，而心靈的傷痛則刻骨銘心。無論關羽是護送二位嫂嫂而歸還是獨自回歸，畢竟歷經苦難，從遠遠的地方歸來了，這本身就是證明，為什麼還要經受審查呢？

走在古城的土街上，看著古城的一切，內心有一種回家的親切。

雖說「不打不相識」，但是，打就是因為相識相知。那種親情與情意的溫暖，就是以打來傳遞的。以打測試你變了沒有，變了多少。

事情往往似在故意考驗人的耐性，總是一波三折，兄弟們又遇到新的問題。處在動盪變化的年代，人總是身不由己。關羽到達汝南時，劉辟說：「皇叔到此住了幾天，因為看見軍力弱少，又往河北袁紹處商議去了。」

關羽便與張飛商議，讓張飛留守古城，作為安身的基本。畢竟這個古城可以作為進取的基地，而且是由自己說了算的一塊土地。在這裡，一切完全取決於他們自己。

關羽與孫乾再往河北，尋找兄長劉備，約定在這個古城聚會。同時讓周倉去臥牛山招集人馬。

到達河北，關羽借住在關定家中，先讓孫乾去見劉備。

孫乾進入冀州城見到玄德，玄德暗中請簡雍商議脫身之計。簡雍說：「主公明日見袁紹，建議去荊州聯合劉表，共破曹操，乘機脫身而去。」玄德說：「妙計！但是你能隨我同去嗎？」簡雍說：「我自有脫身之策。」第二天，玄德見袁紹，提議說：「劉表鎮守荊襄，兵精糧足，宜與相約，共擊曹操。」袁紹說：「我曾經派遣人員聯絡，無奈他不肯相從。」玄德說：「劉表是我同宗，我去聯合，必定不會拒絕。」袁紹於是就讓玄德立即啟程。袁紹又說：「近來聽說關雲長已經離開了曹操，要來河北。我要殺掉他，為顏良、文醜報仇雪恨！」玄德說：「明公以前想重用他，我才召喚他來這裡。如今為什麼又想殺掉他呢？況且顏良、文醜好比是兩隻鹿，雲長則是一隻猛虎啊。雖然失去了兩隻鹿但卻得到了一隻猛虎，有什麼好懷恨的呢？」袁紹笑著說：「我是實心喜愛他，所以開句玩笑啊。你可再派人去召喚他，讓他快點來。」玄德說：「那就讓孫乾去尋找他吧。」袁紹十分高興地允許了。玄德辭出，立即上路。簡雍對袁紹說：「玄德這次離去，必定不會回來了。我願與他同去。既是共同勸說劉表，又監視他的動靜。」袁紹認為言之有理，就命令簡雍與玄德同行。

玄德當即與簡雍辭別袁紹，上馬出城。

關羽迎門接拜，執手哭泣不止。

關定領著他的兩個兒子拜見。關羽說：「莊主與弟同姓，長子關寧，學文；次子關平，學武。」關定說：「今願讓次子跟隨關將軍，不知願意收留他嗎？」玄德說：「既蒙長者厚意，我弟尚未有子，就以賢郎為子，如何？」關定大為高興，就讓關平拜關羽為父，稱呼玄德為伯父。玄德恐袁紹追來，急忙整裝啟行。關羽就順路向臥牛山而來。忽然看見周倉引數十人帶傷而來。關羽引他見了玄德。問何故受傷。周倉說：「我還未到臥牛山之前，有一將單騎而來，與裴元紹交鋒，只一合，刺死裴元紹，佔據山寨。我到山上與他交戰，被他連勝數次，身中三槍。因此回來報告主公。」玄德說：「這人是什麼模樣？姓甚名誰？」周倉說：「極其雄壯，不知姓名。」關羽縱馬當先，玄德在後，直接去往臥牛山。

人間世事的每一轉折，都是命運的設定，內中大有深意。

深山的涼風輕輕吹過，白雲自在地游移，太陽在這些雲朵之間浮沉出沒，變幻莫測的光影照射在起伏的山峰之上。

周倉在山下叫陣，那位大將全副披掛，持槍驟馬，帶領部眾衝下山來。玄德高聲呼叫：「這不正是子龍嗎？」那將見是玄德，下馬拜伏道旁，果然是趙子龍。趙雲說：「我自從與使君相別以後，公孫瓚不聽勸告，以致兵敗自焚，袁紹多次派人相招，我覺得袁紹也不是可以託身之人，因此未去。想去徐州投使君，又聽到徐州失守。無奈四處飄零，無容身之地。偶然路過這裡，因遇到裴元紹下山搶奪我的戰馬，所以殺了他，就藉此安身。近來聽說翼德在古城，但不知是否真實。今天有幸遇到使君！」玄德十分高興，說：「我當初見到子龍，就深感留戀不捨。今天幸而相遇！」趙雲說：「我趙雲奔走四方，擇主而事，今天能夠相隨使君，大稱平生。雖肝腦塗地，別無憾恨。」當日率領人眾，隨玄德共赴古城。

進城相見，殺牛宰馬，拜謝天地，犒勞諸軍。玄德看到兄弟重聚，將佐無缺，又新得了趙雲，關羽又有關平、周倉二人，且聚集馬步軍校共四、五千人。玄德感嘆不已，內心無比高興，也無比傷感。半生奔波，無處落腳。寄人籬下，為他人奔走，四處飄零，無處容身，更感此時的相聚不易。

當初諸侯矯詔征討董卓時的那些響噹噹的人物，此時又在哪裡？

仔細盤點一下，那些曾有著鼎鼎大名的人物，卻如風吹落葉般漸漸凋落。「浪花淘盡英雄」，他們之中的一些人是不幸的，失去了生命和所佔據的一切。而另一些被他們輕視的人則獲得了改變這個世界的機會，這就是命運。袁術徹底失敗了，丟失了地盤，也喪失了生命；孫堅打下了一大片土地，將帝國的土地劃歸自己，然而卻也付出了生命的代價；呂布、張繡之流，更是背負著惡名，窮途末路；劉表、張魯之輩，雖然暫時還守著原有的家業，然而卻被視之為「守戶之犬」；董卓、李傕之徒更是天怒人怨，為天下人所不齒；更多有名的、無名的懷揣著夢想的人，都已逝去。只有曹操漸漸壯大了，是最大的贏家，「奉天子而令不臣」，取得了最為實際的利益，達到了預期的目的，並更擴張著他的野心，因為他有著更遠大的雄心。

雖然，關羽兄弟三人，至今還無立足之土，只能是偏安一隅，在此古城暫且駐足喘息。但是，他們同樣也是贏家。儘管沒有如同所謂的英雄們一樣，分取到一城一地的實際利益，但是卻累積了實力，形成了一個菁英群體，有了一批忠誠的追隨者。看看這些人物，皆是一時名振天下的勇武智謀之士：武有關羽、張飛、趙雲等忠勇猛將；文有孫乾、糜竺、糜芳、簡雍等謀劃奔走之士，還有周倉、關平等新銳。從而形成了一個爭雄中原的班底，這是一個有堅定目標、有堅強戰鬥力的團體。無論此前他們曾經是什麼人，擁有怎樣的身分，但是他們現在凝聚在一起，有了一個共同的奮鬥目標——匡扶漢室，振興帝國。更具有仁德的美名，這是最為重要的資源和財富。

經歷過這麼多的挫折與砥礪，他們終於來到了這裡，聚在了一起。只有那些懷有堅定信念的人，才有資格留在這裡；只有經歷過考驗的堅定份子，才留了下來。從此，他們將一如既往地為實現他們心中的目標而努力。

見識短淺的勢利者們，目光總是盯著一城一池的得失，總是爭搶著一粒一粟的實惠，露出的是貪婪殘忍的本性，失去的是恩德與信義。於是他們在朝得與暮失的計較中掙扎。今天從你的手裡搶來，明天又被他以同樣的方式奪去，勞心損力，結果得不償失，以致付出了生命的代價，還背負了亂臣賊子的惡名。

他們自以為英雄無敵，做著一統天下，為王為帝的美夢；自以為才高德昭，想著將天地置於掌上，結果卻被政治所玩弄，留下的只是笑柄。他們的唯一貢獻就是為真正的英雄鋪墊出了一條成功的道路。

誰也不能掙脫命運的鎖鏈，英雄也不能，即使是神，也得接受命運的支配，這是注定的，何況這樣的一群人。誰能事先預料呢？誰也沒有資格與命運討價還價。

小小古城，未曾想到會在這一天，會聚了這個時代的一群菁英。從這裡出發，他們從此將迎來事業的轉折，開闢一個新天地，成就一番人生壯舉，建立一代豐功偉業。

動亂和危險並沒有嚇倒這群來古城相聚的人們，他們懷著尋求新生活的熱情來到了這裡。為了建設一種自由的生活；為了能夠自由地開墾土地、建設家園；為了靠自己的雙手養活自己和自己的家人。他們就是為了建立這樣的生活聚集在一起，為著共同的目標。

建安五年（西元二〇〇年）七月，關羽隨劉備至汝南、潁川一帶。招兵買馬，發展實力，圖謀進取。這個時代在呼喚著英雄，因為這個世界需要真正的英雄來收拾殘局，而且正因為他們胸懷著「從頭收拾舊山河」的豪情，他們必將創下震爍古今的偉大事業。

帝國的這群英雄，他們無論對錯，都令人敬仰，他們是這個世界真正的菁英。他們至少是正直的人，他們都認真地為了心中的理想奮鬥著，用他們各自的方式。

也正是從此開始，關羽正式走上歷史舞台，開始了人生事業的轉折。而在此之前，他只是作為劉備的重要助手，轉戰南北，東奔西走。

每個民族都有自己的神話傳說，每個傳說都歌頌著這個民族自己的英雄。每個英雄都留下了自己的傳奇。

仰望天空，星漢燦爛，每一顆星都盡情地放射出自身的光芒，遠遠投射在這個世界上。

七月的天地間，充滿著蓬勃的欲望。那些隱姓埋名的人物躲在白雲那邊的村莊，滿懷著濟世的熱情，靜靜地期待著。

歷史也靜靜地期待著。

忠肝義膽 日月同輝

第參輯　如琢如磨

戰略性撤退

一位高瞻遠矚的政治謀略家，能夠適時地做出符合發展趨勢的戰略性的選擇。一位優秀的戰略家總是能夠敏銳地把握時局變化的方向，總是先於他人，看到下一個爭奪的焦點，具有常人所不具備的遠見卓識。他總是能夠在最關鍵的時刻，根據客觀趨勢的發展方向，確定最有利於自己的決策，從而趨利避害，達到保存自己，削弱外部勢力的效果。

秋天，正是用兵的季節。袁紹揮師南進，劉備南下汝南、潁川，聯合劉辟，攻擊曹操後方，進行戰役性配合。

當時，曹操在黃河前線與袁紹相持，無力南顧，劉備乘機在汝南整編地方武裝，與劉辟、龔都聯合，軍隊迅速發展到數萬人。袁曹混戰的結果，必然是力量都被削弱，這正是一個難得的機會。劉備看到了擺在面前的機會，也試圖抓住這個機會撈取實際的利益，在帝國的版圖中割取屬於他的一塊土地和財富。土地和財富，這是所有野心者共同的攫取目標。他乘許昌空虛，揮師進逼，直襲曹操大本營。

處在南北夾擊之中的曹操，並沒有被動防禦，也不是軟弱退縮，而是採取了積極的姿態，主動進攻。是的，永遠都保持進攻的姿態，這是真正高明的戰略家的戰爭精髓。只有進攻，才是最有力、最可靠的防禦，是爭取戰爭主動權的最有效手段。只有進攻，才有取得勝利的機會。

曹操的軍隊面臨著嚴峻的考驗。建安六年(西元二〇一年)九月，曹操在腹背受敵的嚴峻形勢之下，全面分析了戰爭的態勢和敵對雙方的戰略取向，他做出了一個冒險的行動計畫，採取北拒南征的方針，令曹洪堅守黃河前線，虛張聲勢，迷惑袁紹。吸引和拖住袁紹的主力，堅持到他返回。他親率主力從官渡前線南征劉備。

曹操帶著他的精銳軍隊南下，雙方在穰山區域遭遇。曹操用馬鞭指著劉備罵道：「我尊你為上賓，你卻如此背義忘恩。」玄德說：「你名為漢相，實為國賊！我奉天子密詔，征討反賊！」當即在陣前朗誦皇帝衣帶詔。曹操大怒，命令許褚出戰。趙雲挺槍出馬迎擊。

做任何事，都必須打著正當的旗號。舉起正義的旗幟，就可以號令天下，就能夠爭取到天下人的支持。

從這一刻開始，一切都將展開，勝利，或者失敗。

正面戰場上，兩位勇士在進行激烈的對決，一時勝負難分。雙方軍隊的視線都被緊緊吸引在決戰的核心。

忽然喊殺聲大震，東南角上，雲長率領精銳騎兵，呈楔形戰鬥佇列殺奔而來；西南角上，張飛帶領軍隊形成合圍之勢。兩支生力軍，如同鐵鉗般向曹軍殺過來。曹軍長途奔襲，疲困不能抵擋，陣形被衝亂，大敗而走。

曹軍初戰不利，於是堅壁不出。

劉備每天命令兵將出陣挑戰，但是曹軍卻按兵不動。劉備無計可施。

對於戰局的演變前景，劉備陷入沉思。他分析，曹軍應當速戰，不能持久。所以他做出長期堅持的姿態，每天只是派出小股部隊騷擾曹軍，主力保持戒備，機動待命。

劉備認為：戰爭每延長一天，曹軍的處境就會增加一分困難，形勢就會變得對其更為不利。

於是雙方各自守著營寨，蓄勢以待。表面看起來，戰局很平靜。

對於曹操來說，他怕的也正是陷入持久戰的泥潭，他必須尋找戰機，他需要立刻展開決定性的行動，一戰而定。他知道，他的軍隊面臨著嚴峻的考驗，他之所以置自己的安危於不顧，把戰場放在這裡，而不是對付更為強大的袁軍，就因為他必須在很短的時間內，消除後顧之憂，使他的主力能夠不受牽制地與袁紹決戰。所以他只有半個月的時間，他耗不起。在這裡，如果輸掉戰爭，那麼他可能會失去一切。如果贏得勝利，那麼他將贏得黃河以北全部土地的控制權。也就是說，在黃河流域將不會再有任何強大的對手與他爭鋒了。所以他並不是在平靜之中無為度日，而是做出不敢決戰的姿態，迷惑對手。他有自己的目標，並加緊在暗中實施著早就安排妥當的計畫。

對於這種平靜，總令人覺得不安。空氣中有一種壓迫感在逼近。

關羽說：曹軍長途奔襲，卻又不進行決戰，必有陰謀。

果然十多天之後，忽然傳來消息說，曹軍包圍了運送糧草的龔都部隊，又說夏侯惇引軍繞道奔襲汝南。

戰局的進展並沒有按照戰爭發起者的意向推進，劉備的如意算盤落空了，反而致使自己前後受敵，劉備的軍隊被曹軍切斷了歸路，成為真正無後方可依的露野之師。他謹慎的判斷力和將計就計的計謀並沒有為他帶來預想的勝利。劉備急令張飛、關羽分別前去援救。

破壞或切斷敵人的補給線，是打擊敵人的有效手段。這一方法可以使敵人處於腹背受敵，前後不能相顧的困境，圍困、設伏，使敵人各部陷於不能相援的孤立境地，各個殲擊，這是戰役指揮者慣用的破敵手段。

戰爭的主動權，轉瞬易手。

現在，輪到曹軍發言了。曹軍先鋒許褚前來挑戰，玄德方才意識到中計。

曹軍圍城打援，劉辟放棄汝南，關羽、張飛的兩支援軍又被曹軍圍困不能動彈，相互不能救應，主力又被許褚牽制，整個戰局現在是沿著曹操的思路展開。

許褚的軍隊排開陣勢，緊緊監視著劉備的營寨。劉備既不能堅守，又無力決戰，只是滿懷憂慮地堅持到天亮。第二天黎明，劉備率軍棄寨悄悄向被圍的兩支軍隊靠近。但是曹操早就算定他會如此行動，已在沿途設伏等待。劉備步步履險，曹軍層層追擊，幸有趙雲力戰，使得劉備得以落荒逃走。而劉備才脫離許褚、于禁等人的伏擊，又遇到高覽、張郃的截殺。玄德進退無路，仰天大呼：「天何使我受此窘極耶！事勢至此，不如就死！」欲拔劍自刎，幸得趙雲趕到，一槍刺高覽於馬下，殺散後軍，獨戰張郃。張郃敗退，守住山隘，無法通行。此時雲長殺退圍攻汝南的夏侯惇軍隊，救出孫乾、簡雍等人，衝出重圍，帶領關平、周倉及所剩的三百多人趕到。夾攻之下，張郃退出隘口。雙方各自依靠山險駐紮。雲長又去接應張飛。

所謂英雄豪傑，就是指英雄能夠承受任何嚴酷的打擊。無論他們處於何種嚴重的情勢之下，都不輕易放棄，堅持度過最困難的時光，這就是英雄的基本品質。勝敗乃兵家常事，只要敗不失志，愈挫愈奮，屢敗屢戰，就必然會迎來勝利的曙光。能夠在被動失敗的情勢下，組織起有力的抵抗，盡可能地減少損失，救出己方的力量，保存實力，這就是一位前線軍事指揮官必須具備的應變能力。

曹軍大隊趕來，玄德與關、張、趙雲且戰且走。敗軍不滿一千，狼狽而奔。曹操見玄德遠去，迅速整頓軍隊乘夜返回官渡前線。因為時間不允許他再進行長途追擊。

秋天的這場戰爭，給了劉備陣營沉重打擊。使他剛聚集起的力量，又一次被擊潰。一隻不知名的小鳥在身後的某棵樹上悲傷地鳴叫著。

此生注定無法擺脫曹操這個對手了，這是命運設定的，誰也避不開，都必須坦然面對。

關羽跟隨劉備，與張飛等人率眾南撤。他們騎著馬，帶著殘存的人員，以最快速度穿過長滿衰草而顯得荒蕪的秋天大地。到達漢江岸邊，方才安營喘息。當地居民聽說玄德的軍隊到達，爭相奉獻食品與酒，軍隊得以休整補充，就在河灘之上聚飲。玄德嘆道：「諸君皆有王佐之才，不幸跟隨劉備。備之命窘，累及諸君。今日身無立錐，誠恐有誤諸君。各位還是離開我去投奔明主，從而取得功名爵祿。」眾人掩面大哭。

雲長說：「兄長不要這樣說。昔日高祖與項羽爭天下，多次敗於項羽；但是九里山一戰而勝，開闢漢朝四百年基業。勝敗乃兵家常事，為什麼要這樣自隳大志呢？」

劉備說：「願意跟隨的就留下來吧，誰願意回家，就發給路費，誰都有權選擇自己的路，誰的生命都值得珍惜。」

關羽說：「有失敗，就會有勝利。怎麼能中途而退呢？」

簡雍說：「只要堅持到底，就能得到最後的結果。」

孫乾說：「成敗有時，不可喪志。這裡距離荊州不遠。劉景升坐鎮九郡，兵強糧足，並且與公皆漢室宗親，為什麼不去投靠呢？我願先去說服他，使景升出境相迎。」

趙雲也說：「只要有決心，我們就能夠做到。」

玄德就讓孫乾星夜趕往荊州。

在歷史轉折的關鍵時刻，處於關鍵位置的政治人物，他的政策取向、決策選擇、爭鬥決心，往往影響並決定一切。因此，只有能夠始終保持堅定的爭鬥信念，在危機重重的現狀下，能夠看到光明的未來，這才是真正的雄傑。在面臨絕境時，能夠激勵並鼓舞同行者奮鬥的決勝鬥志，更是一位政治家最偉大的精神魅力。

戰略是一個相對長久的時間期限的規劃方向，戰役則是實施戰略目標具體的步驟與環節。戰役必須為戰略服務，必須認真組織，使相應的各方力量協調配合，從而保證整個戰局按照既定方向推進。只有戰役的勝利，才能累積並保障戰略目標的實現。主戰場擔任進攻任務的主力必須要有堅定的打擊力，牢牢地把握主動權，使敵方無暇應對也無力應付分戰場的打擊，從而使各部配合力量達到戰鬥的突然性和有力的打擊效能，使敵人的主力受到震撼，去除敵人主力的依靠，使之陷入孤立作戰的困境。然而，這次戰役卻沒有發揮相應的作用，反而令自己受到重創。因為官渡主戰場的軍事行動沒有有力的進攻，使得曹軍主力能夠運動於南方，從而未發揮相應的效果，反而令曹軍消除了後顧之憂。

他們的行動沒有得到北方袁紹陣營戰略性的有力增援，在曹軍主力的強力打擊之下，很快失敗了。那麼，只能撤退。

撤退，並不是逃避，更不是逃跑。是在力量懸殊的狀況下，為了爭取主動，要以積極的應對姿態脫離敵人，避開銳氣，避免被殲滅，從而保存自己，積蓄力量，尋求殲滅敵人的戰機。

當然，撤退是進攻的前奏，是為了積蓄力量，使進攻的打擊更加有力。從而在時間和空間上完成這樣的轉換，使形勢向有利於己的方向轉化。

一個軍事行動的選擇，往往面臨著眾多的取向，這是在勝勢時的狀況，但是其中必然有一個最關鍵最符合發展趨勢的對策，這就需要主帥具有高超的洞察力。如果決策出現偏離，必將一步步被削弱，以至於失去最終的優勢與利益。同樣，當處在被動的狀況時，選擇的方向相應減少，有時是必然的，別無選擇。但是，如何在被動的情勢之下，力爭化解危機，走出困境，從而使形勢的發展漸漸變得有利於自己，則是一位政治家所面臨必須回答的考題。這就是歷史遴選的法則。

歷史就是以這樣嚴酷的形態做出選擇。

其實，任何失敗都是暫時的，都不可怕，可怕的是自己放棄去爭取勝利的機會。只有那些具有堅定意志的人，才能夠堅持奮鬥到最後。

相應的，失敗正是鍛鍊和造就一個菁英團體的最有效方式。只有經得起各種考驗和打擊而堅定不變的人，才是這個團體不可或缺的份子。透過鍛打，使那些投機份子和機會主義者，使那些混入的渣滓，經過錘擊被剔除。

人們總是自封為菁英，或者互相吹捧為菁英。但是真正的菁英是歷史的選擇，是歷史經過嚴酷的選擇後，自然形成的，無可爭辯，不容否認。

唯有「義」，才是維繫這一切的底蘊。只有義，才有堅定的承載力，才能激起危難共赴的骨氣，才能經得起砥礪。

英雄北望憂國難

汝南與曹軍一戰，劉備敗退漢水。關羽跟隨劉備去荊州投奔劉表。孫乾先行與劉表相見。孫乾說：「劉使君天下英雄，雖兵微將寡，然而仍然以匡扶社稷自任。汝南劉辟、龔都素無親故，也以死相報。您與使君，同為漢室子孫，如今使君新敗，準備往江東投奔孫仲謀。我越眾進言說：不可背親而向疏，荊州劉將軍禮賢下士，士歸之如江河東流，何況是同宗親族？因此使君特使我先來拜見。以明公之意為命。」

劉表十分高興地說：「玄德是我的兄弟。早就想相見，只恨沒有機會。如今願意屈尊惠臨，實在是我的幸運！」

劉表內弟蔡瑁則說：「不可。劉備先從呂布，後事曹操，近投袁紹，皆不能夠善終，足見其為人。如今假如接納他，曹操必定因此而與我們為敵，枉動干戈。不如斬孫乾頭，獻送曹操，曹操必然看重主公。」

孫乾正氣凜然地說：「我不是怕死之人。劉使君忠心為國，並非曹操、袁紹、呂布之徒可以相提並論。以前之所以依從他們，是出於迫不得已。如今雖然新敗，但也並不是無路可走，只因為劉將軍是漢朝苗裔，情誼又是同宗，所以不遠千里相投。你為何獻讒言而妒賢如此呢？」

於是劉表讓孫乾先去報告玄德，並親自出城三十里迎接。

孫乾回報說：「荊州劉刺史讓我回來恭請主人前往。」

於是劉備帶領所隨人馬，列隊向荊州前進。

「歡迎你來到這裡，我的兄弟。」劉表說，「你們辛苦了。」

兄弟相見，自有一種血脈相連的情誼與親情。劉備說：「小弟實在無能，路過貴境，打擾了兄長，還望兄長不要見責。如果有所不便，小弟就此拜別兄長。不敢給兄長增添麻煩。」

劉表說：「你我有著同樣的血脈，為什麼要這麼說呢？這裡就是我們的土地，也是我們的家園，有這樣的英雄兄弟，我也有了依靠。」

劉備帶關羽等拜見劉表，並肩進入荊州。

站在歷史的這個轉捩點上，理性地分析當時帝國的命運和與帝國息息相關的人物的命運，都同處於一個嚴峻的時刻。何去何從，是一個必須解決的大問題，更是一個不得不解決的嚴峻課題。他騎馬走在前面，這群人默默地跟在後面。他們並不為別的，只為了能夠打出一片燦爛的江山來，建立一個統一而安定的帝國，讓人民從此安居樂業，不再承受戰亂的禍害。因為對於他們來說，命運中的一切無可逃避，因而也就只有堅定地承擔，承擔起命運賦予他們的這種使命。他們只能堅持著，去承受各種打擊，去抗擊來自上天設定的各種困難和挫折的砥礪。當然誰都想讓自己的人生順利一些，收穫豐厚一些，承受的苦難盡可能地少一些，或是不要有苦難，但是在一個風雲亂世，誰都不可避免，誰都必須承擔命運載入於生命的這種淘洗。只有承受了這種考驗，走出了嚴酷的時刻，才會有燦爛的陽光為你祝福。

建安六年(西元二〇一年)秋，曹操統軍進擊劉備於汝南。九月，關羽隨劉備投靠荊州牧劉表。劉表對劉備以禮相待，劉備便在荊州屯兵，獲得發展自己勢力的機遇。

走進荊州城，結束了為生存而戰的階段，從此開創了一個新的歷史局面——為發展壯大自己求得鼎足而立的戰鬥歲月。在這個草創階段，面臨的艱難與考驗更為嚴酷。但是，不論對於歷史還是對於承擔歷史責任的個人來說，都是必須的經歷。

這裡曾經是一個平靜充滿歡樂的地方，富饒而又美麗。這片土地的統治者荊州牧劉表，「姿貌甚偉」。是一位儒雅有識之士，享有盛名，與同郡張隱等同列，為荊州八俊之一，他風流倜儻，「而心多疑忌」。

他也沒有什麼勃勃的野心，他的政治理想，就是把這裡建設成為一個世外桃源，讓他的人民能夠安居樂業，享受美好的生活。「欲保江漢間同，觀天下變。」在這諸強爭鋒的亂世，他慎守自保，不倚不取，沒有把他的人民拖入戰爭的泥潭，保持了這塊土地的相對穩定與和平。應該說，他是一個安分守己的守土者，是一個有良知的好官員。

在他自己來說，作為帝國的高級貴族，他也感到很滿足，他唯一的目標就是希望能在這塊土地上長期做一個高級貴族，平安地享受著治下的人民繳納的各種稅收，心情好的時候寫寫字，畫幾幅山水畫，浪漫而有情調；或者寫幾句詩，風雅而又自在。所以，他只是盡職盡責地維護著自己這個領地的安定。基於這樣的政治態度，他在諸侯的爭戰中，宣稱保持中立，盡力地維護著這塊土地的和平，給他的人民一個安定祥和的生存空間。他也基本做到了。在他當政統治這個行省長達二十多年的時間內，這座城市所發生的幾起叛亂和謀殺事件，都被他有效地挫敗了，那些不安定份子的侵擾在很小的範圍內就被平復了，也沒有讓他的人民離家遠征或暴屍荒野。他努力讓這種田園牧歌式的祥和美境能夠盡可能地保持長久一些。

當然，客觀地說，或許並不是他沒有野心，或者說是他深知自己無力駕馭那種爭戰的複雜局面。我們看到的他只是一介儒士，而不是一位傑出的戰略家。應該說他有自知之明，所以，他值得我們敬重。因為，在一個浮躁的現實下，能夠不被欲望左右，實在難能可貴。

他抱著崇高的心願，在這種動盪之中，謹慎地做出明智的選擇，施行著他的政治理想，極力避開一個個政治漩渦，免得令他和他的人民陷入窘境。但是，並不是所有美好的心願都能夠如意。命運不可預測，更不可改變，也無法迴避。

總會有一些什麼意外會找上門來。

此時的帝國，並沒有就此平靜。在帝國的土地上，到處爭戰，烽煙遍地。在北部，曹軍與袁紹決戰官渡；西北方向，那個西部牛仔馬騰也在試圖進取；東南孫吳陣營，虎視中原；只有荊州劉表只求靜守田土，安居一隅。但是這也只是劉表個人的一廂之願。在這個帝國法律失去約束力的亂世，你雖然不想去惹麻煩，但是別人卻無時不在找你的麻煩，而麻煩往往就會找到這樣一些不願意惹麻煩的人頭上。

袁紹兵敗官渡。曹操欲南征劉表。荊州就成為一個十分惹眼的目標。

荀彧說：「大軍方北征而回，未可復動。且待半年，養精蓄銳，劉表、孫權可一鼓而下。」曹操採納了這個意見，分兵屯田，以候調用。

英雄總是能夠預見到下一個戰略爭奪的焦點，預先前往經營。然而，時勢所迫，只能是盡人事而聽天命。在時局還不十分明朗的前期，那些凡夫俗子們根本就不能透過掩蓋在平靜日子的迷霧看清發展的趨向，他們只能苟且安處一隅，懵懵懂懂地過著平安的日子。沉溺於這種表面的平安自得而不做準備，更無進取之志，結果喪失良機，最終淪為砧上魚肉。

劉備如同軍事戰略態勢圖上的那個紅色箭頭，他奔向哪裡，勢必那裡就將成為下一個戰略的中心。平定黃巾時期，他處在決戰的中心；他在徐州，徐州數度成為諸強爭奪的焦點；投奔袁紹，則曹、袁之戰成為必然。現在他又如同候鳥般，早早地飛臨荊州這塊土地之上，先期在此營建自己的巢穴了。對於戰略的敏感，令他總是能夠洞燭先機進入關鍵點。

他飛到哪裡，哪裡就將是戰火烽起的中心。

他是一個政治動物，能夠敏銳地嗅聞出下一個戰略的中心，或者說他總是能夠將戰略的重點標明。他就是引領戰爭向縱深發展的風向標。

他的出現，就預示著這裡不久就將成為爭奪的中心，將進入歷史的視線。

關羽忠誠地追隨著他的兄長、主公，為了心中那個匡扶帝國的夢想奮鬥。或許任何事件都是有先兆，有關聯的，劉備初來，即有降將張武、陳孫在江夏叛亂。劉備便主動請命征討。命令關羽率本部軍馬進剿。像這樣的小蟊賊，哪裡能抵擋得住身經百戰的關羽兄弟。作為見面之禮，他們一戰就殺死了張武、陳孫，很快平定了江夏的反叛。寄人籬下，憂人之事，替人出頭，擺平了主人遇到的麻煩，便感到報答了一份恩情，也就在內心稍感平衡。

在慶功宴會上，劉表憂慮地說：「雖然平定了這些流寇的謀反，但真正的憂慮在於南越不時侵擾，更有張魯、孫權等時時虎視。」

劉備說：「弟有三將，足可委任重用。使張飛巡察南越之境；讓雲長拒抵固子城，震懾張魯；趙雲屯守三江，以擋孫權。有什麼好不放心的呢？」

劉表聽後內心歡喜，說：「吾弟如此雄才，荊州有所依賴了。」準備下令任用。

但是當晚蔡夫人於枕上說：「我聽說荊州有名望的人都與劉備有交往，不可不防，如果長期居住城中，必生變故，不如早做打算。」

第二天，劉表說：「賢弟久居此間，恐荒廢了武事，襄陽所屬的新野縣(今河南省新野縣南)較為富足，可以駐軍養武，賢弟是否願意承擔駐守之責？」

劉備已明白劉表心意，也就很高興地表示願意領命。當即帶著關羽等人上任。取得了在這裡長久屯駐的資格，有了一個戰略上的落腳點。

雲長跟隨劉備駐軍新野縣。

他們成功地深入了這裡，使自己能夠對這個地區的未來發生影響。

抵達新野，具有了相對安定的環境，於是整軍經武，施政治民，社會安定，出現了奮發蓬勃的氣象，「軍民皆喜，政治一新。」

突然荊州派使者來請劉備赴襄陽。孫乾說：「昨天主公匆匆從荊州返回，意容十分鬱悶。我感到您在荊州時必然有事發生。如今忽然又請赴會，不可輕舉而往。」

沒有人知道問題出在哪裡，也沒有人知道流言最初是從哪裡開始出現的。但是，隱隱之間，劉表與劉備之間生出芥蒂。他們本來就是帝室的後裔，頭頂著神聖家族的光環。但同樣，他們又都是帝國淪落於外的不得寵的子孫，所以他們的內心都很敏感，都時刻警惕著，以保存自己。因為這是他們得以生存必需的素養。

玄德告訴大家說，前天劉表派人請赴荊州相會。

在後堂設宴相待，盡興歡飲之際，劉表說：「近聞曹操提兵回許都，勢力日益強盛，必有吞併荊襄之心。真後悔此前不聽賢弟之言，失去良機。」當初，曹軍與袁紹疾戰官渡之時，許昌空虛，劉備建議劉表乘機疾進襲擊曹軍後方，解救天子於困頓之中，大事可定。然而，劉表卻無心進取，優柔寡斷，未採取任何行動。玄德說：「今天下分裂，干戈日起，機會怎麼會沒有呢？只要能夠在以後的應對中不再犯同樣的失誤，也就不必以為憾恨。」後相與對飲。劉表後妻蔡夫人因為對劉備懷有戒心，所以每次都隱在屏風後面竊聽。

歡飲竟日，不知不覺中天色已晚，黃昏即將來臨。

逐漸黯淡下來的庭院，一陣微風吹過，樹葉沙沙作響。這時新月的光芒穿透窗櫺間的空隙靜靜地照射。隨從人員燃起了蠟燭。酒已微酣。

玄德起身如廁。因看見自己髀肉復生，不覺潸然流涕。劉表見玄德容顏間有淚，感到奇怪。玄德長嘆說：「我往常身不離鞍，征戰天下，髀肉皆散；如今久已不再騎馬馳騁，髀裡肉生。日月蹉跎，老將至矣，然而仍然未能建立功業，因此深感悲傷！」

他深深地意識到自己的機會已經不多了，人過中年，無所建樹，人生的大好年華已經成為過去，沒有多少時間可供他等待了啊。

劉表說：「據說賢弟在許昌時，與曹操青梅煮酒，共論英雄；賢弟盡舉當世名士，曹操皆不以為然，而唯獨看重賢弟，說『天下英雄，唯使君與操耳。』以曹操的權勢，尚且不敢自居賢弟之先，今何慮功業未建啊？」

玄德藉著酒興，隨口說：「我如果擁有基本，天下碌碌之輩，誠不足慮。」

這個感情豐富、易感易嘆的王室子弟，至今仍然沒有一塊屬於自己的土地，不能不令人哀嘆傷感。是自己不夠優秀嗎？不是。是自己不夠努力嗎？也不是。只是命運對他過於苛刻，令他付出了比別人更多的代價，卻仍然一無所獲，只得隨著命運漂泊。

劉表聞言默然。因為他突然覺得，對於這樣的人來說，能力和危險實際上是等同的，只能利用但是絕不能重用。

一時之間宴飲的氣氛顯得很不自在，空氣中出現一種隔閡。

玄德也後悔自己一時失言，只好託醉回館舍休息。

北望長安，面對山河破碎的帝國，英雄志士，憂心滿懷。然而空懷救國之志，卻無救國之力，只能空嘆髀裡肉生，歲月蹉跎。

雲長說：「兄雖疑心語失，但是劉荊州並無嗔責之意。他人之言，未可輕信。襄陽離此不遠，如果不去，則劉荊州反而內心產生懷疑。」玄德說：「雲長言之有理。」

關羽竭盡全力地輔佐劉備，有劉備出現的地方，就有關羽的影子。他總是從全局大義出發，做出坦蕩的選擇，以他的坦蕩接受並承擔面臨的一切。

張飛說：「筵無好筵，會無好會，不如推辭不去。」

趙雲說：「我帶馬步軍三百人同往，可保主公無事。」

玄德說：「如此很好。」

其實，這是蔡瑁暗中與蔡夫人商議而設的「鴻門宴」。此前蔡瑁即設離間計，促使劉表殺劉備，未能得逞。蔡瑁就又建議說：「近年豐熟，應該在襄陽設宴會聚各位地方官員，以示撫慰表彰。請主公前往主持。」劉表說：「我近來哮喘病發作，實在不能出席。就讓兩位兒子去接待吧。」

蔡瑁說：「公子年幼，恐失於禮節。」劉表說：「那麼就去新野請玄德主持吧。」蔡瑁暗喜正中其計，當即就派人來請玄德赴襄陽。

各地都取得了豐收，確實值得慶賀。但是，他們都知道，在這個理由之下，事情並不是如此簡單。在他們各自的心裡，想的是另外的事情。想達成的是別的目的。

趙雲帶領三百精兵，護衛著劉備前往襄陽。關羽則與張飛駐守新野，嚴陣以待，以便應付突發事變。

當初，趙雲所在的公孫瓚軍被袁紹擊敗後，他單槍獨騎走過中原大地，經過臥牛山時，與聚集在山中的綠林強盜相遇。在劫持與反打劫的戰鬥中，他殺死了山大王裴元紹，佔領了山寨，暫時在這座深山中駐足，等待機會。結果，很快就遇到劉備和關羽從河北軍中脫離南去，他於是加入到了這個陣營，成為一員戰將。在他的眼中，劉備是當世英雄，而關羽和張飛是令他敬佩非常有能力的人物，他感到他們可能會改變帝國的命運，追隨他們，就能夠成就一番事業。何況，他們本來就有共同的夢想。

荊州各界名流、官僚都如期出席了這場聚會。劉備依既定的禮儀儀程舉酒致辭。宴會在歡樂友好的氛圍下展開，一道道珍饈美味以恰當的次序送上來，各位地方頭面人物次第舉杯相互敬獻美酒，情意融融。但是表面的輕鬆並不能掩蓋暗中陰謀的運行。趙雲等隨行人員，被有意安排到另外的房間招待，與玄德遠遠隔開。

一股死亡的氣息隱隱升起。

輪到伊籍敬酒，他走到劉備面前，以目視玄德，輕聲說：「請到更衣間。」

劉備會意，隨即起身前去。伊籍隨後跟進來，說：「蔡瑁設計害君，現在城外東、南、北三面，皆有軍馬戒嚴，只有西門可走。」但是西門是一條大河，叫檀溪。溪水寬闊流急，流注襄江。劉備來不及召喚趙雲，立即騎馬向西疾馳而去。

任何一個地方，都有一股根深蒂固的地方勢力。在這裡，表面上有國家機構在管理，但實際上，是他們的世界，是他們說了算。要在這裡生存，沒有他們的支持，那麼你所面臨的困難將是不可想像的。

他們不能容忍外來人在這裡駐足，影響到他們的利益。也就是說，他們要保護自己既得的利益。他們不願意讓不是他們圈子的人在這裡發號施令，打破已有勢力的平衡，尤其不願外人來控制這個地方的權力。

劉備陣營在途窮之際，來到這裡，無形中就是一只楔子，插足他們的地盤，令他們感到很不舒服。也就是說，從此荊州再也不能保持原來的平衡。那個從前很平靜並由他們左右的荊州在他們眼中正在遠去，未來將出現一個令他們不安的局面。

何況現在已經現出了端倪。所以他們不能再坐視利益的流失，他們要制止這樣的事態。

任何人都期待著能夠在人生之中掌握自己的命運，影響歷史的進程。在那些關鍵時刻有力量左右一切。

他們都在觀察著形勢，都在試圖以自己的力量，實施自己的計畫，將形勢導向有利於自己的方向。他們都有自已的理由。

爭鬥開始了。明爭，或者暗鬥，一齊上演了。捲入了一切人，無論你是否願意。

荊州即將成為風暴的中心。

荊州古城

帝國的每一寸土地，都有著悠久的歷史，都是帝國不可分割的組成部分，是帝國不可動搖的基礎。

荊州，地處長江中游、江漢平原腹地。上古大禹劃野分州，為天下九州(冀、兗、青、徐、揚、荊、豫、梁、雍)之一，以境內荊山而得名。荊州更是帝國版圖上的一個重要戰略據點。包括南陽、南郡、江夏、武陵、長沙、桂陽、零陵等七個郡。

春秋戰國時期，楚文王於西元前六八九年定都郢（今荊州紀南），營建都城，荊州古城由此奠基。從此，荊州便成為楚國的政治、軍事、文化、經濟中心，成為悠悠數千年楚文化的發祥地。很久很久以前，此地就是南北貿易集散地。北方的皮毛物品，南方的織錦綢緞，就在這裡交易，商賈往來，繁榮興盛。當然，這裡也駐守著強大的守備力量。歷史上先後有六個朝代三十四位帝王在此建都。從而產生並形成了與黃河流域中原文化輝映並重，與古希臘、古羅馬文化相媲美的楚文化。

荊州城，又名江陵城。因地處長江與洞庭湖的交匯點，是連接南北東西的水陸交通樞紐；是北至長安、洛陽，南下兩廣，東臨江浙，西去四川、雲貴的必經之路；又有長江水運之便，因而有「自古兵家重荊州」之說。歷代以來，在這個古城堡前，多少叱吒風雲的英雄豪傑馳騁爭鋒，留下了無數的傳奇故事。

三國時期，荊州作為西通巴蜀、東連吳會、扼拒南海、北抵中原之要衝，成為魏、蜀、吳三國鼎立的各陣營爭奪的中心，為必爭之戰略重鎮。荊州的得失，成為興衰成敗的關鍵，有點實力的軍閥都想佔據地。因此，各種政治、軍事爭鬥就圍繞荊州展開。

因為是樞紐，就意味著關係重大。也就是說，對於全局具有舉足輕重的影響力。人們都將視線聚集於此。爭的結果，預示著未來的發展方向。

處於荊州下游的東吳孫氏陣營把荊州視為自己立國的屏障，早就兩眼緊盯荊州，懷有覬覦之心。為了爭取戰爭的主動權，從來沒有放棄併吞的圖謀。建安五年（西元二〇〇年），魯肅就對孫權建言：「荊楚與國鄰接，水流順北，外帶江漢，內阻山陵，有金城之固，沃野萬里，士民殷實，若據而有之，此帝王之資也。」建安九年（西元二〇四年），沈友又向孫權「陳荊州宜取之計」。建安十三年（西元二〇八年），甘寧陳請孫權進取荊州。於是孫權舉酒「決以付卿，卿當勉建方略」。

戎馬半生，而仍無立足之地的劉備陣營也想染指荊州。因為據有荊州，就有了建立霸業的基礎。

曹操更想佔據荊州，統一天下。就在平定北方之後，立即揮師南下，先聲奪人。進軍荊州，先機搶佔了南陽、南郡、江夏等城，形成了威臨江南，西懾巴蜀的有利戰爭態勢。從而促使孫、劉陣營聯合，引發了著名的赤壁之戰。

魏、蜀、吳三大力量，從各自立國圖強、建立勳業的政治目的出發，為據有荊州這塊戰略要地展開了持久的征戰爭奪，各出奇謀妙計，演繹了一幕幕驚心動魄的戰爭活劇。

後來的赤壁之戰迫使曹操退回北方的黃河流域。劉備陣營乘機攻佔了武陵、長沙、桂陽、零陵等荊州大部分要隘，並先機搶佔了荊州城。然而在聯盟內部，出於利益分配的訴求，以及為了鞏固聯盟的穩定合作，由於政治需要，迫於情勢，劉備又不得不屈詞為「借」，東吳陣營也需要一個替他們看護大門的守衛，從政治利益出發並為日後侵奪荊州的實際控制權留下一個理由，於是也大度地把這個要點「借」給劉備。至此，劉備終於在帝國的天空下，有了一塊由自己說了算的地盤，在荊州站穩了腳跟。封拜關羽為襄陽太守、蕩寇將軍，鎮守荊州。

這個一度繁榮美麗的行省，轉瞬間就被三家勢力瓜分割據。昔日劃分的七大郡縣，分裂為各自的勢力範圍。

居民們又漸漸適應了這樣的變化，主動轉變自己的角色，繼續在這塊天空下一如既往地生存，只是心裡多了一分對不時爆發的戰爭衝突的恐懼。

荊州從表面看起來並沒有什麼重大的變化，無非是州郡衙門的旗幟換了顏色，居民也仍然是原來的那些人，仍然還是從事著既往的職業，但是人們生活的心境卻不由自主地改變了，平靜的生活消失了，一切都籠罩在某種誰也說不清楚的力量之下。空氣顯得沉悶，令百姓們心存憂慮。

只有江漢平原富饒的土地上，長滿莊稼，給人一點兒安慰。

這個天空下的一切，都被預先劃定為別人的勢力範圍，他們可以毫無理由地佔據，似乎本來就是屬於他的，是他從娘胎裡帶出來的，你無從插手，也不得染指。然而，古先哲又說：「天下乃天下人的天下，唯有德者居之。」

誰更有理由居住？

關羽坐鎮荊州達十年之久，荊州與他的一生結下了不解之緣。他人生中最輝煌的時期與最後的謝幕，都在這裡上演。

然而，無論是誰，終將成為過客。只有這座城池仍然屹立。

當然，曾經有眾多的人，為了捍衛這座城堡嘔心瀝血，並獻出了生命。然而又轉瞬即逝，最終也沒有人記得住他們的名字。因為他們所做的一切，都毫無意義。

無論居住在這裡的是誰，它永遠只有自己的名字——荊州。它並不因為居住者的姓名或所屬的陣營或持有的政治立場而改變自己。它只是靜靜地迎來每一個朝日，送走每一天的夕陽，沐浴著閃爍的星光，永遠地站立在歲月裡。誰也不可能永遠佔據。

歲月流逝，滄桑巨變。荊州古城以其超然的雄姿，長久地留存在天地之間，留駐在古老帝國的大地之上，留傳在歷史的冊頁間。

城闕，垛口，古老的磚牆，悠然流淌的護城河，以及時間的箭鏃留下的深深的刻痕，還有那一個個經久不衰的傳說。

悠悠古城，以其神聖的靜默，見證著一個個風雲變幻的歷史時代。在烽煙驟起的亂世，是護衛蒼生、抵禦外侮、維護帝國尊嚴的砥柱。在這個偉大的時代，它是荊州人民的榮耀，是繼往開來的承載，是一道沐浴著時代曙光的風景，也必將在未來的歲月中書寫精彩。

反偷襲佔領樊城

在強大的曹軍主力打擊之下，劉備陣營倉皇南撤，到達漢水之濱的荊襄大地時，部隊已不足千人。暫時依附劉表，駐紮在新野縣。

在新野駐守的八年中，他們什麼事都沒有做，是一個相對平靜的時期。他們每天只是辦理正常的事務，然後與荊州各界名流相會，互相拜訪酬答。但是，他們並沒有忘記自己的目標。在平靜的日子裡，做著積極的準備，注意搜集有關人才的訊息，對於本土和外來的各類人才都有所瞭解，並透過這些人的互相引薦，形成了一個錯綜的人才網絡。

當然，在這八年中，帝國的皇帝也一天天在艱難中度過，而帝國的政局並沒有顯得好轉，因為皇帝被架空，帝國在相繼發生的各種事件的摧殘下，更為衰朽了。那些老輩的割據勢力在互相的吞併中，已成過往的陳跡。每一次戰爭結束時，局勢都有所改變，要麼老輩的割據者更加強大，要麼一個新的實力陣營破繭而出。漸漸地，那些帝國所封的長長的諸侯名單中，那些顯赫的名字一個一個被抹去，所剩下的不是強逼而封的新權貴，就是攫取了帝國土地新興的年富力強的野心家。漸漸地只剩下屈指可數的幾個人物：北方的曹魏陣營獨大，西部的馬騰馬家軍獨存，承襲了父兄爵位的東吳孫權獨守江東，以及川越地區的張魯、荊州劉表等尚存。

劉備蟄伏著。這是一個潛在的強而有力的競爭者，但是真正意識到這一點的人，只有曹操。

那麼，此時曹操在幹什麼呢？他有什麼想法？他並不想讓劉備清靜，也不願意讓他安寧，更不願看到劉備在這樣一塊富庶之地發展壯大起來，尤其不願意使這個戰略要塞被他人佔據，對他構成威脅。所以欲除之而後快。

曹操取得了官渡之戰的勝利後，袁紹敗亡，冀州袁氏陣營土崩瓦解，在北方已經沒有可以與他競爭的有力對手了，他帶著他的軍隊回到許都休整。

下一個目標是什麼呢？他的大腦中清晰地浮現出了兩個字：荊州。因為，從帝國的版圖上看，依據此時的戰略態勢，荊州理所當然成為一個令人注目的焦點。他的雙眼緊緊盯著荊州，沉思著，似乎看到了荊州城的一切。對於荊州的歷史與現狀，他是那樣的熟悉，了然於胸。遊目騁懷之際，他的手下意識地在荊州區域畫下了一個圈，他的軍用地圖上，荊州就處在自己的勢力範圍。新的戰略目標就這樣確定了。他召集參謀人員，讓他們進行戰役設計。同時，命令曹仁、李典統率三萬人馬，駐軍樊城，監控荊襄，做好戰時準備，待命作戰。

在官渡之戰中，率眾投降被收編的呂曠、呂翔向曹仁請戰：「如今劉備屯兵新野，招軍買馬，積草儲糧，積極備戰，其志不小，不如趁早消滅他，以絕後患。我們自投降丞相以來，寸功未立，請給我們精兵五千，取來劉備的頭顱，進獻給丞相。」曹仁嘉其勇氣，十分高興，就撥給他們五千精兵，責令突襲新野。

從北方邊境傳來急報：駐守樊城的曹仁派軍進攻了。呂曠等將領率領輕騎突襲，已經突破邊境防線，現在正向新野疾進之中。

既然打上門來了，那麼就只能堅決應對，因為已經沒有退路了。

建安七年（西元二〇二年），劉備迎擊曹軍。

關羽率一軍從左路出擊，張飛率一軍從右路包抄，正面劉備率趙雲所部兩千人阻擊。曹軍輕敵冒進，在關羽等三路夾擊之下，被全殲，呂曠、呂翔被殺。

「摩擦」與「反摩擦」的爭鬥升級了。「蠶食」與「反蠶食」的戰鬥激化了。

曹仁憤怒，不顧李典勸阻，調動本部軍兵，星夜渡過漢水，席捲而來，大有踏平新野之勢。對於這樣的決定，李典也只好服從，並且全力付諸執行，必須保持高度統一的思想和行動。

劉備軍團早有準備，雙方在新野之境相遇，戰局陷入相持，各自等待戰機。

相持是對雙方的一種折磨，誰也不願意長期消耗下去，但是急切間又不能拿下對方，只能苦苦堅守著不被對方所壓倒。所以，都在這樣的堅持中尋求著勝敵之機。

李典說：「我們在此作戰，但是內心十分擔憂樊城的安危。」曹仁說：「今晚發起偷襲，如果得勝，自然無所憂慮。如果不勝，就撤軍回樊城。」李典疑有準備，勸阻不聽。

就在他們發兵進攻之前，天象已經警戒他的敵人。這也預示了他們的行動注定失敗的命運。徐庶說：「今夜曹仁必定前來偷襲。」當即密令準備，設伏以待，準備對付來自曹軍的攻擊，並命令關羽率領所部，潛入敵後，長驅直襲樊城。

這是一個無月的夜晚，夜空中繁星密佈，至二更，曹軍出營，發起進攻。但是劉備軍早有準備，伏兵四起，張飛、趙雲掩殺，曹軍在突然的襲擊下混亂崩潰，曹仁急切間沿著河岸向北逃竄，幸得李典接應，隻身渡河而逃。

當天傍晚的時候，關羽帶著他的人馬，一路急行軍，繞過曹軍營地，從上游渡過漢水，穿過寂靜的村莊，在夜幕降臨時，到達樊城。關羽命令打起曹軍旗號，讓軍士叫門。守城軍卒並不懷疑，放下護城河上的吊橋，打開城門，關羽揮軍驅進，守軍還在睡眼朦朧中，就成了俘虜，關羽不費一兵之力就佔領了樊城。然後部署防守，嚴陣以待。

曹仁倉皇逃回，發現樊城已被關雲長攻佔。策馬連夜向許昌逃去。

弱者未必弱不堪擊，強者亦並非強不可破。

這次試探性戰鬥的結果，使雙方不對稱的戰略態勢有所緩和。樊城失守，挫傷了曹軍的銳氣，使曹軍南下的前沿後移，失去了前衛據點，暫時減緩了曹軍南下的步伐，從而也為劉備陣營贏得了數年的平靜時光。佔據樊城，又使他們暫時擁有了一個生存的空間。

然而，各路諸侯並沒有停止各自的征戰。

歷史從此轉彎

歷史是一條單行道，但並不是筆直的大道。

戰略與人才是改變歷史方向的決定因素。

總有一些人物，歷史無可迴避。無論其出身如何，處在何種位置，歷史都無法忽視他們的存在。他們在揮手之間，就可改變一切，令一切既定的意向重新改寫。

從建安六年到十三年(西元二〇一年—二〇八年)，這是一段相對平靜的時期。所謂的平靜，是因為沒有與劉備陣營直接相關的大規模戰事，當然局部的小範圍摩擦與衝突並沒有停止，只是並不影響歷史前進的方向和進程。然而誰都沒有閒著，都在做準備，各方都在積蓄著力量，沒有誰願意放棄大好河山。他們都在盡可能地發展壯大自己，累積實力，為新一輪的征戰做全面的準備。

這段平靜的時期，並不是民眾的幸運，而是暴風雨來臨前的寧靜，是醞釀的過程。對於爭戰中的各方實力陣營來說，更是不容忽視的一個十分重要的準備時期。風暴遠遠地積聚著，翻捲著，即將來臨。誰能做出充分的應對，誰就將搶奪到戰略的主動權。

對於劉備陣營來說，這更是一個難得的機遇。在承受了嚴重打擊後，獲得了一個重整旗鼓、東山再起的休整恢復機會。這是一個事業轉折的關鍵時期，如何把握，將決定未來的命運。

在此期間，曹操則致力於北方的統一。建安十二年十一月，曹操親率大軍，征服了北方少數民族烏桓，消除了南下的後顧之憂，拓展了戰略空間，建立了一個鞏固的戰略大後方，完成了既定的戰略任務。

他知道，對於北方少數民族的征服僅僅是為南征所做出的最低限度的準備。那些遊牧民族的部落遠在寒冷的北方，處在遙遠的草原與沙漠地帶。經過長途征戰，曹操佔領了大草原和沙漠邊緣的城市，獲得了這些土地的控制權，實現了帝國北部的統一。

經過從中平元年（西元一八四年）至建安十二年（西元二〇七年）二十餘年的戰亂，一些豪強勢力被淘汰了，一些顯赫的家族衰敗了，一些徒負虛名的英雄黯然退出了歷史的舞台，經過自然法則的篩選，經歷磨難生存下來的，只有魏、吳、蜀三個實力陣營和荊州、益川等地方勢力，第一個歷史進程基本完成了使命。新的階段即將開始，各個陣營都將面臨著生死存亡的考驗。

同樣，帝國復興的希望也隨之出現新的變數。

誰的力量能夠挽狂瀾於既倒？誰是帝國大廈將傾倒之際的棟樑？

在這難得的平靜時期，劉備等人開始反省自己二十多年來的得失成敗，總結自己的經驗教訓，苦思著要建立的體制，要締造的模式，選擇合適的戰略路徑從而抵達既定的目標。他們深深地意識到，在過去的歲月中，雖然付出了艱辛的奮鬥，但是由於缺乏一個明確的政治戰略，只能像一個遊魂一樣遊蕩在戰爭的上空，無處駐足。儘管參與了一場接一場的戰爭，一直打著，不曾停歇；從春到秋，又從冬到夏，打出了威名，但是戰爭的利益卻與他們無緣，他們至今仍然沒有佔領一塊地盤，沒有建立起自己的根據地，更不要說打下江山，實現匡扶社稷的政治理想了。經過反省，他們認為必須確定出一個明確的戰略方向，這是他們的當務之急。如果沒有一個方向，那麼，仍然只能盲目地奔波，而且只會更加失敗。

同時，他更為明確地意識到，雖然心裡有著匡扶社稷、重振帝國輝煌的大目標，但是如何實現這個目標，僅僅有勇武與熱情是不夠的，這已經為過去的歲月所證實。雖然他的團隊很有英雄之名，但是卻屢戰屢敗，仍然沒有一處屬於自己的領地。舉目帝國的大地上，自己沒有切分到一塊屬地，沒有寸土是由自己來主宰的，自己只是充當了一個打手、一個工具而已，而且總被驅逐著、追趕著，無處可以存身，如同飄飄飛絮，無枝可依。那麼，向何處發展，如何去做，卻又不得要領，於是他急於尋找一個可以為他解決這個問題的合作者。劉備的內心如同飢渴般急切，企盼著、尋找著。他的心靈向上天發出深深的呼喚。

他需要一個人物。

需要一個能夠使他的團隊發揮最佳效能的組織者。

在那樣的一個時代，各路英雄粉墨登場，天下智士紛紛展現才能。他必須找到這樣的一個人物，否則他將無法應對即將到來的危機。

只要你真正需要，那麼，天下就有傑出之士。問題是你的誠意如何？

建安十二年（西元二〇七年）司馬徽向劉備推薦諸葛亮。司馬徽說：「孔明自比管仲、樂毅，其才不可估量。」當時雲長侍立在側，說：「據我所知，管仲、樂毅是春秋戰國時代的傑出人物，功蓋寰宇；孔明自比此二人，是不是太過分了？」司馬徽笑著說：「以我個人之見，不只是與此二人相比肩。我覺得以另外二人相比更為恰當。」雲長問：「哪二人？」司馬徽說：「可比興周八百年之姜子牙、旺漢四百年之張子房。」眾人盡感驚異愕然。當即玄德安排準備禮物。第二天，關羽跟隨劉備，與張飛一同去隆中拜見孔明。

漢朝帝國之所以能夠建立，就在於高祖有築壇拜將的胸襟。劉備就效仿先祖，懷著求賢若渴的坦誠，上門求見，以自己的誠意與心胸，尋求輔佐。

當然是出於令人神往的帝業的誘惑。因為，只要這個人真正能夠幫助我成就帝業，何不親自走一趟，並且還有求賢的好名。尤其是能夠找到如同管仲、樂毅之流的大才，何樂而不為。

他們兄弟三人懷著急切的祈盼心情，穿過森林，走在通向隆中的大路上。他們靜靜地走著，頭上是湛藍的天，路邊的樹林裡，蟬熱鬧地鳴叫著。

他們知道，在這樣一個充滿爭鬥的紛亂時代，能夠幫助他們建立偉大功勳的人物，就隱居在這裡，躲藏在山谷迷霧之下。他們應當以他們真摯的誠意，請他出山。

但是，世間的事，並不是你想怎麼就能怎麼，當時間或緣分等條件還不具備的時候，你只能努力去做，卻不一定就有預期的結果。但是這並不是徒勞，雖然沒有見到心儀的人物，至少也表明了自己的誠意，表明了求賢若渴的心情。

孔明外出遊歷，不在家中，而且歸期無定。關羽等人怏怏回到新野。

轉眼已到冬季。據說孔明已經回到隆中的家裡。

關羽就又陪同玄德前往拜謁。時值深冬，正在途中行進，突然朔風凜凜，瑞雪霏霏。風雪阻滯，增添了騎馬行進的難度。張飛說：「天寒地凍，尚不用兵，卻遠遠去見無益之人！不如回新野以避風雪。」玄德說：「我正想讓孔明知道我的殷殷誠摯心意。如果你們怕冷，就先返回。」張飛說：「死且不怕，怎麼會怕冷！只是恐怕哥哥又白走一回。」關羽默默地騎在馬上，只是專心致志地冒雪前行。此時此刻保持沉默才是最佳方式。任何人都不能脫離集體而獨立存在。處理好個人與集體的關係，尤為重要。只有同心同德，才能成就事業。

在這個寂靜的冬天，面對天地皆白的環境，關羽心頭油然升起一番感慨，春秋交替，大自然生生不息。人生還有多少個春夏秋冬可供虛擲呢？做什麼事都不容易啊，都需要耐住性子，認真去做，一步一腳印，踩在這大地上，走過去，只讓腳印留在後面。什麼也不要說，也不需要說，這一路的行程就已經足以說明一切。

他們在風雪中來到臥龍岡，舉目望去，白雪覆蓋的大地上丘陵起伏，如同大海中的波濤，顯示出博大深遠的氣勢。他們把馬匹拴在莊前大約半里遠處的一座小樹林裡，三人步行來到莊上拜謁。

關羽隨劉備兩次前往襄陽隆中拜訪諸葛亮。然而，他們的運勢還未到來，雖然出現了轉機的先兆，但是仍然需要經歷一番曲折。孔明的弟弟諸葛均說，孔明又於前一天去與朋友聚會，並沒有回家。他們只好又返回了駐地。

或許他們的誠意還不足以感動天地。

「鳳翱翔於千仞兮，非梧不棲；士伏處於一方兮，非主不依。樂躬耕於隴畝兮，吾愛吾廬；聊寄傲於琴書兮，以待天時。」事實上，正如東漢名將馬援對光武帝劉秀所說：「當今之世，非但君擇臣，臣亦擇君。」是的，正是最為經典的、平等的雙向選擇。

這是滋生了美好希望的一年，但是卻以惆悵而終。兩次拜訪都未能相遇。

光陰荏苒，歲月已悄悄置換。

建安十三年（西元二〇八年）到來了。正月，玄德決定再一次前往拜訪孔明。於是，選擇吉日，齋戒沐浴，表其誠意，以應天地。

歲月催人，隨著春天的萌動，形勢更加變化莫測，時局在發生著微妙的改變，危機即將來臨了，一切都顯出了動盪不安的跡象。

關羽說：「兄長兩次親往拜謁，以禮而言，已經顯得很鄭重了。由此可以想見，諸葛亮恐怕也只是徒有虛名而無實學之人，所以避而不敢見。」玄德說：「從前齊桓公為了拜見東郭野人，五次往返

才得以見一面。何況我所拜見的是當世大賢啊！」張飛說：「這樣一位村野農夫，何足為大賢；這次不必哥哥去，我只用一條麻繩捆縛來就行！」玄德生氣地說：「你難道沒有聽說過周文王拜謁姜子牙的事嗎？文王尚且如此敬賢，你怎敢這樣無禮！今天你就不必去了，我與雲長去。」張飛說：「既然兩位哥哥都去，小弟怎麼能夠落後！」玄德說：「你如果願意同去，就不可失禮。」張飛慨然做出承諾。兄弟三人第三次前去拜訪諸葛亮。

他們於黎明時分啟程，於正午時分到達臥龍岡，踏上了先生躬耕的土地。天空中太陽溫和地照耀，將它的光輝柔和地傾注在泛著青綠色的大地上。

孔明或許很驕傲，因為他有驕傲的理由，那麼，我們應該給予尊敬。

在離草廬半里之外，關羽他們便下馬步行。

道路兩旁的樹木，新綠的嫩葉正在探頭探腦地萌出。田園裡已經有人開始了春天的勞作。

來到堂前，孔明正在午睡未醒。劉備拱立階下，關羽和張飛在門外等候。

幾經波折，這場曠古的會見就發生在隆中的這個普通農家小院裡。

劉備說：「漢室傾頹，奸臣竊命，主上蒙塵。孤不度德量力，欲信大義於天下，而智術短淺，遂用猖獗，至於今日。然志猶未已，君謂計將安出？」

孔明說：「亮久樂耕鋤，懶於應世，不能奉命。」玄德流著淚說：「先生不出，如蒼生何！」淚沾袍袖，衣襟盡濕。孔明見其意如此誠懇，就說：「將軍既不相棄，願效犬馬之勞。」

屏退其他人。

諸葛亮說：「自董卓以來，豪傑並起，跨州連郡者不可勝數。曹操比於袁紹，則名微而眾寡，然操遂能克紹，以弱為強者，非唯天時，抑亦人謀也。今操已擁百萬之眾，挾天子而令諸侯，此誠不可與爭鋒。孫權據有江東，已歷三世，國險而民附，賢能為之用，此可以為援而不可圖也。荊州北據漢、沔，利盡南海，東連吳會，西通巴蜀，此用武之國，而其主不能守，此殆天所以資將軍，將軍豈有意乎？益州險塞，沃野千里，天府之土，高祖因之以成帝業。劉璋暗弱，張魯在北，民殷國富而不知存恤，智能之士思得明君。將軍既帝室之胄，信義著於四海，總攬英雄，思賢如渴，若跨有荊、益，保其岩阻，西和諸戎，南撫夷越，外結好孫權，內修政理；天下有變，則命一上將將荊州之軍以向宛、洛，將軍身率益州之眾出於秦川，百姓孰敢不簞食壺漿，以迎將軍者乎？誠如是，則霸業可成，漢室可興矣。」

玄德喜不自勝，命令關羽、張飛進入相見，拜獻禮物。孔明推辭不肯接受。玄德說：「這不足以作為敬聘大賢的禮物，只是表達我的心意。」

人生的三岔路口無時不在，走近或錯過，你會做出怎樣的選擇？

這是一次重要的會見，所隱伏的歷史性契機，不可估量。

二十六歲的諸葛亮出山了。

歷史的軌跡從此轉彎。

非唯天時，抑亦人謀也

在隆中臥龍山下綠樹掩映的這個小村莊，諸葛亮悄然躬耕，以避開亂世的紛擾。只是偶爾將他的目光掃過蔚藍的天空，投向遠天之上那如龍般變幻莫測的雲霓。收回視線，他的目光又被綿延的山丘所吸引，他知道上天不會讓他在這裡靜靜地度日，那個日子在一天天地臨近了。他也必須回應上天的召喚，負起一份責任。但是他也只能是靜靜地關注著、等待著。

他是很自負的，在他的眼中，只以管仲、樂毅為友。在他的朋友中，也只有那麼有限的幾位。也只有這樣的幾個人才能理解他，世俗之人根本不知道他是誰。

當然，當一個人別無所求的時候，他是驕傲的。他的眼中只有藍天、白雲和在這樣的天空下自在的思考。只有思想就已經足夠。既不會失去什麼，也不必要保護什麼，那麼又有什麼可以令他折腰呢？

春天已經悄然來了，雖然還不是很暖和，但是，夜空中的星星多起來了。也就是說，這個日子已經到了。明天會是非常晴朗的一天。

他必須離開這裡。因為，歷史對他提出要求了，這是上天的旨意。

歷史是由所有人共同參與合作的結果，當然關鍵時刻是由個別人左右的，具有不可預測的隨意性和可變性，然而一旦發生，就成為不可改變的必然事實。

時代的每一步推進都必須付出相當的代價。

識時務者為俊傑。俊傑深得進退之機宜。

他現在靜靜等待那個人的出現。當然，他知道他們已經來過幾次了，只是因為他要選擇一個時機，所以他避開了他們。

為了維護帝國的統一，為了重振帝國的統治，為了重建帝國的輝煌。

關羽跟隨著劉備又一次踏上了去隆中的路。對於劉備來說，這就是他的水，而自己是魚，魚與水怎麼可以長期分開呢？內心中的那股渴望，令他們急切地想要見到他——諸葛亮。

今天就是一個好日子。

劉備沐浴更衣，將自己的靈魂高舉，向上天卜問。易曰：「宜。大吉。」

得到上天的允許，劉備立即帶著他的兄弟，去赴那個上天注定的約會。

這個歷史性的會見，對於歷史具有何種意義，雖然已歷千年，但是仍然有待評估。

關羽跟著劉備「三顧茅廬」，請得諸葛亮出山。

當然，對於劉備陣營來說，這是他們奮鬥觀念徹底轉變的標誌。從崇尚以武力定天下，識到了意尊崇文略謀求未來的重要性。

一篇《隆中對》，為他們的未來發展畫下了藍圖，從而成為立國綱領。

諸葛亮指著地圖說：「將軍欲成霸業，北讓曹操佔天時，南讓孫權佔地利，將軍可佔人和。先取荊州為家，後即取西川建基業，以成鼎足之勢，然後可圖中原也。」

寥寥數語，「頓開茅塞，如撥雲霧而睹青天。」

在這個戰略框架之下，荊州成為整個局勢的支點。

然而，形勢的發展會如何呢？有沒有實施這個戰略的條件？曹操、孫氏陣營又在做什麼？他們同樣注視著局勢的發展，他們會答應嗎？他們才是這個戰略實施的最有力的阻擊者，也是當然的合作者，必須徵得他們的同意，當然是以獨特的方式。必然引發戰略的碰撞，歷史就此展開，歷史也就如此形成。

沒有戰略目標，一切行為就只能是盲目的，是聽天由命式的放任。其結果必然是半生以來的奔波，一無所獲。既然確定了戰略，那麼如何實施？

「必須建立自己的基礎，有一個出發征戰的基地。」他說：「為自己的這個根據地而戰鬥。」

「應該怎麼做？」劉備急切地請教說。

諸葛亮仰起頭來，注視著天空的星星，似乎又什麼也沒有看見，只是注視著宇宙中的某個神秘之處。

「必然要注意到這樣兩個可能的現實。」諸葛亮緩緩地說：「第一，如果趕走或殺掉曹操，那麼很快，東吳陣營就會成為這裡真正的主人，那時你所面臨的局面將會相當嚴酷。第二，如果東吳孫權陣營被曹操征服或吞併，那麼，你就必須應對更加強大的曹氏陣營的戰爭進攻，那時，帝國繼續存在的可能性就很難預料了。」

他停了下來，敏銳的目光靜靜地注視著劉備。

劉備說：「是的，我們不能無視這樣的事實，也無力應對這樣的局面。」

諸葛亮說：「所以，我們不能僅僅為了達成我們自己的目標而意氣用事，必須從長遠的發展的眼光來確定我們的戰略。這就是當前局勢的最核心的問題。」

諸葛亮繼續說：「這兩大陣營即將展開決鬥，但是當前，是要阻止他們之中的任何一個獨佔這塊土地。從目前的實力現狀來說，曹操最為強大，東吳陣營也比我們強大，所以我們所能採取的行動就是必須保存並壯大自己，並使他們雙方兩敗俱傷，從而形成三方共存的局面。因為以我們現在的實力，我們不可能同時吞併他們。這樣我們就爭取到時間，那麼就有機會實施我們的戰略，從而在未來的戰爭中，逐步達成我們的目標。」

劉備說：「那麼，是否有這種可能。」

諸葛亮說：「天命有定，但也在於人為。成否在於我們的姿態和戰略取向。」

月亮將奇異的光芒灑向大地。

歷史是天下人的歷史，並不是某個人的簡歷。所以在這段歷史中，進入人們視線的不可能只是關羽一個人，他和他的朋友以及敵人共同成就了這個時期的歷史。如果忽略別人的存在，那麼，英雄也會顯得寂寞。

在這個戰略轉折期，關羽只是靜靜地注視著，全力合作著。因為，在這個陣營中，他不是主角，但是他又不可或缺。因為戰略的制定，是最高決策者的職責，關羽只是執行者。當然他也是一個參與者，有時或許具有舉足輕重的影響力。但是，他不是決策的主要謀劃者。而這個階段又是必然的進程，不容忽視，更不能繞開。所以，我們就讓他站在側面吧。總之他是這個戰略的一個執行者。他是一個在場者。

其實，任何人並不總是在任何時候都是主角，也不一定總是處在主要位置。很多時候，往往都是以配角的形象出現。即使你坐在主席台上，也並不是主持人，更不是發表重要演講的那一位。所以當好配角，也就是成就自己的人生。

歷史也是如此，人生也同樣。在特定的時空下，一些人一些事處於主要位置，上升為重要狀態，自然也有一些人一些事暫時遠離人們的視線，但並不是忽略，只是一種過渡，只是重要性稍微顯得次要了一點而已。隨著歷史的推進，他必然適時從幕後走向前台，擔任起自己的責任。那時就由你講話了。

當然，天下之事，並不是全由上天決定，主要的決定權在人。誰的決定，都是結論，上天也都有可能接受，只在於你是否付出了比別人更多的奮鬥。就如同拍賣場的競拍，取決於誰願意付出更多。因此，不要被動地等待上天的裁決，應當努力爭取。「非唯天時，抑亦人謀也。」天地坦蕩，誰的勝利都無所謂，都可接受成為歷史。天地就是以這樣的坦然與透明，包容一切。

面對遠去的歷史背影。正如人們常說：命運掌握在我們自己手中。天意只是託詞。命運總是掌握在那些有準備的人的手中。他們會說，替天行道。

命運總是掌握在那些充滿希望而奮鬥不息的人手中。他們所行之道，就是上天的旨意。那些懶漢與悲觀者最終都將受到命運的嘲弄。他們也只會感嘆，天不佑我。

其實，命運對於任何人都是公平的，並不對誰特別青睞。但是對於那些堅定的奮鬥者必然給予肯定，如同雪花，公平地降落下來，並不厚此，也不薄彼，均勻地降落。所不同的是你以怎樣的心態承載。

那些經歷了命運砥礪的人，是上天的幸運兒。

命運流淌在青春的陽光裡。無論國事或是人生，其實就可以歸結為幾句話：做什麼？怎麼做？做到什麼程度？取決於我們自己。

歷史上的火光

真正的金子，必須經歷烈火的熔煉。

但是，每一場大火並不都是為了冶煉黃金。

形勢突變。曹操平定北方，建立了穩固的大後方，迅速完成了戰爭準備。建安十三年（西元二〇八年）秋，曹操命令夏侯惇率十萬大軍向南推進。戰爭的第一個目標，直指荊州門戶——新野。

駐紮在新野的劉備，就成為曹操南征必須清除的第一個障礙，是必須拔除的周邊據點。只有佔領新野，才能踏入荊襄大地。

劉備陣營此時只有數千人馬駐紮在新野縣城，主要是維護治安，根本沒有多大的作戰能力。但是，在突變的形勢下，轉入戰時狀態，必須承擔起正規軍團的守禦之責。

如何應敵，大家竊竊私議。

張飛說：「何不使水去？」劉備請諸葛亮出山敬以師禮，關羽、張飛內心感到很不以為然。劉備曾說：「我有孔明，如魚得水。」

玄德說：「運籌智謀依靠孔明，衝鋒陷陣還需兩位兄弟，為何互相推卸？」

大敵當前，必須團結禦敵，而不是互相觀望。

夏侯惇已經推進到新野境內，正在快速逼近。危難之際，劉備委任諸葛亮為軍師，並以佩劍相贈以號令全軍。

暫時還不能將目光投向更遠的地方，因為必須把眼前的事辦好。必須應對戰鬥。人們都把希望寄託在你諸葛亮的身上，各種各樣的眼神都在注視著，在看你將如何做。

諸葛亮從容不迫地調動有限的軍馬設伏。面對強大的曹操先鋒兵團，必須給予有力的打擊，從而達到震懾敵膽，鼓舞自己士氣的目的。

諸葛亮將主戰場設定在曹軍必經之路——博望坡山谷的狹窄地段。

關羽奉命率領一千人馬埋伏在博望坡左側的豫山，主要作戰任務是在戰火燃起之時，出兵切斷曹軍後勤補給線，焚燒糧草，奪取輜重。張飛率領一千人馬埋伏在右側的山林。關平、劉封等引五百軍士，準備足夠的引火之物，在曹軍到達時放火焚燒。趙雲率領所部人馬誘敵深入。

所謂誘敵之計，就是讓一部分人做出犧牲，使敵人產生錯覺，讓他覺得勝利觸手可及，以至於失去理智，忘記了自己還有腦袋。當然腦袋被別人砍了下來，就沒有腦袋了，也就不必用腦袋思考了。失去理智的人永遠不會得到理智的結局。誘敵的目的，就是以別人的生命為代價，而由己方來收穫勝利的果實。

整個戰役總攻時間確定在黃昏之後。各部發起攻擊的信號是曹軍到達博望坡預定設伏地點時點火。

天色已晚，濃雲密佈，又無月色，夜風漸大。夏侯惇催軍追擊，無所顧忌。因為，在長途奔襲中，曹軍勢如破竹，沒有遇到任何抵抗，因此，曹軍將進攻的節奏加快，以增強戰役進攻的突然性。所以，他揮軍潮水般湧進博望坡山谷。谷中道路狹窄，蘆葦密佈。

于禁、李典意識到地形不利，預感到危險在逼近。李典對于禁說：「欺敵者必敗。這裡道路狹窄，山川相逼。樹木繁密，如用火攻，如何是好？」

于禁說：「都督且住！南道路狹，山川相逼，樹木繁密，提防火攻。」夏侯惇猛然省悟，急令停止前進。但是命令還未來得及發出，背後喊殺聲已如雷貫耳，火焰燃起，兩邊蘆葦趁風而燃。霎時間，四面八方，盡皆是火。風助火勢，火焰沖天。曹軍驚恐自亂，呼號突圍，相互踐踏，死者不計其數。趙雲回軍衝殺。李典見勢不妙，急向博望城奔逃。火光中關雲長攔截掩殺。

這就是輕敵者所必須付出的代價。山谷中不斷有人死去，被火焚燒，被人馬踐踏，被亂軍屠殺，只有站著，才有一絲活下來的希望，一旦跌倒，就意味著死亡。那些在曹軍旗幟之下以帝國的名義進行這場征戰的人正在死去，他們沒有任何的退路。因為這個精心設置的口袋已經被封閉，他們已經無處可退。只有拚殺，憑著手中的刀和內心不畏死的勇氣，然後才有可能求得生機。夏侯惇冒火突圍，奪路逃走。

燃燒的輜重，燃燒的田野。同時，生命也在燃燒，然後化為灰燼，隨煙消散，沒有痕跡。

十萬精銳之師早晨還在耀武揚威，還沒有來得及做一個美夢，就葬身火海，再也看不到第二天的太陽了。

戰場漸漸平息，遠處的火光自行熄滅，晨曦漸露，博望坡前一片灰燼。

這是文武配合的第一戰。對於凝聚內部、團結人心、增強協調與信任，具有深遠意義。英雄，就是這樣鑄煉而成的。

博望坡前的這把火，焚燒的不只是曹操的十萬軍隊，同時也將這塊土地上的一切燃燒殆盡。透過遍地煙火，看到的是帝國在火光中的掙扎，聽到的是民眾在苦難中的呻吟。

自從人類發現火光，利用火種以來，人類文明便開闢了一個全新的局面，隨之進入了一個飛速發展的階段。火光照亮了人類奔向光明的心靈，照亮了黑暗中的路程。然而，也使人類陷入不可回頭的災難之境，焚毀了人類建設美好的信心。自始皇帝舉起焚書之燭，火光所焚燒的不僅僅只是思想，它更具有摧毀一切的力量。項羽阿房一炬，首開燒殺之端；董卓洛陽之火，帝國基業化為烏有；曹操烏巢燒糧的大火，致敵於不復之劫……直到英法聯軍焚毀圓明園，將強盜入室的殘忍推向極端。殺人放火，歷來就是強盜的專利。屠戮與焚掠，是其基調。能夠拿走的，都搶去；不能拿走的，就一把火燒掉。

在數千年的歷史上，烽煙處處，火攻成為克敵制勝的重要手段。一部三國，其火光之多，火光之亮，焚燒之劇烈，是為極致。據統計，舉火應敵達十餘次之多。其結果，總是被燒者焦頭爛額，縱火者彈冠相慶。

舉起火把的那隻手屬於誰？左手還是右手？善行還是惡意？

博望坡，黃昏。

蘆葦，山林，深秋，窄路。

月黑，風高。

正是放火的季節。

當然也是興兵征戰的理想時間。

正是殺人的日子。

於是強盜們都走出了大門，磨刀霍霍。

刀光在夜空閃亮。

火焰在陰謀中燃燒。

交戰雙方必欲置對手於死地而後快。你死或我活，不共戴天。但是他們有世仇嗎？

一方獲勝了，在慶功。另一方戰敗了，也同樣記載了功勞。但是很多人鮮活的生命卻因此而戛然而止了。明天的太陽下，再也聽不到他們的笑聲。他們默默死去了。

活著的，是英雄，佩戴著獎章，被記下了功勳。死去的卻沒有留下名字，人們誰也不願意記起，他們就被故意忘記了。因為，活著的人們知道，死去的人中，其實有真正的英雄。只是因為他死了，無法授予，所以活著的人，就從血泊中撿起英雄的稱號，自己佩戴了。

因為畢竟還有一點羞恥心存在，怕自己聽見那個名字時，內心不安。

只是戴著的時間長了，就也心安理得了，覺得自己就是英雄了，就覺得這一切都是自己的功勞。覺得自己應該攫取或佔有更多，不只是榮譽，更需要利益。

暴屍沙場的，被塵埃遮掩，根本就不會被誰記起了。

朋友們早已忘記了，親人也都在無奈的傷心中故去了。一切就這樣平靜了。有人付出，就有人收穫。

人類是什麼？

人類將會成為什麼？

人類的歷史又將會如何？誰會在歷史中讀出新感慨？

人們總是以自己的眼睛，斜斜地看著歷史的文本中這一行行的文字，卻從來沒有什麼同情與悲憫，只是懷著偏見在猜測著如何如何，卻從來不曾說：我們換一種方式思考，我們換一種方式建設，我們換一種方式開始人類新的生活……

千百年來，人類都在致力於尋找一種制度，一種人性的、合理的、美好的生存模式，然而，地圖上卻總是劃著明顯的國界，設置著障礙，到處都是牆壁，都在競相製造著更有威懾力的武器，嚴守著自己的勢力範圍，佔有著其中的利益，獨霸著不讓別人染指，而不是共享美好生活的幸福。

似乎暴力就是永恆的真理。

但是，形勢依然嚴重，更加嚴酷的時刻即將到來。

危急時刻，誰敢橫刀立馬？

沒有前因，就沒有後果。

博望坡一戰，曹軍損兵折將，夏侯惇敗回許昌。

曹操說：「我所顧慮的，只有劉備、孫權，其他人皆不足介意。現在應當趁他們還不十分強大時掃平江南，平定天下。」於是調動五十萬大軍，親率南征。決定於建安十三年秋出動，向江南進發。命令曹仁、曹洪、張遼、張郃、夏侯淵、夏侯惇、于禁、李典等各率所部人馬，梯次前進，任命許褚為先鋒。

「師出必須有名，必須符合仁義。只有仁義之師，以至仁伐不仁，才是正義的戰爭。」就是說，正義之師，必須有征討的正當授權和正當的理由，否則，就是非法的私行。沒有經過允許而私自為某種個人利益而興師，就是矯名。孔融為此付出了滅門的代價，全家族被曹操誅殺。他因為堅持諫止曹操興師討伐劉備而觸怒了曹操。

曹操南下，荊州面臨著戰守或是投靠的生存選擇，已經無從迴避。那種左顧右盼的中立再也沒有市場，機會主義的騎牆心態也面臨破產，必須明確是支持還是反對。已經沒有任何迴避的餘地。

聽到曹操大軍即將到來，劉表有一種虛脫的感覺。他站在這方土地上，頭頂是一片晴朗的夜空，明亮的星群神秘地閃耀著，舉目望去，是那樣的遙遠，有一種不真實的感覺，他一時不知道處在怎樣的歲月之中，尤其是這眾多的星星中，沒有他能夠叫得出名字的一顆。

據說，我們所生存的這個世界，每一塊土地上的人，都對應著相應的星座，預示著注定的命運，由神祇們在左右著一切。只有那些特立傑出的人物，能夠上識天文，下知地理。但是，現在，他覺得這一切是那樣的不可思議，位於群星之間的暗示是那樣的神秘莫測，他什麼也解讀不出來，不知道未來會以怎樣的面目到來。

在極度的精神壓力之下，荊州牧劉表憂鬱而死。荊州內部分裂，投降派得勢。富人絕不會賣命去作戰，也不會固守什麼道義，更不願花錢去打仗，他們想的是如何趁機發國難財。在他們的眼中，不論誰統治，對於他們來說，都可以投靠，都可以保得賺個盆滿缽滿，何必以命相搏。所以他們謀劃著獻出荊州求降，「順逆有大體，強弱有定勢。」這就是投降者的理由。至於什麼民族氣節、個人的政治操守哪裡有生命重要，只要保得性命就行。於是劉琮派遣宋忠秘密前往曹操軍營聯絡。宋忠到達宛城後，曹操重賞了宋忠，接受了劉琮歸服的請求。他任命劉琮主政荊州，迎接曹軍入城。

在力量懸殊，不足以抗衡，且不是主要征戰對手的情況下，順應大勢，避免戰爭，保護一方不受戰爭的破壞，不失為明智的長遠策略。戰爭的實質就是野心家們以他人的生命為兒戲，為了自己的私欲不顧他人生死，驅使著無助的百姓去以生命相搏殺，以攫取權力與利益並造成雙方更多的人流血死亡，更多的家庭承受戰亂的悲傷。這種行為本就該受到詛咒，何況內戰實乃民族不幸，審時度勢毅然放下武器，以免殃及地方、禍及百姓，不失為政治家的大度。何必做無謂的抗拒呢？將地盤拱手送予曹操，可算棄暗投明，還可以得到朝廷的封侯，仍然保有爵位，何樂而不為？

形勢已經急轉直下，危機即將來臨，時間刻不容緩，而劉備還被蒙在鼓裡。

遠處，襄江南岸。

關雲長沿江巡視，宋忠神色慌張地急急走過，行動詭秘，急欲渡江。關雲長便問他要去哪裡，宋忠說不出一句完整的話來。關雲長立即帶他回來，盤問之間，宋忠不能掩飾，無可搪塞，便供述荊州發生的變故。雲長大驚，立即帶宋忠到新野去見劉備。

玄德問孔明如何應敵。孔明說：「新野小縣，不可久居，但是，這是用兵之地，可以在此重創曹軍，拖住曹軍，遲滯其南下的節奏，贏得準備的時間。然後立即撤離，放棄新野，向荊州縱深退卻，拉長曹軍的補給線，再尋找戰機，殲滅曹軍。並可乘此機會，佔領荊州，作為安身之地，有了這個根據地，就可與曹操相抗衡了。」

伊籍也建議劉備以悼念之名，擁兵進入荊州，擒殺主張投降的蔡氏黨羽，接管荊州。已經沒有那個機會了。曹操大軍大舉南下，和平佔據了荊州，新野已臨危境。

這個剛恢復生機，但還很弱小的陣營，又一次面臨新的考驗，又在承受著新的打擊，面臨著新的抉擇。

人生，就是奮鬥，成敗則是奮鬥的結果。

任何人都在奮鬥，誰也不甘落後，只是奮鬥的形式與方向不同，所定目標相異。

即使失敗的英雄，也顯得悲壯，值得讚美。能夠成就功業，則令人敬仰。

之所以有成敗的不同，取決於奮鬥的路徑設計。

在政治取向上，叫做路線；在軍事爭戰中，叫做戰略；在經濟建設時，叫做發展方向；在人生的進程中，就是理想目標……

於是，人們奔走在各自的征程之上。

平民百姓的奮鬥，叫做生活。英雄豪傑的奮鬥，叫做事業。帝王將相的奮鬥，叫做千秋功業。

他們也都在奮鬥，只是他們的奮鬥，呈現出彼此不能相容的極端。

劉備不願做出這種有違仁義良心的事，所以決定放棄新野，撤退到樊城，避免與曹軍進行力量懸殊的決戰。避開曹軍鋒芒，再向江陵（今湖北江陵）退卻。

新野，位於今河南省西南部，與湖北省襄樊市接壤，是一座具有悠久歷史文化的古城，從此就以這個獨特的歷史事件而聞名於後世。

為了掩護首腦撤退，遲滯曹軍進攻，爭取時間，關羽奉命率領一千人馬埋伏在白河上游，迅速截斷白河流水，匯聚水勢。黃昏時分，新野火光沖天。半夜，當敗退的曹軍到達渡口時，關羽命令放水，同時發起進攻。敗退的曹軍被激流淹沒，又被關羽截擊，全軍覆沒，只有曹仁等少數將領逃走。這一戰，粉碎了曹軍第一輪進攻，打亂了曹軍的進攻節奏。但是，首戰勝利，只是雙方短兵相接的試探，並不是決戰，更不能扭轉整個戰局的發展趨勢。但是，惱羞成怒的曹軍卻以更猛烈的攻勢，迅速向新野撲來，一波又一波地全線推進。關羽迅速結束戰鬥，率軍轉戰。他們前往江夏調動水軍，組織在江邊的阻截，接應首腦領軍的撤退。

戰爭，造成了很多人流離失所。

這些難民，自願跟隨劉備，以求得到庇護。他們祈求上天保佑他們走得愈遠愈好。本來只有幾千人的地方部隊，這時承擔起了掩護任務，由於動員及撤退組織不充分，兵民混編，互相阻塞，行動更加遲緩。

而曹操的軍隊並不給他們喘息之機，他的輕騎部隊已經緊追而來，在當陽長阪坡(今湖北當陽東北)追及，曹軍不分兵民，橫掃屠殺。混戰之中，撤退中的劉備陣營，軍民損失慘重，血染襄江。在危急之際，趙雲拚力死戰，使主要人員得以逃脫。但是，去江陵的道路已被曹軍切斷，劉備只好中途轉向漢津方向。

曹操後續部隊很快就佔領了新野城，急襲江陵。

整個荊襄大地，局面失控，陷入混亂。

劉表已死，而其家族又分裂為兩派，竊取了實際權力的投降派，又一時不能左右局勢。劉備陣營更是不能插手其間，只能被動逃竄，以求保存自己的實力。曹軍沒有遇到多少有力的抵抗，荊襄的一半轉瞬間就被劉琮拱手相讓，為曹操所有，只剩下由劉表的另一位兒子劉琦所控制的江夏和長沙等郡還在勉力支撐，但也已是人心惶惶，失去了殊死守衛的信心。

在曹操率軍攻佔荊襄的戰爭中，荊州諸郡各自為戰，尤其是在投降派的操縱下，荊襄北部諸郡沒有組織起任何抵抗，輕易陷落。而同時，東吳艦隊也溯長江而上，駛進了荊州港，趁機佔領了武陵、零陵等郡。富饒美麗的荊襄大地，就這樣被各個力量在舉手間瓜分。

劉備等倉皇而逃，將近漢津時，曹軍輕騎追蹤到達，喊殺聲動地而來。劉備處在前有大江，後有追兵的絕境。

曹操下令：「劉備已成釜中之魚，阱中之虎，如果此時不能擒捉，就如同放魚入海，縱虎歸山。必須努力向前，一舉成功。」將士領命，奮力追趕。忽然山坡後一隊軍馬橫掃而出，關雲長橫刀立馬，大呼：「我在此等候多時！」曹操聞聲勒馬，回顧眾將說：「又中埋伏！立即撤退。」

雲長追擊十數里，然後回軍保護玄德到達漢津。在渡江時，雲長嘆息說：「如果當初在許田圍獵時，聽從我殺了曹阿瞞，就沒有今天的禍患了。」玄德說：「那時也是因為投鼠忌器啊。」劉備退到夏口。命令關羽率五千軍馬駐守夏口。

在歷史的關鍵時刻，英雄總是站在最前沿，承擔著無可替代的使命。世道就是這樣造就一代代英雄的。

戰略大轉移

曹操兵不血刃，席捲荊襄，揮兵佔領了江陵；又擊敗劉備，使其退守江夏。一時曹軍氣焰熾盛，擺出了乘勝進擊的姿態，大有吞併吳會之勢，似乎無人可以阻擋他們前進的步伐。對於曹操來說，他的目的就在於親手建立起一個王國，從北方的沙漠、草原一直延伸到最南邊的大海。這是多麼令人驚嘆的偉業啊。北方已經平定，大多數諸侯已經被他征服。他現在所要做的就是拔除長江以南的這個釘子。何況，他早已做了充分的準備，他已經有把握一戰而定。

面對曹操咄咄逼人的勝利進軍姿態，盤踞江東的孫權再也坐不住了，他已經沒有了坐山觀虎鬥的心情了。因為日趨嚴重的形勢威脅到了他的利益。如果讓曹操順利吞併荊州全境，那麼自己的北部邊境就沒有了任何屏障，讓強大的曹軍陳兵於家門口，自己可迴旋的戰略空間必將受到極大的限制，那麼自己將再也沒有高枕無憂的日子了。何況曹操的野心他洞若觀火，佔領了荊州，曹操就會將戰線向南推進，下一個戰略目標就將是征討他了。

江東孫權，並不是那種庸碌之輩，更不是苟且之主，所以這是他極不願意接受的局面。他的眼睛也在警惕地關注著局勢的發展。他看到曹操大軍進至襄陽，劉琮喪膽降附。曹操輕易就佔領了江北數郡，又星夜兼程，迅速佔領了江陵，使其賴以固守的長江天險，失去了屏障意義。且曹操大軍前進的目標，直指江東。孫權覺得是出手的時候了。

孫權召集他的智囊們商議禦守之策。魯肅說：「荊州江山險固，士民殷富。如果我們能夠乘此機會佔據，就取得了有利的態勢。如今劉表死去，劉備新敗，請讓我前往江夏弔喪，與劉備聯合，共破曹操。如果劉備能夠合作，那麼大事就可確定了。」

因為，在這瞬息萬變的危急時候，任何事都隨時可能發生變化。沒有時間猶豫，必須做出決斷。孫權採納了他的建議，立即派遣魯肅帶著祭禮前往江夏弔唁。

面對日趨嚴重的形勢，劉備陣營更是憂心如焚。他們剛剛得到片刻的喘息，試圖恢復生機，預料之中的這場戰爭就迅即展開，他們被迫要應對。剛剛開始的安定生活已經結束了，新的爭戰就此開始。劉備到達江夏，即展開軍事形勢圖與孔明、劉琦共議禦守之計。孔明說：「曹操勢大，很難對付，不如前往東吳，聯合孫權，以為應援。南北相持，謀求共存。」玄德說：「江東人物眾多，必有遠謀，不一定願意建立聯盟。」孔明說：「如今曹操率領百萬之眾，虎踞江漢，江東怎麼能夠安然自處？必然會派人來探聽虛實。如果江東有人來到，我就藉機去江東，與他們談判，結成聯合抗擊曹操的統一陣線，從而使我們處於進退主動的地位。」

此前，東吳多次想吞併荊州，建立自己堅固而又完整的防禦體系。但是，都沒有得逞。現在荊州卻被曹操輕易搶佔，對於東吳的威脅更為嚴重，江東此後將無寧日了。所以驅逐曹軍，奪取荊州，保衛並擴大江東的勢力範圍就成為現實的利益選擇。

歷史的步伐，有時迅疾得讓人來不及思考。三足鼎立的構想既定，本以為還需要一定時間醞釀，但是急轉直下的形勢，卻推動著這一切突然到來，或者可以說提前來臨了。

形勢雖然嚴峻，危機重重，但是並不是沒有希望存在。而正是在這種看似嚴重的時刻，卻深藏著一舉定乾坤的機緣。誰是撥動命運的那隻巨手？

與此相關的各方，都面臨著新的戰略選擇，誰都不輕鬆。稍有不慎，都將令自己陷於不復之劫，也會令歷史跌入不堪回首的泥潭。

因此，此時的每一決策，都是重大的，都必將影響深刻。

漫長的早晨緩緩流逝。在等待之中，時間是一種對人的折磨，似乎是那麼的漫長。尤其是在沒有確定方向之時，那種盼望著時間帶來什麼意外變故的心態，令人壓抑。

真是天意，魯肅風塵僕僕地主動到來了。既出乎意料，又在情理之中。

當人們面臨著同一種嚴酷的形勢時，新的合作者也必將來臨。一切都是定數，似乎有著一種超越於人類意志力的超自然力在操縱並運作著，只是它存在於我們的感知之外，我們只能無助地聽命於它。

降，孫、劉雙方誰也不願意這樣做。戰，並不一定必敗。因此，聯手一搏，就是唯一的結果。因為，與其任人宰割，不如英勇地死去。

聯吳抗曹。

團結就是力量。

在這生死與共的嚴峻時刻，這是共同的利益使然，是必然的選擇。只有共同負起責任，承擔各自的使命，才能求得生存。

荊州的存亡，也關係著東吳與大東南這塊土地的存在形態，劉備的事業也與東吳的未來緊緊聯繫在一起。你是心甘情願承受征服者的壓迫，還是起來反抗，捍衛父兄傳承的基業呢？決定權屬於你。

當然，我們為什麼不能聯合起來，暫時放下各自的觀點，聚合起我們共同的力量，將這個不可一世的戰爭魔鬼趕回他的駐地去呢？

我們有對付他的戰略，我們需要與你們合作。

我們並不一定要說服你改變或放棄你們的主張。我只是想告訴你：當荊州度過這個嚴峻時刻之後，必將迎來一個新的光明的前景，我希望你能儘快做出決定，自願地與我們合作。我這個願望也許徒勞無益，不被你接受，但是我可以確定，上天賦予我們的能力同樣可以幫助我們達成目的。

其實，這也正是魯肅想要告訴劉備陣營的。因為東吳陣營不願意就這樣輕易地讓荊州成為曹操的屬地，更不願意使這塊本來私下劃歸在自己版圖上的地盤成為曹操登上帝位的一塊墊腳石。他們希望有人在這塊土地上幫助他們守護大門，與曹操抗衡。他們也希望能夠扶持起來這樣的一個先鋒，為他們抵擋那個日漸逼近的戰爭的利劍。

戰爭向他們提出了生存還是滅亡的問題，將他們的命運緊緊地連在了一起。雙方在內心達成了共識，他們具有了合作的基礎。合則共存，分則必亡。聯合抗擊曹操，成為必然的戰略選擇。只是如何實施，從何處著手？

對於孫吳陣營來說，借用他人力量，合力抗擊曹操，勝則收取成果，敗則可以嫁禍他人，使自己可以從容退守自保，利大於弊，自然是心中的如意算盤。對於劉備陣營而言，在目前敗退的情勢下，有一個聯手的夥伴，借別人的拐杖，支撐自己虛弱的身軀站起，更是求之不得，至少是一種鬥志的支持，可以作為依靠。因此，共同的利益取向促成了孫、劉聯盟的迅速建構，並使他們發揮出極高的效能。

他們誰也不願意把自己的責任推卸給別人，讓其成為另外一批人的任務。因為，他們都想建立光耀千秋的事業。

目標驚人的一致，那麼行為的選擇也就具有了達成共識的前提。於是，他們聯手了。

作為這個戰略的實施者，關羽就漸漸走向前台，進入歷史的中心位置，成為主力，成為這個戰略實施的一個關鍵人物，承擔起了歷史的重任。

他也已經準備好了。

合作的前景將會如何，一切還只是猜測，有待於戰火的洗禮。

現在得靠自己了。

這場戰爭能不能堅持下去，贏得勝利，或者迫使對方接受和解，都在於彼此的努力程度。

歷史進入了一個既定的必然的發展狀態。

誰也不願意將投降的責任擔負起來。這是我的權力和我們的榮譽所不能允許的。即使對方的力量遠遠超出了我們的想像，我們也不能因此而出賣荊州民眾的利益，把他們帶到一個被奴役被屠戮的危險境地。我們必須抵抗，用我們的鮮血保衛我們自己的土地，即使我們因此而被戰爭的巨輪輾成碎片，我們也不能後退，更不能沒有脊樑地做出投降之舉。我們存在的意義，就是抵擋曹操的獨裁。就是制約著他不要隨心所欲地改變帝國旗幟的顏色。

較量在繼續。

履險如夷

新的戰略態勢已經形成，以其內在的邏輯演變著。

在長江邊的一些小規模的試探性戰鬥，並沒有什麼值得在意之處，只是互相在一種有限的條件下，很克制地保持接觸，並不改變戰爭的進程。

那麼先看看曹操那邊的情況如何。

曹操兵臨赤壁。長江天險，已經為南北雙方共有，一江之隔，兩方天地。孫、劉聯軍與曹軍劃江而立。旌旗相望，語聲相聞。

曹操命令荊州降將蔡瑁、張允操練水軍，任命毛玠、于禁為水軍都督。

赤壁自古就是軍事要地，更是著名的古戰場。

臨江迎風，佇立眺望對面遠遠的天邊，溫潤渾圓的夕陽即將落山。最後的光芒透過輕紗般的江霧，投射到波光粼粼的江水之上，讓人目眩神迷——「江山如此多嬌」。

當年赤壁大戰之前的這個夜晚——建安十三年冬十一月十五日，天氣晴好，風平浪靜。月上東山，皎皎如波。平日裡洶湧澎湃的長江，此時溫柔如玉帶，靜美如處子。

曹操凝立船頭，把酒臨風，面對煙波浩淼的長江。在他的左邊，初升的滿月鑲嵌在東部山脈之巔，夜空蔚藍。忽然，一隻夜鳥被月光驚起，回環盤旋，似乎迷失了歸巢的路，驚慌地叫著，遠遠飛走了。

遠處荊州城喧囂的市聲從他身後傳來。雖然還是那樣的誘人，但是仔細分辨，少了往日的從容，並瀰漫出一股陳腐的氣息。

曹操舉起手中精緻的酒杯，遙遙向月光邀請，在他的心裡清楚地呈現出這樣的一幅美景：在太陽即將升起的地方，是他親手建立的新王國，由他的子孫代代相承。而這個名叫東漢的帝國，早已衰退，正如這深深的暮色。明天的太陽將是全新的，照臨在新的國度上空。

他陶醉在那個美妙的境界。遊目騁懷，「南屏山色如畫，東視柴桑之境，西觀夏口之江，南望樊山，北覷烏林，四顧空闊，」回首平生，「破黃巾、擒呂布、滅袁術、收袁紹，深入塞北，直抵遼東，縱橫天下。」無可阻擋。他只是即興盤點自己半生的收穫和損失，內心油然升起一種不可自抑的豪情。在他的心裡只有充滿希望的機會，根本就沒有感到還有風險存在。透過時光的迷霧，他似乎已經看到了他的對手被他征服的那個時刻。

在這樣美好的心境之下，怎麼能夠沒有詩酒助興呢？天生詩人的情懷，令他神采飛揚。隨從輕輕地為他的酒杯注滿佳釀，他將杯中美酒向江中灑下，仰天吟哦：

「對酒當歌，人生幾何！譬如朝露，去日苦多。慨當以慷，憂思難忘。何以解憂，唯有杜康。青青子衿，悠悠我心。但為君故，沉吟至今。呦呦鹿鳴，食野之蘋。我有嘉賓，鼓瑟吹笙。皎皎如月，何時可掇？憂從中來，不可斷絕！越陌度阡，枉用相存。契闊談宴，心念舊恩。月明星稀，烏鵲南飛。繞樹三匝，無枝可依。山不厭高，水不厭深。周公吐哺，天下歸心。」

夜色美好而又朦朧。

什麼叫命運？人生的出路在哪裡？征戰奔波，又是為了什麼？

舉酒痛飲，慷慨而歌。這位會寫詩的軍事家，揮灑之間就把自己的名字寫在了歷史上，再也無法抹去，無論褒貶。

在這美妙的意境之中，似乎有一種隱隱的傷感，所傳達的是什麼呢？

似乎某些事情不太對勁。可是，他已微醉，不願深入探究，在他的心中，似乎覺得這就是偉業將成之時，必然流露出對天下蒼生的悲憫情懷吧。

而且，此時他聽到他的士兵們唱起歌來，那首由他親手創作的軍團戰歌，奔放有力，雄渾不羈，自從數年之前就流傳開來，激勵著他們征服了一個又一個對手，走過帝國的土地，迎來一次又一次的勝利。至今仍然令他們熱血沸騰。

其實，自從秋天開始，整個事件在細微之處就似乎已經出現了問題。只是還沒有人能夠察覺，或者說，即使有所感知，也不願意相信真的會發生。因為人都覺得命運之神應該保佑自己，而不願意接受那種潛在的，不利於自己的可能，總以為光輝燦爛的前景就在面前。

那麼，對面的聯軍方面在做什麼呢？

這段時間以來，劉備感到十分焦躁，坐立不安，憂心忡忡。孔明偕同魯肅出使東吳，杳無音信。戰爭的陰影令他和所有人一樣，令他整天承受著逐漸增強的、保持警惕所帶來的心理壓力。消極等待總不是辦法，總得做出努力。他便委派糜竺以慰問為名，前往東吳探聽消息。

糜竺見到周瑜，獻送禮品，表示慰問之意。然後說：「孔明在此已久，今願與同回。」周瑜說：「孔明與我同謀破曹，怎能現在離去？我也想去見劉豫州，共議良策。只因軍務在身，不可擅離職守。如果豫州肯屈駕來臨，深慰內心祈望。」糜竺應諾而回。魯肅問周瑜：「公要見玄德，有什麼目的嗎？」周瑜說：「玄德當世梟雄，不可不除。我現在乘機誘殺他，實為國家除去後患。」

魯肅再三勸阻，周瑜不聽。

糜竺將周瑜的邀請意圖稟告劉備。玄德立即準備動身。

雲長勸說道：「周瑜多謀之士，又沒有見到孔明書信，恐怕其中有詐，不可輕去。」

玄德說：「我們現在結盟東吳共同破擊曹操，周郎想見我，如果不去，就不能體現同盟的誠意。雙方相互猜忌，行動就難同心協力。」

雲長說：「大哥是對的，但是，我不願意讓大哥去冒險。」

劉備說：「沒有什麼危險。即使真有危險，也必須面對。無論多麼嚴重的危險，也不可能改變我必須做的事，如果需要由我付出代價，那麼就不能由別人代替。」

雲長說：「對於所肩負的歷史的責任，我有不同的理解。我認為不宜輕履險境，因為，任何事都可能發生。」

劉備說：「已經做出了決定，也準備付出相應的代價。人總不能因為對無法預料的事情擔驚受怕就一輩子無所作為吧。」

雲長說：「兄長如果執意要去，我願同往。於是讓張飛、趙雲留守。雲長跟隨劉備乘小舟，赴江東慰問。」

軍士報告周瑜：「劉豫州到來。」周瑜問：「帶多少船隻？」軍士回答：「只有一隻小船，二十餘位隨從。」周瑜得意地笑著自語：「此人命該結束於此啊！」於是密令刀斧手先行埋伏，以擲杯為信號。然後出軍營迎接。玄德帶著雲長等二十餘人，徑直來到中軍帳。

周瑜設宴相待。

酒過數巡，周瑜起身舉杯，猛見雲長按劍立於玄德背後，忙問何人。玄德說：「我結義兄弟關雲長。」周瑜大驚：「莫非當日斬顏良、文醜之人？」玄德說：「是」。周瑜驚出一身虛汗，於是斟酒敬雲長，以掩飾自己的失態。

魯肅進入。互相致意問候。

雲長以目視玄德。玄德會意，即起身辭別周瑜：「暫且告別。待來日破敵之後，專程前來致賀。」玄德與雲長來到江邊，見諸葛亮已在舟中等候，相見十分高興。諸葛亮說：「主公知道今天的危險嗎？」玄德愕然。孔明說：「如果沒有雲長跟隨，主公幾乎被周郎所害。」

玄德方才省悟。有很多事情當我們明白的時候，卻已經顯得太晚了。所幸並沒有造成嚴重後果，只是有驚而無險。是僥倖，還是注定？

約定十一月二十甲子日令趙子龍駕小舟來南岸邊等候。孔明說：「東南風起，我就回來了。」

周瑜送走玄德後，魯肅問：「公既然誘使玄德到來，為什麼又沒有下手？」周瑜說：「關雲長乃當世虎將，與玄德行坐相隨，我如果動手，他必然先加害我。」魯肅愕然。

我們在這個世界上生存，最需要的是信任、同情、理解和支持。

當然，很多的時候是迫於形勢。

合作是永恆的主題。無論處在怎樣的境況下，都有合作。

任何歷史事件，都是歷史人物的合作。失敗或是成功，都是合作的結果。成敗取決於如何合作，合作者的誠意如何，在什麼條件下合作。

在這個決戰的前夜，夜色依然靜謐，景色依然美好。長江如帶，素練如舞。然而黑暗下的忠誠，令他們各自做著決戰的準備。

戰爭之神反覆無常，誰也無法保證必勝。

磨刀霍霍。誰為刀俎？誰為魚肉？

最終取決於人的意志。

夜色靜謐，月光如波。

無論戰爭的最終結果如何，在這血淋淋的戰場必然會造就出許多英雄，即便此前他們曾經默默無聞。

天空中的每一顆星星都有屬於自己的一個名字。

人生的華容道

漢獻帝建安十三年（西元二〇八年）十一月。隆冬。

赤壁之戰拉開序幕。這是這個動亂之世，最有實力的三大陣營不可避免的一次較量，歷史選擇了這個時間，也選定了這個地方——赤壁。那場大火，燒灼得這個地名赤紅如血。

英雄們聯袂走進歷史的視野，在他們風華正茂的年代。

從西元二〇〇年到二〇八年，正是這短短的八年，曹操馳騁沙場，統一中原。大軍南下，兵不血刃收復荊州。將他戰略家的目光投注於江東這塊土地。

長江兩岸，早已是刀光劍影。

萬事俱備。只是對立的雙方都在等待。等待最有利於自己出手的時機。

第一陣東南風刮起。

忽然之間，火光沖天而起，歷史上著名的赤壁大戰爆發了。

東風，火光。

赤壁，浪激如雪。

「檣櫓灰飛煙滅。」蘇東坡在貶謫途中寫下了大氣磅礡的《念奴嬌．赤壁懷古》：「遙想公瑾當年，小喬初嫁了，雄姿英發。羽扇綸巾，談笑間，牆櫓灰飛煙滅。」令人熱血澎湃。

江山，美人，建立功業，男人永遠的生命主題，千古以來激勵著天下英雄的雄心。

辛棄疾登臨京口北固亭，眺望神州，喟然而嘆：「年少萬兜鍪，坐斷東南戰未休。天下英雄誰敵手？曹劉。生子當如孫仲謀！」

水火無情。焚燒，淹沒。轉瞬間，功敗垂成，戰守易勢。

如同骨牌，強大的曹軍，在烈火中猝然崩潰。這次幸運之神並沒有再次護佑曹操，而使他詩人般的浪漫情懷遭到了無情的打擊。

來不及想明白，錯在哪裡，就一切如在夢境，「人生如夢」。

其實，早有預謀。只是他太自以為是。還以為幸運之神仍然站在他這一邊，做著「銅雀春深鎖二喬」的春夢。自以為聰明蓋世：凡用火攻，必藉風力。方今隆冬之際，只有西風北風，哪裡會有東風南風？我居於西北之上，彼兵皆在南岸，如果用火，是玩火自焚，我何懼哉？如果是十月小春之時，我早已做出防備了。

人必須要有信心，但是，人又不能過分自信。

不幸的是曹操錯了，他真的錯了，而且錯得如此徹底，以致葬送了苦心經營的這個大好機會，以至於從此他再也沒有能夠樹立起洗雪失敗的信心。他轟轟烈烈的事業從此漸趨平庸。

一把火，一把東風助力的大火，將火中取栗的那隻手燒得縮了回去。江山如畫，一時風流並不一定就是豪傑。

曹操大敗。正如他的詩中所寫：「繞樹三匝，無枝可依。」

這位橫槊長吟的詩人，倉皇之下，慌不擇路，一頭撞入別人精心佈設的圈套。

天下道路眾多，哪一條路都可以走，而且坦蕩寬闊。可是他卻偏偏選擇了華容道。

在這個狹窄的路口，早已有人在等候了。不是援助，也不是迎接，而是高懸著奪命的青龍刀。

「前面有兩條路，請問丞相從哪條路走？」

路線的選擇，需要深刻的政治敏感與素養。正確的決策，將引導人們走向坦途。

多歧路，今何堪。烽煙數處，大路寂然，默默展開。

曹操不聽參謀人員的建議，命令走華容道小路。因為他熟讀兵書，而且他很有理論根據地說：「兵書云『虛則實之，實則虛之。』諸葛亮多謀，故使人於山僻處燒煙，使我軍不敢從這條山路走，他卻伏兵於大路等著。我已料定，偏不中他詭計！」

華容道，晨雨，泥濘，林密路窄。

相顧焦頭爛額，血染衣甲。八十餘萬大軍，就只剩這樣三百餘騎跟隨在後。

突然，曹操揚鞭仰天大笑。眾將問：「丞相為何大笑？」曹操說：「人們都說周瑜、諸葛亮足智多謀，但是在我看來，畢竟是無能之輩。如果在這裡埋伏一旅之師，我等只能束手就擒了。」

話音未落，信號響起，五百生力軍排開陣勢。關雲長橫刀立馬，阻擋去路。曹軍聞風喪膽，面面相覷。曹操說：「事已如此，只有決一死戰！」眾將說：「人縱然不懷怯懼之心，但是馬力已乏，怎能決戰？」程昱說：「我素知雲長傲上而不忍下，欺強而不凌弱；恩怨分明，信義素著。丞相舊日有恩於他，今天親自訴告，或許可脫離這個災難。」曹操即縱馬向前，在馬上欠身對雲長說：「將軍別來無恙！」雲長也回答說：「本帥奉軍師命令，在此等候丞相多時。」曹操說：「曹操兵敗勢危，到此無路，望將軍以昔日之情為念。」雲長說：「昔日雖蒙丞相厚恩，但是已經斬顏良，誅文醜，解白馬之圍，已奉報過了。今日之事，豈敢以私廢公？」曹操說：「大丈夫以信義為重。將軍深明《春秋》，豈不知庾公之斯追子濯孺子之事乎？」

雲長是個義重如山之人，想起當日曹操許多恩義，與後來五關斬將之事，惻隱之心萌動，又見曹軍惶惶，皆欲垂淚，心中不忍。於是勒轉馬頭，命令眾軍：「讓開道路。」曹操立即急奔而過。雲長回身大喝一聲，曹軍皆下馬哭拜。這時又看見張遼縱馬從後面追隨而至。雲長又動故舊之情，長嘆一聲，放任曹操歸去。

其實，人生在很久以前就已經顯出端倪，就已經埋下了種子。是善是惡，是弱草或是松柏，在於當初所做出的選擇。

人生的華容道，如何通過？

華容道所給予我們的啟示，也正是如此。如果沒有義與善的前因，豈會有今日義釋之舉。播下什麼種子，就會長出什麼樣的苗木。人的命運，其實在十年前就已經埋下前因。

這也正是仁與恕的本意。

這也就是天地之大道。

所謂的道，也就是給人們自由行走的路。

因此不要設置障礙，放一條生路讓人走，那麼歷史就不會忘記。

給別人一條路走，使別人方便，成就的則是自己的盛德，今後自然天地寬闊。

因為，不論誰設置的障礙，所絆倒的並不一定就是別人，往往還會阻滯自己。那些慣於給別人挖坑的人，當他某一天抬起頭來時，才發現自己的身邊都是陷阱，他自己已經無路可走。

是的，讓開一條大路，走吧……

歷史從此呈現出一片生機勃勃的開闊地，令後人感嘆，令後世永久讚美。「大江東去，浪淘盡，千古風流人物。」

人生的華容道雖然危機四伏，其實也正是坦途，更是契機，在於奮起。自動繳械，是懦夫行為。

事實上，華容道如同兒戲。因為是虛構，所以像兒戲。當然這個兒戲意義不同，顯得大器，顯得義薄雲天，於是感人。

民間由此而演繹出了一種叫做「華容道」的智力遊戲，考問你的智慧。以至於才智高絕的知名學者也煞費心力拆解，並借助於最新的研究工具。目前所取得的最好研究成果是，需要八十一步才能走出困境，這也正是九九歸一的寓意。

這個冬天，是如此的詭秘，令人感覺不可思議，這一切竟然都是真的。一瞬間，那個既定的結果全都改變了。

此前的每一次戰爭，曹操都取得了最終的勝利，但是這次他卻輸了，而且輸得很狼狽，輸得很沒有理由，輸得很不甘心。

雖然戰敗了，但他是一位真正的戰士，也是一位真正的詩人，他為了心中的事業戰鬥，為了自己的尊嚴奮鬥。拿起他的大槊能夠馳騁疆場殺敵；舉起手中的筆，同樣可以書寫出精美的詩句。戰敗了，為了活命，他可以狼狽地逃奔，但是並不裸奔；窮途末路，他可以出語相求，以收取往日恩義的回報，但是絕不乞討。

曹操遠去了，雜亂的馬蹄聲再也聽不見了。天空中最後一絲雲霓也消散了。

不過，雖然他輸掉了這次戰爭，但是他畢竟回到了自己的領地。只要留得青山在就有機會。在接踵而來的日子裡，新的爭戰展開了。那麼，就由他們去收拾殘局吧。

一種微妙的平衡形成了。

一場東風改變了戰爭既定的勝負，也使所有參與這場戰爭的當事人的命運由此改變。

更知丈天日心如鏡春秋義薄雲昭世垂萬古
不止冠三分

第肆輯　鎮守荊州

荊州，第一處根據地的建立

從一個城市到另一個城市，大半生轉戰不定的劉備實在太需要一處自己的地盤了，沒有一個穩固的根據地，就如同無根的浮萍，無處立足，最終將被風雨淹沒。

荊州的所屬權，早已成為爭奪的主要目標，誰都想染指，當然都想由自己獨佔。眾多的眼睛從不同的角度，如同攻城的箭鏃般投射到這個地方，尋找著下手的切入點。

大家都在等待著那個出兵的時機。

赤壁之戰誘發了對荊州這塊戰略要地空前激烈的爭奪，也使一切都被改變，包括人的命運。各個陣營所面對的形勢突然間變得微妙起來了。

相較而言，曹操與孫權顯得最有實力，因而他們也就自然以為應該由他們來決定荊州的未來，獨享荊州的所有權。他們也就當仁不讓地各施手段來搶奪這塊風水寶地，採取他們認為最有力的方法和手段，並不惜大打出手。

孫、劉聯軍成功地取得了戰場上的勝利，曹軍敗退。但是，安寧與和平並沒有隨之降臨，戰爭也不會就此結束。更為激烈的爭奪與搶掠即時在荊襄大地上展開，真正的爭奪開始了。聯軍乘勢攻取荊州諸郡，開始了新一輪的瓜分與擴張。城池轉瞬易手，旗幡呼吸之間就已變換。

然而，這個世間的人，總是以我為主。以致他們看不見別人，或者說他們故意忽視別人的存在，更不願意承認別人的權利。不要說讓他們以禮相讓，即使他人的意見也不願意徵求一下。但是也正因為這樣，事物的發展結果，往往出乎他們的意料，而他們又往往無法接受最終的現實。當他們以主人的姿態投入戰鬥的時候，有一道目光早已越過長江，密切注視著隸屬荊州的江南四郡。雖然那裡現在名義上屬於曹操，但是，如果以荊州原統治者繼承人的名義收復失地，又將如何呢？

荊州，是大漢帝國的荊州，是大漢的土地，不是某個人的私產。當然，也正因為是大漢的土地，所以，大漢的子民們，都有公平的競爭權，誰都想染指，誰都想據為己有。爭奪與防守，姓曹還是姓什麼就成為爭鬥的主題。

當然，無論姓什麼，仍然是帝國的土地，只是利益的佔有者不同而已，百姓只需要一方安寧的天空。無論是誰統治，老百姓都免不了納糧貢賦。

在東漢時期，荊州原轄七郡，東漢末年，增設襄陽、章陵二郡，於是後世稱「荊襄九郡」。按照隆中制定的戰略構想，劉備陣營要佔據荊州，創建荊襄根據地，建立戰略進攻的支點。北上逐鹿中原，東臨長江流域，西取巴蜀，威懾隴右。進退主動，以待天時。當初這只是一個設想，赤壁之戰，則使這個構想轉化成為可操作的現實，有了實現的條件。

促使設想成為現實的方式，只有武力。用武力把敵對力量排擠出去，打開一片新的天地，從而創建荊襄根據地。

無論戰爭在哪塊土地上進行，必然是無辜者遭受殺戮。

荊州淪為誰都想分一塊的「肥肉」。曹、劉、孫展開了爭奪，如同會餐。街道上豎起了壁壘，明顯的分界線把城鎮分成了不同的勢力範圍。爭戰雙方在不停地作戰，任何一點微小的事由，都會成為摩擦與爭戰的藉口。寧靜的街道突然間變成了一座戰爭的舞台。喋血犧牲者可能就是你的朋友或者鄰居，甚至幼小的孩子也遭受災難，不能倖免。

孔明說：「讓他們去作戰吧，我們還有更重要的事要做。」

無論做什麼事，方式方法的選擇，決定著事情的成敗。巧取與豪奪，所導致的結果必然不同。盟軍與曹軍在赤壁的正面戰場上火拚之時，諸葛亮卻帶著劉琦從敵後切入，佔領了南郡，繳獲了曹軍調動軍隊的符節。他們當即起草檄文，以公子劉琦的名義名正言順地實施收復失地的計畫。

檄文說：荊州的父老鄉親們，睜大眼睛看看吧，發生在這塊養育了我們的土地上的是什麼？我們該怎麼做？我們過去的日子是多麼美好啊！我們為什麼失去了美好的生活呢？

也許正是因為這種因素存在，再加上劉備陣營這幾年來在荊州的影響力，那些因畏懼曹軍勢力而背叛的郡縣，又紛紛易幟擁護劉備，幾乎絲毫不費力氣，他們就很快佔領了荊州治下的武陵、桂陽、零陵等郡。所到之處，傳檄而定。

現在該輪到長沙了。因為長沙守軍戰鬥力最強，統率軍隊的大將雖年近六旬卻有萬夫不當之勇。於是就由關羽出馬。

雲長率本部五百名校刀手，越過襄陽河，旌旗南指，奔向長沙。

長沙太守韓玄，命令管軍校尉楊齡率軍攔截，他被雲長砍殺，關羽追擊至長沙城下。長沙城守軍大將黃忠出城迎敵。黃忠，字漢升，南陽人。決戰之際，老將黃忠戰馬前失。雲長舉刀喝道：「且饒你性命！快換馬來廝殺！」黃忠深感雲長義氣，不忍相害。第二天雙方繼續在長沙城下擺開了陣勢。主將出馬，進行決鬥，大戰半日，誰也不能取得勝利。黃忠便採取誘敵之計，回馬而走，引誘關羽追趕。關羽求戰心切，催馬緊追不捨。黃忠便取箭在手，回身欲射。但是，想到昨日關羽的義氣，又不忍心傷害。於是虛引弓弦，關羽閃避，但卻發現沒有箭射出。關羽就以為黃忠只是虛張聲勢，於是放馬急追。趕過小橋，黃忠已無處可逃，於是取箭，射向關羽盔纓。

兩邊的士兵們都在為自己的主帥搖旗吶喊。

令人敬佩的是，在古代的戰場上，人們都嚴格地遵守著約定，就如同現代的體育比賽，戰鬥的雙方列隊進入預定的戰場，排列出陣勢，然後各自的選手出陣挑戰。不耍陰謀，不玩花招，也不乘人之危，勝敗都很從容，真正具有君子風度。

於是雙方各自收兵。在城上觀戰的韓玄不能容忍黃忠的行為，立即以通敵罪捕捉了黃忠，下令就地正法。義陽人魏延本來就有心投靠劉備，只是數次錯過，沒有機會。此時更加感到憤怒，揮刀殺死韓玄，救出黃忠，帶領全城百姓出城歸附。

長沙順利收復。

其實，各郡守軍因為在赤壁主戰場大敗，早已喪失了鬥志，而且曹軍留守人員不足，兵士水土不服，他們更是懷有北歸的心思。而倉皇敗逃中的曹操，失去了對各郡守軍的統一指揮，於是各郡都處在一種孤立待命的狀態，很容易被各個擊破。所以，劉備陣營乘勢收復了四座城池，取得了荊州數郡的佔領權。只有南郡和長沙是經過雙方的決鬥攻取的。

本來就是劉家的土地，這時也就歸還劉氏。當然，也可叫做「解放」。

從此，劉備陣營在關羽等人的全力輔佐下，把敵對的勢力擠出了荊州，擁有了一處自己的根據地，可以在這裡積收錢糧，將其作為根本了。

但是，任何事物並不是主觀的一廂情願就能決定的，還得看他人是不是願意，這就叫客觀形勢。因為，荊襄不僅是塊「肥肉」，更是江東門戶，所以孫吳陣營對荊襄早已垂涎，戰後更是當仁不讓，謀求獨佔。他們之所以出兵，既是為了保護原有的利益，更是為了擴張地盤。他們對自己已經得到的一切，心裡並沒有感到滿足，聯盟內部由於戰爭利益的分配又起爭端。孫吳指控劉備陣營坐收漁利，提出了對荊州的主權訴求。為了鞏固聯盟，爭取一個相對穩定的生存空間，弱小者只能妥協。劉備不得不通過外交努力，「借」得荊州的暫駐權。

經過爭戰切分，荊州便被曹、劉、孫三方分置官署管理，各自佔有相應的地域。

赤壁之戰成為歷史轉捩點的意義也就在於此。此前，孫、劉任何一方都沒有達到佔領荊州的目的。戰後，他們各有斬獲，都得到了自己想要的東西。孫吳掃除了來自北部的威脅，鞏固了門戶。劉備打下了一個實實在在的地盤，建立了自己的戰略根據地。「先主收江南諸郡，乃封拜元勳，以羽為襄陽太守、蕩寇將軍，駐江北。」開拓了一個嶄新的發展局面。劉備陣營從一個被人驅趕著到處奔走的流浪部隊，成為擁有數郡之地的實力陣營。從此，三足鼎立的局面初具雛形。漂泊無依的劉備陣營，有了一處容身之地。但是，也正因為荊州是重要的戰略樞紐，也就意味著荊襄又是四面受敵之地，是一座隨時都可能爆發的火山。那麼在曹、孫兩大陣營的壓力下，如何鞏固既得利益，保持長久的生存，就成為必須解決的當務之急，於是劉備聚眾商議久遠之計。他們決定西取益川，拓展發展空間，將別人的手伸不到的地方，收為己有。

表面的戰爭暫時結束了。曹操帶著他的殘部撤回許都，孫權也回江東盤點他的戰果了。荊州大勢已定，雖然荊州全境誰也沒有能夠全部佔領，但是畢竟可以息戰了，各個城池幾經易手，現在塵埃落定，和平的曙光顯露出來了，似乎人們又可以安心過日子了。至於未來，就由時間決定吧。帝國三分鼎立的局面形成了。

劉備陣營成為這塊土地的合法新主人，在這裡開始了他們的建設與發展。他們首先開始做的就是壯大自己的武裝力量，擴編了自己的軍團，軍團的士兵都是歷經戰陣的最傑出戰士。

接下來的一段時間裡，他們的主要工作就是救濟飢民，恢復生產，重建被戰火毀壞的房屋，重新修築城牆，招募流落在外的民眾回歸家園。

是啊，回來吧，回來種植你們的田園，在我們的保護之下，過好你們的日子。當然需要你們為我們提供軍糧，因為人們之所以餵養小雞，就是為了讓小雞們提供出雞蛋。人們需要的是雞蛋，當然，在必要的時候，也還需要雞肉。

隨著春天的到來，荊襄大地又恢復了生機，荒蕪的土地上，又開始了新的耕種，田間小徑兩旁各種樹木和花草，也都再次煥發出生機，空氣中瀰漫著各種花草的芳香和清新的氣味，令人感到沉迷。

但是，英雄與平庸人的區別，就在於他們進取的意志。他們永遠嚮往新的世界。英雄的血液鼓動著他們開闢新的事業。

所以，他們內心永不甘於滿足的激情令他們奮起。當既得的地盤穩固了之後，他們又開始了對下一個目標的「覬覦」。因為，這裡只是通向目標的一個戰略性前進基地，他們胸懷天下，放眼世界，他們需要更大的空間，以展示他們生命的精彩，他們總是以天下為己任。或者說，他們視天下為己有。於是，按照隆中設想，他們把目光投向了西蜀的山川。當然，這個戰略的實施，需要一個良好的設計。所以他們在密切地注視著局勢，尋找一個合適的時機。

當戰略的主攻方向確定之後，如何實施，就成為必須解決的問題。為了實施這個戰略，使主力作戰於西線，荊襄的安全與鞏固就成為關鍵。因為確保荊襄在手，保障後方的安全是實現這個戰略的基本支撐點。因此荊襄守備就成為關係著戰略成敗的關鍵。

當然，必須有人留下來保衛這來之不易的大本營。誰會被選中承擔這個光榮的使命？

關羽以他的無比忠誠，又精通軍事謀略的全面條件，被確定為鎮守荊州的主將，接受了這個歷史重任。

關羽慷慨地說：「我會為荊州人民奮戰到底。」

英雄們出發了，懷著新的憧憬：繼續戰鬥！爭取勝利！

關羽開始了他的經營。北拒曹魏的襲擾，南抗聯盟內部的「摩擦」。他漸漸從幕後走向歷史的前台，開始發出自己的聲音，展現自己的風采。

他首先加強了向北防禦要塞的戒備，時刻注意著可能來自曹軍的突襲，對於他來說，一旦北部邊境有突發事件，他會堅決地消滅任何膽敢過境的曹軍。

同時，他也並不因為一個約定而放鬆對盟軍的警惕。當然，他很謹慎地做出應對，以免刺激盟友敏感的神經，引起不必要的誤會和爭議。

對於屬地內部，他鼓勵民眾發展生產，自耕自救，並全力支援遠征的部隊。

這就是當初的客觀形勢，就是關羽這位鎮守者所面對的局勢。

輕舟一葉自往來

大丈夫處世，當頂天立地。

只要脊樑能夠挺直，在帝國的土地上，哪裡都可以自由來去。

所謂聯盟，其實就是急則相依，緩則相離，利則相爭，害則自去的合作形成。

當來自北方曹氏陣營的強大壓力解除之後，孫、劉聯盟就將面臨解體。當利益的分割成為主題時，聯盟即已不復存在。圍繞荊州的歸屬問題，盟軍內部展開了明爭暗鬥。

赤壁之戰所留下的這個後遺症就成為他們所面臨的長期危機的誘發點，不只是麻煩，更是關係著生存安全的潛在危險。

在政治鬥爭中，旗幟需要的時候就該及時打起，不需要的時候就應該果斷地放下，不能因此而束縛了自己的手腳。但是總有那麼一些人，總是生活在一種假想的和平之中，一廂情願的自欺。明知雙方都在欺騙，但是自己卻願意繼續讓別人欺騙下去，並有意幫助別人欺騙自己，以求苟安，以自我安慰。

建安十六年（西元二一一年），張魯發表宣言，擁護曹操陣營。處在川西的劉璋為了能夠長久保有自己的統治，就想借助別人的力量，達到自己的目的，就在其內部力量的促成下，邀劉備入川為依靠，以抵禦來自張魯的威脅。這實在是一個良好的合作者，他們正在等待著有一個光明正大的理由，結果劉璋就及時送上門來。劉備、龐統欣然應邀率軍進入蜀地，由諸葛亮、關羽、張飛、趙雲駐守荊州。

劉備進入四川，受到四川內部排外派的阻撓，落鳳坡一戰，使其臂膀龐統捐軀。大軍處在進退兩難之際，劉備急令諸葛亮入川為輔助。

關羽說：「荊州乃根本重地，關係重大。」

諸葛亮說：「我帶張飛、趙雲赴援。荊州守衛之責就交由雲長承擔。公當勉力。」

諸葛亮問：「君侯以什麼方式確保荊州的守備？」

關羽說：「如果曹操率軍來，堅決消滅他。如果曹操、孫權聯合進攻，我當分兵迎擊。」

諸葛亮說：「果真如此，荊州就危險了。我有八字方針，請君侯牢記：北拒曹操，東和孫權。」

關羽慨然說：「大丈夫既領重任，至死方休。」

但是，在關羽的內心，並不以為然。他自視勇武，根本不把曹操、孫權之流放在眼裡。他想，等到我取得勝利之時，你會真正瞭解我是誰。

也正因為如此，此後他才真正體驗到了那種最為苦澀的結果，儘管並非出於他的本來意願，但卻已無可挽回，葬送了他苦心經營的一切。

結盟的目的就在於互相引為外援。透過外交手段達到化解對立的力量，減少敵對勢力，至少也求得聯盟成員的中立，不至於使自己腹背受敵，從而使自己避免陷入各方的重圍之中，消除對自己形成合謀的危險。

荊州，因其重要的戰略位置，是各方都覬覦的目標，同時更是聯盟內部爭執的焦點，誰也不願放棄。尤其是對於心懷野心的人們來說，這塊上天賜予人間的風水寶地，誰都想據為己有。

其實，戰爭最重要的成果就是佔領地盤、佔有利益、攫取別人的一切。

赤壁戰後，孫權首先開闢了東線戰場，發起了合肥之戰。但是在曹軍的頑強守衛之下，沒有得到任何利益。此時，關羽所部在荊州牽制了曹軍的主力部隊，使樂進、于禁方面軍無法東移，有力地支持了孫權的東線作戰。但是，他的努力並沒有得到盟友的感謝。反之，孫權的合肥之戰以損兵折將而敗退，內心十分不平，更不願坐視盟友佔盡利益，他便提出了荊州的主權問題，試圖透過談判，分取一杯殘羹，達到佔有荊州的目的。

這個世間，總有那麼一些人，外戰外行，內戰內行。他們對外敵沒有多大能力去奪取勝利，但是他們在內部的爭鬥中，卻十分有本事，往往能夠達到目的。

在戰場上沒有能夠得到想要的，那麼就變著法子威脅弱者，以求從談判中得到補償，從而達到目的。這就叫小人，欺軟怕硬。

君子有君子的行為，小人有小人的伎倆。孫權派出官員向劉備提出了荊州的主權要求。古云：「失之東隅，收之桑榆」。就是說在東面的牆角下碰了一鼻子灰，他又對這個牆壁很無奈，於是只好去找桑樹榆樹的麻煩，從這個柔弱的樹枝上找補回來。

雲長說：「我們兄弟桃園結義，誓共匡扶漢室。荊州本大漢疆土，豈有毫無理由地將帝國的土地讓給他人的道理？」

孫權大怒。魯肅獻計說：「今屯兵於陸口，使人請關雲長赴會。若雲長肯來，以善言說之；如其不從，伏下刀斧手殺之。如彼不肯來，隨即進兵，與決勝負，奪取荊州便了。」立即召集呂蒙、甘寧做出部署。他們在陸口寨外臨江亭上設宴。同時派遣使者，送達請柬。

歷史其實就是由陰謀構成的。

關羽說：「既然是子敬相請，我明天一定如期赴宴。」

他望著透射出詭秘色彩的黑夜，聽著長江洶湧的濤聲。他知道這樣的邀請並沒有多少誠信，也感到那種隱隱中逼近的敵意。月亮早已隱去，只有幾顆星星仍在固執地閃爍著。江面上風起浪湧，拍擊著停泊在港灣中船隻的舷壁，桅杆上的旗幟在風中招展。

關平說：「魯肅相邀，必無好意。」雲長說：「我怎麼會不知道？這是孫權命令魯肅屯兵陸口，邀我赴會，索要荊州。我如果不去，他們會認為我內心害怕。我明天獨駕小舟，帶親隨十餘人，單刀赴會，看魯肅又能把我怎麼樣！」關平勸阻說：「父親何必以萬金之軀，親蹈虎狼之穴？」雲長說：「我於千軍萬馬之中，矢石交攻之際，匹馬縱橫，如入無人之境，哪裡會在乎江東鼠輩呢！」馬良也勸阻說：「魯肅雖然有長者之風，但是如今事勢危急，不容不生異心。將軍不可輕往。」雲長說：「從前戰國時趙國藺相如，無縛雞之力，在澠池會上，視秦國君臣如無物；何況我曾學萬人敵者乎！」馬良說：「既然將軍要去，也應當有所準備。」雲長說：「只選快船十艘，埋伏精壯水軍五百，在江邊等候。看到我的旗幟，就過江接應。」

有文鬥，必有武備。沒有強大的武裝力量的支持，沒有人會有耐心聽你閒聊。

他新組建的荊州軍團處於高度戒備狀態。

依禮相請就當赴會，推辭不去不僅失禮，而且顯得懦弱，不是大丈夫的行為。

魯肅與呂蒙商議，如果關羽帶軍馬來，就由呂蒙與甘寧各率領一軍埋伏在長江岸邊，待其上岸，當即搏殺。如果不帶軍隊，就在內庭埋伏刀斧手五十人，在宴席之間殺之。謀劃既定，分頭準備。

和平，其實是武力抗衡的東西，當雙方誰也不能拿下誰，都處於一種精疲力竭狀態，需要喘口氣時，就會舉起這個橄欖枝，欺瞞民眾。

第二天，天氣晴朗。辰時。

長江，風平浪靜。

太陽照射在江面上，反射出粼粼波光。

一葉輕舟遠遠駛來。旗幟招展中，顯出一個「關」字來。船漸近岸，雲長青巾綠袍，坐在船上；旁邊周倉捧著大刀。

迎接他們上岸後，魯肅設宴相待，舉杯勸飲。雲長談笑自若。

飲至歡暢時，魯肅說：「有句話幸蒙君侯垂聽。此前借荊州給皇叔，約定取得西川後歸還，如今西川已得，荊州卻未歸還，不能失信吧？」雲長說：「國家大事，酒席之間不宜討論。」魯肅說：「我主只區區江東之地，而肯以荊州相借，因為顧念君侯等兵敗遠來，無以立足之故。如今既然已經得到益州，那麼荊州自應歸還。」雲長說：「烏林之戰，左將軍親冒矢石，戮力破敵，怎麼能夠徒勞而無尺寸之土相資？」魯肅說：「君侯與皇叔桃園結義，誓同生死。如何推託呢？」周倉在階下厲聲說：「天下土地，唯有德者居之。又怎麼能說是你們東吳所應當佔據的？」雲長變色而起，奪過周倉所捧大刀，站立庭中，目視周倉而叱責說：「這是國家大事，你怎麼敢多嘴！立刻出去！」

周倉會意，先到岸邊，把紅旗招展。關平立即過江接應。雲長左手挽住魯肅手，右手提著青龍偃月刀，佯裝酒醉說：「我現在已醉，不要提起荊州之事。恐傷朋友情意。待以後再做商議。」兩人攜手而行，親密地一同走到江邊。呂蒙、甘寧欲引軍出擊，但見雲長手提大刀，緊握魯肅，恐魯肅被傷，只得按兵而不敢動。

雖然是在自己的地盤上，但是在此人的氣勢之下，魯肅在內心中感覺到矮了三分。儘管此前已經做了周密的部署，但是理智告訴他，不宜輕舉妄動。會面中的細節確實發生了變化，超出了預想的設定。

來到江岸邊，關羽上船與魯肅告別。魯肅木然地看著關羽的小船乘風遠去，只留江中浪花朵朵盛開。江風起處，吹動魯肅的衣襟，他悵然佇立。那葉小舟，漸漸駛出視線之外。江天一色。

英雄，就是這樣的一些人，是那些經過血與火淬煉的人。只有經歷過血與火洗禮的人，才配稱為英雄。

英雄的名字就是魔力，就能震懾一切。

誰也不知道此時魯肅是怎樣的心境，誰也猜測不出此時他在想什麼，或者想要說什麼。沒有人能夠知道。

一隻生長在長江邊的水鳥高叫了一聲，振翅向遠處飛去。

輕舟，單刀，來去自在。

天高，江流，任由往來。

只要內心無所愧疚，何在乎宵小的詭計。

一個人，一把刀，一葉小舟。獨往獨來於天地古今之中。

來得軒昂，去得豪放。

只留一線長江，水波浩蕩，江風獵獵。

五虎上將與五星上將

人的天性各不相同，有的人喜歡修房子，有的人喜愛繪畫，有的人擅長寫作，還有人崇尚英雄，癡迷戰爭……

一些人生來就是英雄，大多數人都很平庸，但是並不注定就是懦夫。

在人類文明史中，爭奪與佔有，就是一條重要的發展主線。於是，軍事爭戰成為人類發展的主流，成為推動人類發展的主要動力。

毋庸諱言，戰爭具有極端的破壞性。但是，戰爭又是革命最為有效的手段，是推進社會變革，推進人類進步最有力的槓桿。

人們以正義與非正義來區分戰爭的性質，強調戰爭的合理性，使發動戰爭的理由合法，試圖掩蓋其反人類的性質，減輕戰爭發起者的罪責。但是，這樣一來，更令人們看清了戰爭的本質就是「爭奪」，就是「佔有」。任何戰爭，其終極的目的就是把不屬於自己圈子的人都抹去，然後把對方的東西搶過來據為己有。

所謂和平，只是一種暫時的平衡，是一個準備的過程，是參與爭奪的各方力量都需要的一個緩衝階段。在這個過程中，各自都在發展自己，進行另一種形式的競賽，通常表現為經濟的發展。其實，決定戰爭勝負的主要因素，並不是戰役的勝敗，而是取決於戰爭之前經濟力量的累積；在於戰爭進程中，相應經濟體制的效能。

在戰爭與戰爭之間的這個中間過程，能夠加快發展步伐，建立起自己強大的經濟實力，那麼就取得了未來戰爭的主動權，就具備了相應的威懾力，就能夠在未來的戰爭中，擁有足夠的發言權。也就是說，戰爭往往不是敗在戰場上，而是輸在起跑的瞬間。經濟的發展，是保障戰爭勝利的必要條件。

就如同人生，表面來看，人生的失敗是在最終的時間，其實，從開始就已經播下了失敗的種子。因為，在人生的過程中，沒有付出足夠的努力，因而輸掉了奮鬥的過程與時間，所以才會導致輸掉了人生。

所謂的維護和平，其實都是欺騙人的謊言。是戰爭販子發動戰爭的藉口或是爭取喘息的時間所施放的煙幕。

和平之所以重要，就在於這是一個準備的過程，是一個磨刀的過程，是一個壯大自己的過程。只有緊緊抓住了這個過程，並且做出了有效的努力，那麼，才能使自己立於不敗之地。

用平和的眼光靜觀世界，用戰爭的手段爭取和平。這是戰略家理性的行為準則。

無論是在歷史的哪個階段或是哪個國家，都有自己引以為傲的軍人，他們通常被人們稱之為英雄。在這樣的英雄之中，更有卓立傑出者，他們被授予各種榮譽，以表彰他們的功績或是確立他們的歷史地位。在三國時期，稱之為「五虎上將」，在現代社會，稱為「五星上將」。

他們有一個共同特質，就是為了理想中的事業，竭忠盡智。他們都有自己堅定的信仰，並為這個信仰付出一生的不懈努力。他們是軍人這個職業中的佼佼者。他們更是同時代中的無可替代者，他們所在的時代，無法繞開他們的功業。

他們懷揣著改變世界的熱情和夢想，雄心勃勃地做著他們認為正確的事情，並認為這是歷史賦予他們的職責。他們總想以自己的力量左右歷史的進程，並掌握自己的命運。因而，一個國家或一個政權的未來在很大程度上，取決於他們的態度。他們絕不做自己所在時代的旁觀者，無論成敗，都試圖將自己的思想施加於這個時代。

一些民族因此而興盛，另一些民族也因此而衰亡。

歷史上所有的國家也正是這樣從興旺走向隕落，還沒有一個政權能夠永遠傳承下去。

建安十九年(西元二一四年)，劉備奪取益州，任命自己為益州牧。

建安二十四年(西元二一九年)，劉備擊敗曹操，佔領漢中，自稱「漢中王」。於是封拜將領僚屬，成為一個正規的割據陣營，與中原政權分庭抗禮。任命關羽為前將軍、假節鉞，與右將軍張飛，左將軍馬超，後將軍黃忠，翊軍將軍趙雲並列為「五虎上將」。關羽位列「五虎上將」之首。

諸葛亮說：「黃忠的名望，平素並不顯著，關羽聽到與之同列上將，內心恐怕不高興與之為伍。」劉備說：「我自當解釋。」劉備派益州前部司馬費詩前去為關羽授銜。

關羽聽說黃忠與自己並列，憤怒地說：「大丈夫終不與老兵同列！」不願接受任命。

費詩說：「夫立王業者，所用非一。昔蕭(蕭何)、曹(曹參)與高祖(劉邦)少小親舊，而陳(陳平)、韓(韓信)亡命後主，論其班列，韓最居上，未聞蕭、曹以此為怨。今以一時之功隆崇於漢升，然意之輕重，寧當與君侯齊乎?且王與君侯譬猶一體，同休等戚，禍福共之，愚為君侯不宜計官號之高下、爵祿之多少為意也。僕一介之使，銜命之人，君侯不受拜，如是便還，但相為惜此舉動，恐有後悔耳。」關羽當即感悟，於是拜受印綬。

歷史推進到二十世紀，世界各國的最高軍銜有元帥、五星上將等。授銜元帥的有中國、前蘇聯等國家。「五星上將」則是美國特有的軍銜。

在中國，自一九九二年十大元帥中的聶榮臻元帥最後辭世，至今再未授予元帥軍銜。一九八八年七月一日，中國七屆全國人大常委會第二次會議通過了《中國人民解放軍軍官軍銜條例》，新頒佈的軍銜制度不設元帥、大將，最高軍銜為一級上將。一九九四年五月十二日，第八屆全國人大常委會第七次會議通過了關於修改《中國人民解放軍軍官軍銜條例》的決定。修改後的軍銜條例設三等十級，最高軍銜為上將。

五星上將是美國軍隊的最高軍銜，正式設立於一九四四年十二月，肩章上鑲有五顆星徽，相當於西方其他國家的元帥軍銜。美國國會規定，美軍的五星上將軍銜由美國國會批准，只在戰時授予。美國於一九一九年第一次將五星上將軍銜授予約翰·約瑟夫·潘興和喬治·卡特利特·馬歇爾等人。最後一次是一九五〇年授予賈斯特·威廉·尼米茲等人。自一九八一年最後一名五星上將奧馬爾·納爾遜·布萊德雷去世以後，美軍至今未授予五星上將軍銜。歷史上只有十人獲得過這個特殊的榮譽軍銜。

有人類，就必然產生戰爭。

人們嚮往和平，但是又無法避免戰爭。

沒有經過戰爭錘鍊的人生，並不是真正完美的人生。

只有承受戰爭的洗禮，才能煥發出人性的光輝。

戰鬥、征服，或者死亡——將軍就是這樣煉成的。

鏖戰襄陽

自建安十六年（西元二一一年）十二月至建安二十四年（西元二一九年）七月，歷史的腳步匆匆走過了八年歲月。在這些遠去的日子裡，帝國的大地並不平靜，仍然征戰不斷，徭役不止。野心勃勃的曹操，站在黃河岸邊吟詠著《觀滄海》的壯麗詩篇，抒發著他深刻的思古之幽情，同時，他更沒有忘記成就自己的霸業，他揮軍轉戰，攻城掠地，拓展疆土。先後興兵征伐關中、漢中，大破烏桓，鮮卑部落投降，北方平定。建安二十一年（西元二一六年），曹操稱魏王。

關羽鎮守荊州，駐紮在南郡。由於地理位置重要，三方界域交錯，所以邊境衝突不斷。在這期間，關羽承受著內憂外患。對於來自聯盟內部的爭執，必須悉心周旋，和而不軟。據《三國志．魯肅傳》說：「關羽與魯肅鄰界，數生狐疑，疆埸紛錯，魯肅常以歡好撫之。」出於利益的需要，雙方既有爭執又有所克制，維持了一定狀態下的平衡。

然而，在北面與曹氏陣營的小衝突則逐次升級，雙方都在擴軍備戰，互不妥協，很快演變成了邊境戰爭，戰火蔓延。

建安二十四年（西元二一九年）六月，西線作戰中，劉備取得漢中之戰的勝利，迫使曹兵退出漢中。劉備自立為漢中王，建立了獨立的政權——蜀漢政權。任命關羽為前將軍、假節鉞，都督荊襄九郡事。

關羽名為「襄陽太守」，但是荊州的襄陽、樊城等重鎮仍然控制在曹操手中。作為襄陽太守的關羽，就得行使他的職權，或者說為了他的政令能夠及於襄陽全境，開始了他的悉心經營。

一・策動隱蔽戰線的爭鬥

襄陽、樊城隔漢水相對，互為犄角。

《漢書・地理志》載：「襄陽位於襄水之陽，故名。」襄陽城雄踞漢水中游，西靠羊祜山、鳳凰山諸峰；滔滔漢水環繞城北、東、南三面，形勢險要，有「華夏第一城池」之稱，自古譽為「鐵打的襄陽」。歷代為州、郡、府治所，是中南地區的政治、經濟、軍事、文化中心。

襄、樊聯南攜北，是連接廣袤的中原大地與肥沃的江漢平原的中間緩衝地帶，因而也是歷代兵家必爭之地，更是曹軍抵禦孫、劉聯軍北上的戰略要地。曹操任命曹仁為征南將軍駐守樊城，呂常駐防襄陽。又令平寇將軍徐晃屯駐宛城（今河南南陽），互為相助，承擔著守衛邊境的戰略任務。

持不同政見的兩個實力陣營，誰也不會自動放棄自己的主張。都在做著準備，製造有利於自己的形勢或機會，正如那句警告：「敵人亡我之心不死。」所以誰也不會放鬆警惕。

雙方都在密切地注視著對方的動向，並為預防各種意外事件各自全神戒備。任何一個細節都有可能牽動對方敏感的神經，雙方所面臨的形勢是相似的，都在做著同樣的事情。戰爭的幽靈盤旋在人們頭頂。

經過數年的重建與發展，關羽的軍隊由弱漸強，擴編到十多萬人。

同時，為了瓦解敵軍，製造混亂，支援和策動曹魏統治區持不同政見者的抗議行動，關羽派遣人員，帶著任命文書和番號，秘密北上，進入曹操所控制的區域內，策反被曹氏陣營打壓的中下級軍官，又與聚眾山林的反曹勢力取得聯繫，互相呼應，配合行動。「梁、郟、陸渾群盜或遙受羽印號，為之支黨，羽威震華夏。」這些曹氏陣營的反對者們自發地組織起來，拿起武器反對曹操，殺曹操任命的太守以回應關羽，遙相呼應，中原地區民心震動。

當初春剛開始，空氣中就瀰漫著一股動盪不安的氣氛，由於戰爭的搜刮，百姓逃亡眾多，各條道路上，無論是山間小徑還是官設大道，各種人士懷著求得生存的目的急切地奔走往來，當然他們並不只是無奈的百姓，也有一些激進份子混雜其間，這是最好的隱蔽方式，在這種年月，這種狀況漸漸在悄無聲息地發展、變化著。如果有人耐心觀察，就會發現在那僅有的幾家酒館裡，會有一些經常出現的面孔，而他們聚在一起的談話聲音明顯地透出一種詭秘與謹慎，當有人推門進來時，就會立刻停止交談，拿起酒杯互相緊張地敬酒。從他們的口音可以聽出，他們是外地人，這些外來人的話語中流露出的是南方的軍隊會向北進攻的猜想或是一些流言傳說。總之，大家似乎都在熱切地盼望著什麼，或者說，都在嚮往著發生點什麼事件。

關羽也得到過消息，說這個夏天很可能會發生一些大事情。他繼續派人予以嚴密地關注。但他得到的卻總是不確切的傳言，或者說是遲到的消息。但是以他敏銳的洞察力分析判斷，一切都在發展變化著，北上出兵的條件日趨成熟了，現在只是一個時間的問題。他也在尋求著一個更為穩妥的時間，並試圖緊緊抓住，從而一舉振興漢室江山，讓帝國的王業經由他的手又一次振興。

各種力量都在作著準備，也都謹慎地行動，保存自己，蓄勢以待，並尋找著向別人下手的時機。隨著天氣的變化，氣溫愈來愈高，也愈來愈令人感到壓抑。愈來愈濃的血腥氣息，讓地上的螞蟻也嗅出危險。

當然，處在這個風暴中心的人們，更是緊張地行動著，懷著恐懼，也伴隨著興奮，人性中的那種不甘於現狀的奮鬥精神令他們激昂澎湃。

刀都已出鞘，所不同的是誰會先動手，選擇在哪個方向動手。

各方都預感到有一種壓力在逼近自己，所要應對的不是殺人就是被殺，所以誰也無法退讓了。在這種狀況之下，誰更能沉住氣，誰更理智，誰活著的機會就相應提高一些。這是耐力的比拚，更是意志的對決。

在這個時候，消息的傳遞成為決定成敗的主要因素。同時，對於消息的爭佔與利用，就成為極有力的爭鬥手段。各方所獲得消息的真實程度、及時性以及人員的可靠性，就形成很多無法辨別的變數，而這些細微之處，則是決定歷史走向的關鍵。

愈是隱秘的東西，愈為更多的人們所知曉。尤其是情況複雜的地方，更沒有秘密可守，人人都是暗探，都想知道更多別人不知道的東西。尤其是那些心地惡毒的人，他們就是以出賣訊息、窺人隱私、陷害別人為生。他們住在某個角落，陰鬱的眼神如同投槍，在監視著其他人。在詭異的星空下，一些交易達成了。

據說，發生了一些複雜的事情，但是具體的內幕後人無從知曉，我們也不知道那裡究竟是誰在執政。一切的傳聞皆有可能。誰也無法準確得知在這條不明戰線上的真實情況。真相早已被湮沒，無法再現，無論你有怎樣偉大的想像力，都不能給人一個可信的結論。但是，可以推斷的是，關羽與他所支持的激進的反曹氏地下力量沒有能夠及時地取得協同行動的時間。所以這群人就在毫無外援的情況下貿然舉事了。

當然，因其突發性，這次規模最大，最有影響力的宛城暴動取得了意外的成功。駐守宛城的守將侯音在曹操向漢中用兵無力東顧之時，主動展開了行動，公開通告全國，振臂而呼，深受搜刮之苦的宛城百姓雲集回應，合力驅逐親曹派官吏，順利佔領了宛城。

但是，一個擁有強大正規統治工具的政權，並不是一個小縣城的暴動就可能顛覆得了的。這種局部的小動作，並沒有強大到具有摧毀一切的力量，雖然具有破壞性，但是並不能成就多大氣候，更不可能在沒有外援的情況下對現有政權造成致命的打擊。曹操密令駐守樊城的曹仁「迅速、堅決、徹底地平定叛亂」。

曹仁乘關羽還沒有得到情報的間隙，迅速率軍進擊宛城，實施鎮壓。宛城的這群目光短淺的起義者們還沉浸在暫時的勝利中，更何況他們本來就沒有多少戰鬥力，面對身經百戰的精銳兵團，早已是驚慌失措，不堪一擊，曹仁幾乎沒有遇到什麼有力的抵抗就收復了宛城。懷著深刻的仇恨，曹仁下令屠城。宛城遭到了慘絕的屠戮，宛城淪為閻王所在的黑暗的冥府地獄。無數無辜的靈魂被捲入，被殺害；無數的冤魂飄遊在天際，無處申冤。起義的首倡者侯音被殺，起義轉瞬間由形勢大好變成慘敗。宛城的混亂很快被曹氏軍隊平息，但從內部夾攻的這個希望破滅了。

機會出現了。但僅是曇花一現，即已失去。

二・兵鋒所指

戰爭！

是戰士的戰爭。是造就英雄的溫床，是成就傳說的機器。

等待了很多年的戰爭終於開始了。這麼多年的潛心經營，就是為了這場不可避免的戰爭，現在到了一決勝負的時刻了。

也可以說，決定帝國命運的關鍵時刻正在迫近。

那段弱不堪擊的歷史就此結束。關羽率領著他強大的荊州兵團開始向北方挺進。他的目的是直入中原，一戰而定。

在這個充滿了許多古老的神奇傳說的土地上，他要製造新的傳奇。

他渴望戰鬥，嚮往著帝國在他的手中重新獲得力量站起。

他知道這次征戰會發生什麼事，那是一種無法言說的感覺，召喚著他，激勵著他。

他的理智告訴他，所有事情都可能會發生，他的內心也不抱任何的僥倖，他知道鏖戰在即，即將在自己的身邊展開，自己就是這場戰爭的中心，沒有人能夠代替。

該發生的事情都會發生，就在此時此地。他要改變這個動盪不安的現實世界，他要為被強權踐踏的帝國注入新的活力。

現在，他要為這個歷史時代盡力，他走到了他的位置，站在了歷史的前端，他代表著一種精神，一種氣節，他舉起了他的武器，宣戰了！

就讓新的王國在這個染血的土地上站起。

三・進軍北伐

那是一個衝動的決定，但是處在當時的情況下也是恰當的選擇。在敵人的心臟活動，成功就在於突然性，問題是當時的通訊條件限制了他們，沒有按照預想實施裡應外合。

當關羽接到宛城舉事的情報時，事件已經過去了整整半個月了，而且是與已經被平定的消息同時到達的。

本來在北部邊境，關羽的軍隊保持著全天候的戒備狀態，一直在等待出動。遺憾的是他們沒有及時收到相應的消息。

因而宛城也就沒有得到應有的支援。本來那些正面的敵人已經被清除，在這個地方被撕開了一個缺口，如果再給予有力的一擊，那麼敵人必然陷入失敗的境地，勝利與成功將會在他們的面前展開。從眼前的這條大道將直驅敵人的內部，開闢出一條進軍中原的坦途。那麼敵人的鮮血將成為帝國重新崛起的獻祭。

然而，時間一天天地過去，他們沒有得到相應的援助，盼來的卻是來自敵人的打擊。

從敵人的手中奪來的，又被敵人奪去，並且浸染了更多的鮮血。

關羽從接到情報的悲哀中清醒過來，在胸中燃起的是更強的復仇的火焰。

七月，孫權發動了合肥之戰，曹魏駐防軍隊主力向淮南調動集結，阻擊吳軍。

關羽認為攻取襄樊、拔除曹軍據點的時機成熟了。

他以深重的悲哀和新的堅定，做出了北伐的決定。他命令他的部隊出征。

他面對他的將士們說：「我們已經準備了許多年，也等待了許多年，就是為了這一天，現在我們不能放棄這個匡復帝國的機會。」

他說：「我們是為我們的土地和人民戰鬥，是為了拯救我們古老的帝國，是為了解放我們被強權蹂躪的人民，是為了捍衛被粗暴踐踏的正義。」

為了心中的正義、土地、人民，戰士們怒吼著，舉起手中的兵器，指向北方的天空。

拯救帝國的時機來臨了。

戰士，只有在戰鬥中才能證明自己，證明自己是不是英雄。

不管這個世界發生了什麼變化，這一原則永遠不會改變。即使天上的星星化為灰燼。

四．樊城攻堅

八月，關羽親自率主力北上進攻樊城、襄陽。

守軍主帥曹仁十分驚恐，副將翟元說：「魏王令將軍約會東吳共取荊州，現在敵人自來送死，為何避而不戰？」參謀滿寵勸阻說：「關雲長勇而有謀，不可輕敵。堅守才是上策。」驍將夏侯存說：「這是書生之見。難道不知道水來土掩，將至兵迎的古語嗎？我軍以逸待勞，必然取勝。」曹仁令滿寵守樊城，親自領兵迎戰關羽。

書生之見，並非妄言。然而庸人往往以一己之粗莽為勇敢，粗暴地忽視或蔑視這種卓見，武斷地壓制並歧視這樣的建議，以顯得自己勇武，自己比書生高明。當然在和平的日子裡，他們可以無憂，即使決策失誤，也只是一句「交了學費」，即可搪塞而過，更不必負什麼責任，因為沒有人追問，更不必自責，因而也早把書生的警告放在一邊，即使想起，也並不在意；或者更有甚者，心懷嫉妒予以打壓。但是，在血與火的戰爭年代，就不是如此輕鬆自在了。他們就得為自己的淺薄與愚蠢付出血的以至於生命的代價。夏侯存、翟元就是如此。同樣，關羽也將受到同樣的回報。

關羽設下埋伏。命令關平、廖化誘敵追擊，一步步將曹兵引入伏擊地。曹兵數日追殺，漸漸遠離樊城要地，夏侯存、翟元求功心切，以為荊州兵怯戰，揮軍長驅追襲。忽然四周喊殺聲大震，鼓角齊鳴。曹仁發現中計，急令撤退。但是，退路已被切斷，關平、廖化回軍掩殺，曹兵軍心渙散，不戰自亂。曹仁急切間向襄陽奔逃。抬頭襄陽城已在望，但是突然發現，前面旗幟招展，關雲長橫刀勒馬，擋住去路。曹仁心驚膽戰，不敢交鋒，奪路而逃。夏侯存奮勇迎戰，掩護曹仁突圍，被雲長砍死。翟元也被關平一刀斬殺。乘勢追殺，曹兵大半死於襄江之中。曹仁退守樊城。

無論任何時代，那些自以為高人一等的既得利益者，他們因為能混、善混，精於鑽營，於是左右逢源，從而得到重用，一時之間自視甚高，覺得自己是個人物。在他們的眼中，別人不值一提，因而聽不進他人的言論。凡有他人所言與己不同，或者與自己的見解不相迎合，必然聽不入耳去，且一概哂之曰：「你所處的地位太低，你所能知道的情況有限，你只是胡說臆想。」擺出一副高深莫測的神態，睥睨一切。真正有真知灼見者，在此時面對這樣的自大狂，也會自慚形穢。

奔湧不息的襄陽河從西部遙遠的秦嶺群山中飛瀉而下，幾經輾轉，歸向長江。樊城就位於眾多轉折中的這個轉彎處。

關羽率主力追擊到樊城之下，緊緊圍困了這座孤城。

歷史上有許多戰爭都不可思議。關羽是一位善於決鬥的勇士，但是他不擅長於攻城。可是，現在阻擋在他面前的就是這個樊城。

雙方的軍隊激戰著，攻城與守衛，互不相讓。

令人不解的是，為什麼不繞過樊城，長驅直入呢？讓樊城孤懸於後，阻斷其與中原的聯繫，只需要一軍監視著使其得不到相應的補給與增援，那麼他們的堅守還有什麼意義呢？並不需要強行攻城，做那些無謂的犧牲啊。

曹仁接到命令，死守待援。因為曹操需要時間完成軍隊的集結與訓練。

關羽必須儘快拿下這座城池，掃清進軍的障礙。如果攻克這座要點，那麼進軍許都的大門就打開了，千里平原，一日即至，那時誰也無力阻擋他的戰馬馳騁了。

曹仁記取了血的教訓，聽取了滿寵的守城之策，將全城軍民全部徵用守城。並配置強弓硬弩，提高殺傷力。而他的精銳騎兵則組成預備突擊部隊，隨時出擊，並擔任城中各個弱點部位的救援，死守頑抗。

強大的荊州兵團急切之間對這樣的守城戰術束手無策，只有強攻，別無他途。雖然保持著進攻姿態，從早到晚地圍攻著，但是樊城卻頑強地堅持著，絕沒有棄守的跡象。

儘管城中曹軍的糧草供應早已被切斷，久困必將難守。但是這樣拖下去也不是關羽想要的，因為他同樣拖不起，漸漸集結的曹軍援兵即將到來，令他心感憂慮。而更令他不安的是荊州後方的安定。可是對於龜縮於城內死守的曹軍，他又一時無可奈何，只能這樣每日加緊攻城，親自督戰。

關羽清楚地知道，一旦曹軍集結完成，那麼他的軍隊久困於堅城之下，腹背受敵，且有荊州的後顧之憂，三面臨敵，那時將必敗無疑。

堅固的城牆在他的圍攻之下數處塌陷，但是又被頑強地封堵上，使他的軍隊不能前進一步，在殘陽的照耀之下，就像一個熟透的蘋果，又給人一種陰險邪惡的感覺。

面對這個指日可待的城池，就這樣撤退，內心實在不甘，在他的戰爭生涯中，還沒有這樣的先例，所以他寄希望於再堅持一下的努力之中。

所以，他決心將圍困進行到底。

雙方都在堅持著。

五・瞻前宜顧後

當關羽首戰大捷，收復襄陽時，在軍事形勢分析會上，隨軍司馬王甫說：「將軍一鼓而下襄陽，曹兵雖然喪膽，但是以我之見，東吳呂蒙駐軍陸口，常有吞併荊州的意圖；倘若呂蒙率兵直接突襲荊州，如何應對？」

雲長說：「我也深有如此顧慮。你就負責建立聯絡體系，沿長江上下，或二十里，或三十里，選高崗險要之處建置烽火台，每台用五十名軍人守衛。假若吳兵渡江，夜晚則點燃烽火，白晝則施放狼煙，作為溝通聯絡消息的信號。我即率兵親自赴援截擊。」

考慮到可能發生的意外，王甫又說：「糜芳、傅士仁駐守隘口，恐怕不會盡力，必須再任命一位得力人員總督荊州，加強協調防衛的力量。」

雲長說：「我已派遣潘濬前往，應該沒有什麼不放心的吧？」

懷著對荊州局勢的擔憂，王甫說：「潘濬平生多所猜忌，為人貪好私利，不可任用。宜任命後勤督糧官趙累取代。趙累為人忠誠正直，萬無一失。」

雲長說：「對潘濬的為人我也很瞭解。如今命令已經下達了，就不宜更改。趙累現任後勤供給長官，也是關係重大的要事。你不必多疑。」

他的決心不能動搖。

王甫內心怏怏，憂心忡忡，但也只能執行。

戰爭初期的推進如此順利，似乎長驅直入已是指日可待之事了。然而，透過戰場的迷霧，從戰略的層面審視，面臨的前景並不如此樂觀。但是，恰恰正是在初戰勝利的錯覺影響下，前線指揮者驕傲輕敵，陣營首腦核心盲目樂觀，放鬆了警惕。樊城守軍在艱難地堅持，各方力量都在謹慎地估量，相應的機謀與權變也在醞釀，暗流湧動，即將出現嚴重的局面。然而，從史料的記載中，劉備陣營卻沉默著，對於可能被盟友出賣沒有任何警惕，對於即將陷入的絕境也缺乏必要的應對之策。只是以僅有的這點人員，圍困著這個樊城，久而不下，卻又苦無良謀。

就這樣，戰局轉入第二階段，關羽的野戰軍被迫進行樊城攻堅戰。

「聖人也不可違背天意，更不應該放棄時機。」無論發生什麼，都志在必得。

關羽繼續著這個沒有限期的圍城之戰。

六・情勢發生微妙的變化

戰爭陷入僵持階段，雙方一時誰也拿不下。進攻的一方，在對方頑強的防守下，無法如願。防守者被重兵包圍，不能後退一步。雙方都在拚力死戰，如同近身肉搏的兩個勇士，都想緊緊扼住對方的咽喉，給予致命的一擊。

在襄陽城下，圍攻，固守。雙方都做著最後的努力。但是各自都已經精疲力竭。

在東線戰場上，孫吳進攻合淝的戰役遇到了曹操陣營的強大抵禦，受到了重創，損兵折將，沒有撈到任何的實惠，各自退回到了戰略出發點。東線的壓力驟然解除，曹操的機動兵力就相對增加了。他回過頭來，把目光投向西南部襄樊戰區。曹操嚴令徐晃兵團集結待命、加強訓練，準備將其作為總反攻時的戰略主力。

為了確保樊城的堅守，保證這個戰略據點在自己的手中，他命令于禁率領七路人馬新組建了樊城救援兵團，立即投入戰鬥，解救樊城之危。同時，曹操又從東線戰場抽調張遼兵團西進增援。

敵人重兵來援，看來惡戰即將展開。

清晨時分，關羽帶著他的將士走出軍帳，靜靜地注視著遠處仍然在晨曦中屹立不動的樊城，心裡難免升起一絲焦躁，一個小小的樊城，不足十平方公里的一個小城，如同一個小小的石子一樣，風颳不動，雨沖不走，阻止著他踏入中原的腳步。

隨著時光的流逝，最初的幾個月已經過去了，而他的腳步被阻擋在這座小城前無法邁過。

廣闊的中原只是在他的目光中靜靜地鋪展開去。

此時，太陽從東方的地平線上升起，在蔚藍色天空的映襯下，更加明媚，折射出大地的壯美，帝國悠遠天空下的土地充滿誘惑。

新的一天的戰鬥又將開始了。

已進入仲秋，雨季來臨。表面上看降雨不多，雨水也沒有氾濫，一切的跡象似乎都對曹操有利。

雲長命令關平準備船隻。對外宣稱，準備撤軍退回荊州。

事實並非如此。

戰爭也不會就這樣草草結束。因為還沒有分出最後的勝負。

在他的人生辭典之中，從來就沒有「放棄」這個詞。

只有將對面的敵人殲滅或者趕走，才有重振帝國雄風的機會。他是帝國的勇士，他生來就是為帝國而戰的勇士。勝利的希望激勵著他繼續著這場戰鬥。

今夜有暴風雨

襄陽失守，曹仁退守樊城。他對滿寵說：「不聽公言，兵敗將亡，失去了襄陽，現在該怎麼辦呢？」滿寵說：「雲長虎將，足智多謀，不可輕敵，只宜堅守。」

關羽渡過襄江，圍攻樊城。部將呂常憤然說：「請給我數千人馬，阻擊敵軍於襄江之內。」滿寵阻止說：「不可。」呂常生氣地說：「按照你們文官的意見，只是堅守，怎麼能夠擊退敵軍？難道不知道兵法說，軍半渡可擊。如今關雲長的軍隊半渡襄江，為什麼不出擊呢？如果兵臨城下，將至壕邊，那時情勢危急，則難以抵擋。」曹仁就令呂常率兵二千，出樊城迎戰。呂常來到江邊渡口，只見雲長神威凜凜，橫刀出馬。呂常全軍不戰而逃，人馬損失大半，敗軍奔入樊城。

樊城成為一座孤立無援的危城，被關羽重兵包圍。

曹仁向曹操請求緊急救援。

襄樊是曹魏南部邊境的重要戰略防線，如果失守，國都許昌就將失去屏障，直接受到關羽大軍的威脅。曹操嚴令樊城守軍死守待援，命令左將軍于禁統率七路大軍前往增援，任命立義將軍龐德為先鋒，支援曹仁。同時，曹操又嚴令徐晃兵團進行充分的準備，限時完成訓練、集結。並調動張遼兵團向荊州方向靠近，以應付迅速惡化的戰局。

樊城守軍，在滿寵的鼓動下，放棄了棄城撤退的打算，決定殊死堅守。

雙方相持在樊城下，各自調兵遣將，準備決戰。遠來增援的于禁所部很快抵達這裡，但是卻被關羽部署的阻援兵團隔斷，阻擋在遠離樊城的北部，雙方相持著。于禁只好駐紮在樊城之北，雙方的戰守力量達到了微妙的平衡。

這種平衡是暫時的、表面的，也正是曹操所希望的。這使他能有時間積蓄力量，從而使形勢向有利於自己的狀態轉化。

援軍雖到，但是樊城之圍仍然未能解除，只是使戰場的態勢暫時達到了相對的平衡。作戰雙方的主帥都很清楚這一點。所以就只有一個辦法，那就是堅持，等待時機。

雙方都在等，等待一個決戰的時刻到來。

襄陽與樊城唇齒相依，隔漢水相望。

樊城，古老的城鎮。據地方誌所載，樊城為西周時期所建，西元前八百多年，周宣王封仲山甫於斯，建立樊國。歷經數千年變遷，飽受戰亂、水患的無情沖刷和踐踏，是歷史上諸侯國君王必欲爭奪佔據之地。經過漫長的歲月，仍然沿用祖先所命名的樊城這個古老名稱。三國時期，東吳政治家魯肅曾讚嘆：「金城之固，沃野千里。」

在樊城作戰中，關羽採用了圍城打援戰術。圍困樊城，隔斷援敵與守敵的聯繫，使其不能會合。以主力對駐紮在樊城北部的于禁部發動了進攻。

「于禁與張遼、樂進、張郃、徐晃俱為曹魏名將。」「屬將軍王朗。王朗驚異其才，推薦于禁任大將（軍）。」在追隨曹操所參加的歷次戰爭中，于禁屢建奇功。攻壽張、定陶、離狐，圍張超於雍丘，皆拔之。曹操評價說：「雖古名將，何以加之。」

樊城仍然被關羽圍困，每天承受著攻城部隊的衝擊。

在樊北戰場上，兩軍交鋒。關羽親自陷陣迎敵，與龐德大戰百餘回合，不分勝負。第二日繼續交戰五十回合後，龐德撥馬急走，關羽追擊。龐德回身以箭射中關羽左臂。關羽在部將救援下回營養傷。

射傷關羽，戰爭的天平似乎出現了傾斜。曹軍取勝的希望出現了。但是，數日之後，箭傷癒合。關羽又威風凜凜地出現在戰場上。

敵對雙方轉入戰場對峙階段，誰也不願退卻，比拚著耐力和勇氣。

北方的軍隊，在他們統帥的命令下，駐紮在襄陽河口下游最寬闊的地方，便於騎兵機動展開。時值八月，進入雨季。但是每天都晴好明媚。

早晨的天氣像往日一樣，蔚藍的天空中朵朵白雲自在地飄蕩，在微風的輕推下浮遊。山坡上的樹林被秋季的陽光染得色彩繽紛。誰也不會想到會有什麼變故發生。

在人類戰爭史上，有很多戰例是因為重大自然災害而改變了戰爭的結果，裁定了戰爭勝負的。這時，上天也是以其意志，做出了抉擇。一樁意外的重大天災，徹底改變了戰爭的發展方向。

在人類的歷史中，有些事情是永遠不會改變的。

有些事情也確實不是人為能改變的。

比如天氣。

關羽命令預備船筏。關平不解地問道：「陸地相持，哪裡用得著船隻？」關羽說：「這不是你所能想到的。于禁七軍不屯駐於廣闊平坦的地方，卻聚集在罾口川險要之處；如今已是深秋，來日之間必有大雨，襄江之水必然氾濫暴漲；我已派人堵住各處水口，聚水蓄勢，等到山洪暴發時，決堤放水，我軍駐紮在高地之上，立即乘船進攻，樊城罾口川的敵軍，必將被洪水淹沒，如同魚鱉了。」

當天深夜，風雨大作。山洪暴發，漢水暴漲，大水漫過河床，洶湧奔瀉。如同萬馬奔騰咆哮，滾滾而來。洪水流過開闊的原野，淹沒了耕地，沖倒了樹木，沖毀了神的廟宇和人的房屋。龐德急忙上馬，舉目所見，一片汪洋，四面八方，大水驟至，平地水深丈餘，挾泥沙俱下。分不清哪裡是洪水，哪裡是陸地，整個樊北戰場頓成澤國。面對這突如其來的災難，曹軍措手不及，七軍驚慌亂竄，棄甲而逃。有的人爬到高的山上，有的人來不及呼救，就已被激流捲走。洪流過處，所有能夠被搬動的都被大水沖走，沒被波濤捲走的人，無奈地困處在荒山大堤之上，眼望著濁浪漫過腳下的大地，等待著死神下一步的行動。七軍之眾盡被淹沒，捲入洪水者，不計其數。于禁、龐德與諸將登上小山躲避洪水。

「天災」，對於曹軍一方來說，無異於災難。

此前他們誰也沒有想到為明天早晨的航行做一把更好的船槳。

但是，有人卻有準備。你看，他們來了，舉著他們的武器，開著他們的大船，吹響了進攻的號角，他們是死神的使者，他們現在就前來行使使命了。

他們不是趁火打劫，他們是乘水而至，他們可以救你上岸，但是他們的條件是讓你放下武器。然後他們將選擇的主動權讓給你：活命還是抵抗？

黎明，關羽率軍乘大船而來。眾將搖旗鼓譟，對被困在洪水中的曹軍發起猛攻。于禁見四下無路，環顧左右只有五、六十人，抵抗已經沒有意義，命令放下武器，卸甲投降。

命運已經做出了這樣的安排，還能逃避嗎？

祈禱吧！為自己的命運。是啊，我們也都是帝國的子民，有什麼仇恨必須互相殺戮呢？既然命運把你派遣到這裡，那麼就承受這樣殘酷的考驗吧。但是，拿起自己的武器抗爭，或許會衝開一條血路，不要被動地被命運擺佈。

龐德見關羽來，全無懼怯，奮然接戰。龐德回顧左右說：「勇將不怯死以苟免，壯士不毀節而求生。今日就是我的死期。我們當奮力一搏。」提刀搶到一艘小船，向樊城而走。這時周倉撐著一只大筏從上游急衝而下，將小船撞翻，龐德落水，被周倉擒獲。

如果不是那百年一遇的大水，誰也無法預料這場戰爭的結局將會如何。

那一場大雨，從此在歷史上多書寫了一筆。

得道者天助之。

清除浸入肌體的毒素

這一年，對於關羽來說，運勢鉤鉸，跌宕起伏，既有勝利也有挫折，既有令人感慨的成就，也有令人扼腕的嘆惜。在順暢的進軍中，也有頓挫。也正是由於這每一次的挫折，激發出更為耀眼的人生火花。

樊城周邊邊之戰，借助天時，關羽大獲全勝，殲滅了來援的于禁所部，緊接著關羽乘船對樊城展開進攻。樊城周圍大水茫茫，濁浪滔天，城垣漸漸浸塌，危在旦夕。關羽調動他的水軍部隊乘坐戰船，向著這個城市逼近，整個城市被金屬盔甲和武器的光輝裹圍，兵士呼喊著湧向被困城市大門的周圍。在城裡，曹軍眾將，無不喪膽。軍心動搖，曹仁準備棄城撤離。

滿寵說：「不可。山水速疾，絕不可能長久。今若棄城遁去，黃河以南，再也不屬於國家版圖所有了。將軍應當固守以待救援。」曹仁幡然醒悟，致謝說：「如果不是伯寧見教，幾乎誤了國家大事。」曹仁和滿寵做出了頑強堅守的一切準備。

曹仁騎馬上城，聚集眾將誓師說：「我受魏王命令，守衛此城，誓與此城共存亡，誰若再敢輕言棄城，立即斬首！」他們集合起全城百姓。他站在城牆最高的雉堞上號召民眾行動起來，保衛自己的城池。他說：「樊城的居民百姓們，這座城市養育了你們，你們祖先的屍骨埋葬在這片土地上，你們現在應該拿起武器抗擊敵人，保衛你們的父母妻子，保衛你們自己的土地。城外的敵人們已經集結起來了，他們即將攻城。因此，所有的人都集合起來，到城門口去，拿起你們可以用做武器的一切，守衛著每一道門，防護好每一個路口，不要害怕敵人勢眾，我們的援軍即將來臨。」樊城軍民協力堅守。

攻城開始了。雙方同時吹起戰鬥的號角。

城裡，泥濘的土地上血流成河。

城外，戰士的鮮血潑灑在洪水中，濺不起一絲漣漪。

關羽親自巡督攻城。來到城北門，曹仁急令五百弓弩手，亂箭齊發。關羽右臂中箭落馬。關平急救其歸寨，拔出臂上箭鏃，發現箭頭有藥，毒已入骨，右臂青腫，不能運動。主帥受傷，戰局形勢急遽惡化。大家提議：暫時撤兵，退回荊州。

關羽生氣地說：「我攻取樊城，就在此時。佔領樊城，就可長驅直入，直搗許都，剿滅奸賊曹操，安定漢室。豈能因為一點小瘡而貽誤大事？」

國家如此離亂，這點痛又算得了什麼。絕不輕易退出戰鬥，更不能放棄即將到來的勝利。

進攻與守衛雙方都在奮力擴大自己的戰果，力爭掌握戰場的主動權，戰局陷入膠著狀態。忽然，一葉扁舟從長江對岸飄搖而來，直至軍營。來人自稱是沛國譙郡人，姓華，名佗，字元化。聽說關將軍身中毒箭，特來醫治。

關平十分高興，立即引華佗見關羽。

當時關羽正與馬良弈棋，以轉移注意力，減輕臂疼的痛苦，避免動搖軍心。

聽說有名醫到來，大家都十分高興。華佗說：「箭傷有烏頭之藥，直透入骨，如果不及時治療，恐怕這條臂膀就要殘廢了。」關羽說：「用什麼藥物可以治療？」華佗說：「我自有治療方法，只是恐怕君侯畏懼。」關羽大笑說：「我視死如歸，又有什麼可以畏懼的？」華佗說：「需要在清靜之處，矗立標柱，柱上釘大環，請君侯將臂穿於環中，用繩縛緊，然後以布蒙住眼睛。我用手術刀割開皮肉，直至骨骼，刮去骨上箭毒，用藥塗敷，以線縫合，即可無事。所以恐怕君侯內心畏懼。」關羽笑著說：「這很容易！何必要用柱環？」命令設宴招待華佗。

關羽伸出手臂，說：「任你醫治，我絕不像世間凡夫俗子那樣懼怕疼痛！」華佗取出手術刀，割開皮肉，直至於骨，骨頭已被毒藥腐蝕，泛出烏青之色；華佗用刀刮骨，悉悉有聲，血流盈盆。營帳內外軍士，皆掩面失色。

關羽從容飲酒，談笑弈棋，全無痛苦之色。華佗刮盡感染的肌膚，敷藥，縫合。關羽大笑而起，對眾將說：「此臂伸舒如故，並無痛感。先生真是神醫！」華佗說：「我行醫一生，從未見有如此堅毅之人。君侯真天神呀！」

這個世間，有著太多的痛苦和苦難，需要有人承擔。所以，這點痛實在微不足道。

既然毒液已經浸入臂膀，那麼就應該有壯士斷腕的勇氣，果決地予以徹底的清理，又有什麼好懼怕？歷史對英雄的淘汰與篩選，就是如此的殘酷，又是如此的合理。只有那些經得起各種磨難洗禮的人，歷史才承認他是英雄，才會賦予他英雄的榮耀。

這是一位真正的戰士。因為他的神采，歷史從此顯得精彩美麗。

其實，對於關羽來說，這只不過是生活給他留下的又一個傳奇性紀念而已。

當清晨的第一縷曙光升起在荊山之上時，關羽又與他的將士們站在一起，向樊城發起進攻。

威震華夏

短短數年時間，劉備陣營迅速崛起。東收荊襄，西進益州。由一個無立足之地，在各個軍閥割據勢力之間飄蕩流浪的小幫派，一躍而變成為一個有政治綱領和目標的實力陣營，自立為漢中王。行封侯拜將之儀，對於長期追隨、忠心耿耿的患難兄弟慷慨封賞。

駐守荊州的關羽，更是風光。被封為元勳，官拜襄陽太守、蕩寇將軍，授權總督荊州軍政。

當時大漢帝國已經名存實亡，失去了往日的威儀。弱主強臣的另一個解讀就是，給予了天下英雄廣闊的發展天地和自由的發展空間，人人都可以嘗試著按自己的想法對歷史做出修改。帝國的政治氣候展示出兩面性，即表現為「糟得很」的亂象和呈現出「好得很」的蓬勃氣象。那些不甘人生寂寞的梟雄、豪傑紛紛登場，不必粉墨，只須各展風采。

關羽鎮守荊州，處在曹魏和孫吳兩大軍事陣營的夾縫中，所能看到的陽光有限，戰略迴旋空間受制於人，經濟基礎脆弱，軍事資源匱乏，更歷經數十年戰亂，民眾疲困，囤積罄盡。但是這並沒有捆住英雄的手足，經過艱難經營，荊州很快發展強大起來，令曹魏畏懼而不敢南下，使孫吳忌憚而不得北顧。

在取得益州後，劉備陣營正式建立了蜀漢政權。開始了立國之初就已規劃制訂的北伐計畫，以期打開北進的通道，建立一個有強大機動性的戰略前進基地，將戰爭引向中原腹地。

當然，這世間是神秘的，任何一件重大事件，都有先兆，都具有深刻的暗示性，如同神的諭意。

當年許田狩獵，劉備只擊中一隻小小的兔子，獻帝失射麋鹿，曹操藉帝弓而獵獲。關羽心懷不平之氣，有欲殺而廓清四海之志向。只是迫於形勢，只能隱忍而不得有所行動。

現在，駐守荊州的關羽既要應對來自曹魏方面武裝吞併的軍事威脅，又要面對來自盟友內部孫吳方面的利益要脅，明爭暗鬥不斷。誰也不想讓你平靜地發展。各種爭鬥形式層出不窮，風雲變幻，極其複雜。

關羽以其堅定的政治信念和卓越的軍事、經濟才能，獨力面對一切，穩妥地控制著局面，並引導著局勢向有利於自己的方向發展，牢牢地掌握著戰略上的主動權。

他堅決地抵禦北方的侵襲，靈活地應對與孫吳的局部「摩擦」。既妥協，又爭鬥，應對著各種陰謀伎倆，從而在爭鬥中，迅速地發展起來，成為各方實力派心中的「病」。成為誰也不敢輕視的主要競爭力量和政治對手。

北伐的戰爭在艱難波折中推進。關羽遇到了堅決的抵抗，獨擋著曹魏陣營中曹仁、于禁、徐晃、張遼、曹彰等五大主力軍團中四方軍隊的頑強合擊，數度中箭受傷。但是這一切都不能阻止他前進。經過無所畏懼的搏殺，他堅定地將戰爭引向深入，逐步向著既定的勝利逼近。

在正面戰場上，關羽首戰勢如破竹，收復襄陽。以自己區區數萬人的力量，獨力支撐，拖住並擊潰了曹操整個南線兵團，並進逼圍困樊城，圍城打援，殲滅了于禁、龐德增援兵團的七路援軍，斬殺大將龐德，俘虜曹魏陣營有常勝將軍之名的于禁，使曹仁龜縮在樊城堅守待援，不敢出城半步。致使徐晃兵團也不敢輕舉妄動，迫使曹操又將淮南戰區的張遼兵團調動，向荊州前線集結，作為戰略總預備隊。樊城岌岌可危，糧草斷絕，指日可下……曹魏內部震撼，軍心浮動。

各方力量在關注漢中戰局的同時，也密切注視著荊襄戰區的動向。

關羽的功業達到了輝煌的頂峰。他開闢了一個全新的局面，令荊襄煥發出一片蓬勃的復興氣象。「遂有北向爭天下之志。」可是這只是帝國最後的迴光返照。然而也正是如此，才更具有迷惑性，尤其是對於這群以帝國復興為己任的英雄們來說，他們更加堅信帝國又有了新的生機，這令他們振奮，使他們充滿艱辛的心靈受到了鼓舞。他們因此而對事物的變化放鬆了應有的警惕，一心致力於進攻而忽視了必要的防守。英雄難免犯錯誤，而英雄的錯誤就是這樣的令人嘆惜，這正是人類無法擺脫的宿命。

漢室復興，又出現了新的希望曙光。

但是戰爭並沒有結束，或者說僅僅才是開始，真正的決戰即將展開，而此前的一切戰役和戰鬥，都只是局部的爭奪，勝負並不影響戰爭全局。

在這曠日持久的圍城作戰中，季節已經悄悄換了內容。冬天到來了。

隨著冬季的來臨，似乎一切都出現了變化。事情的發展似乎正在偏離關羽預想的軌道，而軍士們中間也有了各種謠言在傳播了。

他預感到，這個冬天將不會平靜，無形中有種諸事不順的感覺在時時紛擾著他的思緒。他的心情漸漸變得煩躁起來。他派人向駐守在上庸的劉封請求出兵援助，但是劉封藉口「山郡初附，未可動搖」而不奉命出兵。

關羽只能獨力奮戰，支撐著日益惡化的戰爭危局。軍隊得不到休整和補充，處境危險。然而他們都在袖手旁觀。

經由襄樊北上，這條道路並不平坦，無論如何，他的軍隊減員嚴重卻得不到補充，糧草裝備也得不到有力的保障。但是，他必須堅持。因為這裡是到中原的必由之路，無論如何都要從這裡通過。

敵人一波又一波地增援樊城，眼睜睜地看著曹軍源源不斷地在樊城外線集結，自己卻已無力阻止。一場惡戰在即。

被盟友的出賣

聯盟只是在特定條件之下的合夥人，只是有限的合作，並不是長久的可靠朋友。尤其政治陣營的結盟，更是一種利用與欺騙。「急則並力，緩則相圖。」沒有永遠的盟友，只有永恆的利益，這是金科玉律。

盟友，其實就是最為危險的敵人。因為，當他們需要幫助時，就高舉起友好的旗幟；當他們度過危難，轉過身去時，就意味著背叛。在友誼的外衣下，誠實的人們往往就失去了警惕。那些小人知道應該在什麼時候，在盟友最脆弱的軟肋插上一刀，然後獰笑著嗜飲新鮮的血液。只有天真的人，才信守盟約。縱使你誠守諾言，但是你也不能喪失戒備之心。

孫、劉聯盟的蜜月期，催生了赤壁之戰的豐碩戰果。也就是說，聯盟的歷史使命基本完成了，聯盟存在的意義與政治目標就需要重新定義。然而，他們卻沒有進行新的建設性的磋商。於是對於聯盟的理解則各有各的見解，各自以自身的利益為出發點，做出相應的取捨與選擇，衝突與爭執就成為公開的秘密。

當然，赤壁之戰的直接結果就是奠定了天下三分的基礎，但是也遺留下了最有爭議的難題，最核心的問題就是荊州的主權歸屬。這就是曹、劉、孫三大陣營角逐的焦點所在。隨後的一切戰略或戰役行為，都不是孤立的行動，而是緊緊地與荊州合為一體，以荊州的假想取向為座標做出的設計。所以，荊州問題深刻地影響著三大實力陣營在政治、軍事、外交等方面的策略定位。

劉備佔據漢中，主力西去，留關羽總督荊州軍政事務。此時荊州的形勢卻十分嚴峻，前途撲朔迷離。各種眼神虎視眈眈，都在枕戈待旦，誰也不願自動放棄利益分肥的訴求。

對於關羽而言，需要應對東面孫權、北部曹操兩個強大勢力的夾擊，同時，內部又潛藏著離心的異己因素。僅僅以其既有兵力據守，也難應付，更要承受西線作戰的後勤供給。所以他的壓力是巨大的，所承擔的職責是實實在在的重任。

此外，關羽更有復興漢室的政治理想，召喚著他奮起。這是他為之奮鬥終身的歷史使命。這種感覺似乎來自於冥冥之中神靈的諭示，帶著對生命的魔咒降臨在他的身上。他的熱血時刻為之奔湧，不能自抑。總有一股捨身為之一搏的激情與雄心豪氣。

他的心裡充滿了信心和力量。

因為他是英雄，所以，他就要對自己肩負的使命負起責任。他決心創造歷史，開闢歷史新的美景。因為，每個人都有自己的運氣，他也同樣對自己的命運充滿信心，所以，他果決地向命運發起了挑戰。試圖以一己之力挽救帝國大廈的傾覆，以自己的力量打開一片歷史的新天地。

關羽毫不猶豫地發起了北伐作戰。

進攻，進攻，也只有進攻，才是爭取主動的最有效手段。

關羽的作戰，收到了超乎想像的實效，天下震撼，「自許以南，百姓憂憂。」民眾又看到了帝國復興的希望。他在前線的勝利，對曹操和孫權都形成了極大的威脅和震懾。在空間上，是一種壓迫；在心理上，是一種威懾。因為，關羽勝利，則劉備陣營更加強大。這樣的結果，孫權陣營自然不願接受，一個強大的鄰居是誰也不能忍受的。曹操方面在軍事上的節節失利，更加不能容忍關羽獨大。曹、孫兩家就有了共同願望：打敗或者消滅關羽。

此時，自許昌以南，動亂紛起，不斷有人叛亂，回應關羽。一時之間，關羽「威震華夏」，志在春秋。雙方交戰的襄樊戰役的結果更令曹氏陣營的統治者憂心如焚，樊城危在旦夕，很可能在眨眼之間就已易手，成為他人進軍的前進基地。因此，曹操與群臣商議徙出許都，以避關羽兵鋒。因為，如果襄樊失守，都城許昌將無險可守，直接暴露在北伐兵團的刀鋒之下。一支輕兵便可長驅直入，朝發而夕至。遷都就成為必然的應對之策。所以預為綢繆，實出萬全之慮。

當然，天下之事，並不是沿著單方面想像的方向前進的，其往往受到各種複雜因素的制約。各種力量都在相互作用，互為因果，最終互相影響。

同樣的一個前景，總是有人歡欣鼓舞，有人憂慮不安，更有人心懷嫉妒而不能安枕。所以，你的成就，並不總會受到所有人的讚賞，反而會激起暗中的牽制，從而自發地形成一股陰謀的阻擊力量。他們又會暗中結成另一個同盟，對你予以制衡。

臥榻之側，豈容他人酣睡。因為，誰也不願意自己的身邊有一個強大的對手崛起。所以，對於關羽的強大，孫權震恐。他在不安地注視著這位令人討厭的鄰居。更何況雙方的聯盟已經面臨解體的危機，對於荊州的主權明爭暗鬥不斷。是該做出決斷的時候了，絕不能再坐視不理。如果借助外力，將盟友踢出局外，並趁機奪取荊州，解除來自聯盟內部的壓力，那麼又有什麼好顧忌的呢？

對於道義的不同理解，必然形成相應的行為方式。在這樣的背景下，自然就會形成新的戰略構想和發展態勢，那些隱蔽的力量就藉機加入戰鬥了，達成默契而進行合謀。

這時，只需要一個契機，需要一個運作。當然，只要歷史需要，那麼自然就會有人這麼做，他們本來就是以此為生，樂此不疲。他們就是以此證明自己的存在，顯示自己的重要。這是他們生命的價值所在。

曹操的軍營中有的是這樣的人物，他們洞悉幽微。因為按照曹操《求賢令》的觀點，無論什麼人，只要有點什麼能耐，那麼都可作為人才利用。參謀司馬懿和秘書蔣濟就在此時向曹操獻策說：「于禁等為水所淹沒，非戰之失，對於國家大計並沒有造成多大損害。劉備、孫權只是表面親和，其實內心存有芥蒂，互不信任。關羽得志，孫權內心必然不高興。可派遣一位能言善辯之人誘勸孫權暗中襲擊關羽後方，承諾割捨江南土地封賞孫權，那麼樊城之圍則自然而解。」

孫、劉聯盟關於荊州的衝突，此時就成為一個可供利用的絕妙題材，自然就會有人藉此大作文章。

曹操當然立即接受了這個建議，因為沒有比這更有效、更經濟、更為實用省力的對策可選了。同樣，孫權更是見利忘義，在那個可期預見的實際利益的誘惑下，決心鋌而走險了。何況獨吞荊州，本來就是其一貫的欲望，只是力所不能及而按捺不動而已，現在有此良機可乘，孫權又怎麼會不緊緊抓住呢？而且他骨子裡就不是一個恪守信義的人，他才不會固守孫、劉聯盟那個曾經的有名無實的空頭約定。孫權認為，關羽空巢遠征，荊州空虛，正是良機。孫權立即啟動了謀取荊州的戰略預案。秘密與曹操聯繫，乘虛攻打關羽。十月，「孫權派遣使者上書曹操，願以討伐關羽自效。」開始對關羽動刀了。

此前，一直主張武力奪取荊州的強硬派領袖呂蒙，分析了荊州的形勢後，發現有機可乘，於是上疏給孫權：「關羽征討樊城，卻將主力留守荊州，作為機動的預備兵力，置重點在於防備我乘機抄其後方。我身體常年有病，懇求離任回到建業治療。那麼，關羽聽到這個消息後，必然調整部署，撤除防守，調動駐防荊州的守軍用於北伐前線。那時，大軍乘夜順長江而上，實施突襲，空虛的南郡彈指即下，關羽就將成為俘虜了。」這個策略實施的一個關鍵點就是尋找一個人，這個人必須是無名小卒但又工於心計，是可以讓人忽略的人，這時陸遜出現了。孫權於是批准呂蒙辭職養病，任命陸遜為偏將軍、右都督，代替呂蒙職務。

為了達到出其不意地制勝的戰略目的，孫權、呂蒙、陸遜等進行了精心策劃，他們緊鑼密鼓地演出了一系列的迷惑行動。對外宣稱原荊州都督呂蒙病危，調回大本營離任養病，任命年輕的陸遜代理軍政事務。陸遜上任的第一件事，就是寫信給關羽：「僕書生疏遲，忝所不堪，喜鄰威德，樂自傾盡。雖未合策，猶可懷也。」措辭謙恭之至，主動做出示弱的姿態，大唱結盟友好的讚歌，並致送厚禮，固盟友好，玩弄了一套口蜜腹劍的陰謀。

其意圖就在於造成無意北進的假象，以鬆懈關羽的警惕之心。此時關羽也正處在北伐戰役的關鍵時刻，勝利在望，前線兵力嚴重不足，於是就調動駐防荊州的守軍投入北伐前線的攻城作戰。

錯誤的決策，總是相繼連鎖發生的，而且是一錯再錯。荊州守衛力量減弱，而且所任非人，守衛者又懷二心，荊州就成為事實上守備虛弱的空城，已經成為誰都可舉手而取的贈品了。只是關羽還沉浸在自己的迷夢中，自以為後防穩固，堅如磐石。

就在這時，曹操的使者也來到吳國，相約孫權夾攻關羽。雙方一拍即合，使者奔走於途，密相往來，互通情報，溝通聯絡。原來的孫、劉聯盟抗曹，頃刻間變成了曹、孫聯盟共擊劉備，形勢急轉直下。然而，關羽卻致力於一城一池的攻拔之中，未能嗅到絲毫不利的氣息。

孫權覆信給曹操，要求保密，以免關羽有所應對。曹操的謀士們都認為應該保守秘密，只有董昭建議迅速透過適當的管道把消息透露給關羽：「關羽聞孫權北上偷襲荊州，如果回軍防守，那麼樊城之圍就迅速解除，自然獲得實際的利益。同時可使孫、劉雙方相對僵持，坐待其弊，而收漁人之利。如果秘而不露，則使孫權達到目的，這不是上策。而且，陷入重圍中的將吏不知有救，估計糧草不繼而心生怖懼，倘若滋生他意，為禍不小。因此，公開為宜。況且關羽為人強梁，自以為後方二城守衛鞏固，必定不會立即撤退。」

三方在荊州爭奪上，其關係的錯綜複雜，彼此用謀設計的使勢構造，心機陰損刻毒，各見高明，可謂登峰造極。

但是，一個冷酷的事實就是：出賣盟友者，又被盟友出賣了。

孫權秘密任命呂蒙為前敵總指揮，全權節制江東各路兵馬，進襲關羽後方。呂蒙到達潯陽，命令士兵扮作商人，他們乘船沿長江而上，在晚霞中抵達荊州城下，並潛伏起來守候著，等待夜色降臨。深夜時分他們藉故潛入烽火台，切斷了消息傳遞通道，順利佔領了荊州。烽火台成為虛設，未能發揮傳遞敵人侵襲訊息的作用，反而成為令自己感到後方鞏固的假象。因為烽煙並未燃起，那麼就意味著荊州很安全。

但是，人類無法知悉的變故，卻有另外的生靈感知到了。長江的迷霧之中，許多鳥被一種不安的聲息驚起，牠們驚慌地相互問訊：發生了什麼事呢？

江東的孫權已經向他動手了。

東吳出兵西征荊州，那麼關羽就面臨著前線與後方同時陷入戰爭，兩面受敵的困境，形勢立時處於危機之中。那些小道消息被證實了，然而，關羽仍然固執地不願相信。

那時正是初冬的第一場雪降臨之時。來自山那邊的消息說沿江的要塞已經被東吳呂蒙佔領，擔任荊州守衛的糜芳、傅士傑等人向敵人打開了城門，荊州之地已被拱手讓人。呂蒙以和平的方式順利接管了荊州，又一次證明了「堡壘總是從內部被攻破」這個真理是具有永恆性的。

外部的敵人，無論多麼強大，都不可怕，我們都可奮勇一搏。然而隱藏在內部的暗疾才是最為危險的致命因素。沒有發現的隱患才是真正的災難。

事實上，這些消息都以不同的方式傳到了關羽的耳中，但是卻沒有一條是來自自身機制內的報告，所以儘管傳聞很多，他仍然不願意相信這是真的，他還存有一絲的希望，因為他覺得荊州對他來說太重要了，這突然間發生的一切變故是如此的不可思議，令他不能接受。即使理智告訴他，退回後方——其實已經沒有了後方，因為他已經被體制內部和同盟中的叛徒共同出賣，成為他們向敵人獻送的一個祭禮。是的，歸路已經被敵軍切斷。這時，他仍然想拿下樊城，在萬軍之中殺出一條血路，不顧一切地向北進軍。但是，情況在繼續惡化。從對方的營壘中傳出了敵人勸降的宣傳，這些土生土長的荊州士兵們聽說家中安好，並給予撫恤照顧，便再也沒有了鬥志，更沒有了血戰到底的勇氣，這種釜底抽薪的攻勢，很快就瓦解了荊州兵團的戰鬥力，士卒臨陣逃亡，部隊瀕臨解體。

直到此刻，關羽才意識到自己陷入了重大危機。但是，他怎麼也無法知道糜芳等人的所有交易。形勢已經成為明擺著的事實，已經失去了挽回的機會。

何去何從，成為面臨的最重要抉擇。當務之急是決定大軍的去留。能夠求得回歸應該是最理想的結局了。但是敵人不同意怎麼辦，他們並不願意與你合作。

關羽輸了。禍起蕭牆。

荊州已經易主。至此，大勢已去，一切的努力都已成泡影。關羽回天乏術，此時，縱使神仙也無力挽回了。關羽只有以死而殉，別無出路。因為自己的計慮失當，最終令自己陷入萬劫不復的境地。不只使自己父子兵敗被戮，更葬送了為之奮鬥的剛有轉機的事業，並使興復漢室的宏圖夙願再也沒有一點希望了，最後的機會因此而喪失殆盡。

戰爭進行了半年，在曹、孫兩軍的遠距離配合夾擊下，關羽失敗了，荊州喪失了。關羽北伐之戰黯然落幕，兵敗城失，父子殞命。孫權夢寐多年的荊州，終於到手了。

關羽開始為他的自大與失誤付出代價了。

此時，內心的苦楚只有自己知道。

他所親手創制的荊州大好局面，就這樣輕而易舉地被顛覆了。剛得到安定生活的荊州百姓，又回到了從前的舊社會。

曹操如願了，孫權勝利了，劉備陣營淪為最大的、最徹底的輸家。歷史從此急轉直下，如同奔湧氾濫的山洪，又回歸舊日的河床。

當然，對於荊州這座千年古城來說，不管誰來了，山還是那座山，河還是那條河。漢水繞城而過，並沒有改變什麼。

關羽一度輝煌的北伐，被人從背後捅了致命的一刀，功敗垂成。

不容否認，在瞬息萬變的戰場，一切不可能的因素都有轉變成為事實的可能。

當然，被小人暗算，這是英雄不可擺脫的宿命。歷來如此。

麥城隘路

美國陸軍五星上將喬治．卡特利特．馬歇爾有句名言：「真正偉大的將領能夠克服一切困難；戰鬥、戰役無非是一連串克服的困難而已。一位真正的將領不論如何艱苦，都能夠展現才華，轉敗為勝。」

作為高級指揮官，必須要有堅定的信念，無論面對怎樣嚴酷的局面，都能夠冷靜地面對，處亂不驚，臨危不懼，遇敗不慌，才是真正的大智大勇，才能夠帶領屬下走出危難。

指揮作戰，從來也沒有什麼固定的模式可以放諸四海而皆準，也永遠不會有什麼必勝的方略一勞永逸地套用。一切都是因時、因地、因人、因情而異。此時的妙計，換一個時空就成為拙劣的破綻。

建安二十四年（西元二一九年）是閏年。對於關羽而言，這是一個波譎雲詭的年份。既有輝煌的戰果，也有流年不利的災難。當然，如果能夠撐過這個冬季，他的好運就會到來。等到來年春天的時候，許多事都將會發生變化。但是上天似乎不願意再給他機會了。

這一年發生了很多事情，一些事在預料之中，另一些事則是意料之外，但是，它們都相繼發生了。應該發生的理所當然地發生了，不該發生的同樣也不可避免地發生了。

當然，不論發生的是什麼，對於人生來說，幸運或者不幸，都不可能長久，都是一定時限的必然，是注定的宿命。

他的輝煌來得容易，也同樣去得很快。轉瞬即逝，遠遠飄去。

「季孫之憂，不在顓臾，而在蕭牆之內也。」

襄樊戰役開始，關羽就通告駐守上庸的劉封、孟達，建議兩大戰略區同時出兵協同作戰，然而劉封、孟達不予理睬，袖手旁觀。當局勢危急，劉封、孟達又坐視，不願出兵援救，逼迫他踏上麥城隘路，一去而不再回歸。

在統一戰線內部，孫、劉聯盟早被孫權方面出賣。孫權陣營叛盟，出賣了盟友。

任何歷史事件，都是歷史人物的合作。失敗的或是成功的，都是合作的結果。成敗取決於如何合作，合作者的誠意如何，在什麼條件下的合作，合作的利益是什麼。

十月，曹操、孫權聯合，南北夾擊關羽。黑暗中，那幾雙滿懷敵意而又刻意偽裝得友善的眼睛窺伺多時了，他們終於等到了機會。陷阱已經掘出，圈套已經設定，只待獵物自投羅網了。孫權命令呂蒙偷襲荊州，曹軍徐晃兵團集結完畢，形成了戰略優勢，戰爭從相持轉入進攻，發起會戰，迫使關羽進行決戰。

關羽前有堅城阻擋，牽制著他的主力；外受敵軍精銳野戰部隊的圍殲；後方又被叛徒出賣；各個路口都佈下羅網。全軍孤懸於野外，陷入絕境。

經過半年征戰的疲困之師，欲要同時應對來自多方面的圍攻，兵力遠遠不足，顯然處於被動、挨打的境地。關羽腹背受敵，節節敗退。

他要為自己的自負付出代價，而且是高昂的代價。不只是輸掉了這場戰爭，而且失去了苦心得來的戰略基地，更將以他的鮮血和生命作為代價。這是徹底的失敗。

但是，他還在堅持，做出最後的努力。

他堅定地說：「我們不能撤退。我們已經沒有撤退的道路，也沒有可以退守的基地，更不能在陰險小人面前撤退。永遠不能。」

他把目光向西望去，似乎他的視線可以穿越遙遠的山川，抵達成都，向他的弟兄們做最後的告別。

當年歉收，土地大部分荒蕪。更由於戰亂，大部分莊稼又被焚燬，後方糧草無法及時運抵前線。關羽下令強行沒收了東吳儲備在湘關的戰備糧。

閏十月，孫權藉口關羽擅自武裝奪取東吳囤積在湘關的戰略物資，於是向關羽公開宣戰。他命令呂蒙襲擊江陵、公安，「南郡太守麋芳以城降。」「陸遜別取宜都，獲秭歸、枝江、夷道。」蓄謀已久，兵臨城下，仍然偽裝出友好的姿態。當刀已出鞘，逼近心臟時，才突然宣戰。這樣的歷史，在第二次世界大戰日本偷襲珍珠港時又被複製了一次。

宣戰的聲音還未落地，孫權就已展開了對關羽的全面進攻。將戰爭的突發性演繹得淋漓盡致，荊州數郡一夜間就落入孫吳手中。

正所謂積怨已久，急需藉口。湘關事件，只不過是孫權為自己背盟之不義舉動尋找到的一塊遮羞布。

十一月，樊城會戰關羽受到重創，只好從樊城撤出戰鬥，試圖收復失地，奪回荊州。但是途中被吳軍伏擊、截殺，軍心渙散，士卒逃亡，已失去戰鬥力。乘著夜色，關羽帶著僅有的數百騎沿小路退到遠僻的山地小城——麥城(今湖北省當陽縣東南)，意圖困守待援。

日落之際，他登上這座城堡的城牆，走過一個個垛口，佇立在破損的城堞前，默默地眺望南方。也許他在心裡說：決定命運的時刻到了。

他只是平靜地站著，既看不到憤怒的激狂，也沒有冷酷的仇恨，同樣也沒有自豪。漠然凝望著夜幕將臨之際天地間的風雲變幻。

十二月，孫吳派諸葛謹前來勸降。

孫權想轉達的意思是：「如果你投降，那麼我可以保證你立刻能夠踏上回家的路程。」關羽義正辭嚴地加以拒絕：「戰敗了，無非一死，你們還能怎樣？玉可碎而不可改其白，竹可焚而不可毀其節，身雖殞而名可垂於竹帛。我的名字不會因為我被你們殺害而失去光榮。」後在當陽與其子關平同時遇害，關羽年五十八歲，時為建安二十四年十二月初。

他以平靜的心態接受了命運的安排，無畏赴死。他的死使他的人生更增光輝。戰死疆場，為國捐軀，馬革裹屍，這是英雄的至高境界。

戰敗了無非一死而已，豈能為了苟活性命而與那些牛鬼蛇神沆瀣一氣，豈能向那些螻蟻鼠蠍低頭示弱，豈能為五斗米折腰屈節，豈能與那些蠅營狗苟之徒同流合污。

這個有十三個月的年份尤其漫長，能夠走出這個年份，或許他的好運就會再次來臨了。然而，這只是一個想像，想像往往不可能成為事實。

北伐作戰不到五個月的時間，關羽創造了輝煌，將生命的價值發揮到極致。同時，在這一百多天裡，命運引領著他一天一天地走到了那個終點，一步一步走向那個注定的地點。

幸運之神轉身離他而去，再也沒有回顧。轉眼間，一切都已煙消雲散。北伐的作戰進程僅有半年，在卑劣的合謀下，迅速地失敗了。在還未來得及反應時，敗局就已注定，而且沒有翻盤的機會，因為當他意識到危險時，危機就已經降臨了，所有的機會都已失去了。

麥城，隘路，

一切都畫上了一個句號。

帝國的天空，一顆巨星殞落。

無論勝者，或者敗者，都停下了腳步。當時的戰場，暫時恢復了沉寂。只有風聲吹過草尖的低咽。為那些喋血疆場的無名英魂哀泣，嗚咽出天地深深的悲慨。

所不同的只是，勝利者舉杯慶祝，論功行賞。失敗者身首異處，仇恨積聚。

為將之道必須始終保持謹慎冷靜，無論攻守，也無論勝敗。

痛哉關羽，惜哉關羽。

為誰辛苦為誰忙？

人生的失敗，潛藏著必然的因素。很多時候我們為尊者諱，創造出各種辭彙，以開脫其責。其實，失敗沒有什麼，失敗就失敗了，為什麼不能坦然承認呢？雖然這樣的失敗很慘烈，沒有糾正的機會，也沒有重新開始的可能，但是，這樣的失敗並不是恥辱，也不必感到羞恥。畢竟付諸奮鬥了，畢竟做出了努力。勝固可慶，敗亦榮耀，總比默默無為要值得驕傲。同樣是人生，勝則建樹偉業，敗亦轟轟烈烈，有何不可。

勝固輝煌，敗亦榮耀。無論勝敗，英雄永遠是英雄。

其實，上天永遠按照自己的邏輯安排一切，使一切依照祂的意志演變。

無論成敗，對於歷史來說，並不特別重要。總會有人將發生在這裡的故事講給他們的後代聽，告訴他們這裡發生過什麼，一代一代傳承。

那是一個英雄的名字和與這個名字有關的傳奇。

英雄殉難回馬坡

盤古開闢了這片天地，帝國即已雄偉崛起。

在這片古老帝國的土地上，古老的華夏先民們，就在這裡孕育生息，從而締造了千古美麗的傳說，也塑造了傳承千年可歌可泣的英雄事蹟……更有很多名山大川，富饒而又美好。

這是神奇的土地，每一方泥土上，都印滿歷代英雄的足跡。每一個地名，都有其來歷。任何一處土地，都是一部古籍，深蘊著獨特的傳奇。

回馬坡，同樣也不例外。群山擠壓中，托起一條蜿蜒的路。

雖然這是一個普通的地名，但是卻因為一個人而成為名勝。傳承久遠，流芳千古。

腳下的這條古道，守候在帝國悠長的歲月裡，陪伴著魂斷回馬坡的悲愴淒涼。

回馬坡，其古老的名字叫決石。因為一場戰爭，從此改變了一切，包括地名。

在距離古麥城遺址三十七公里的山谷裡，展開了一段令人盪氣迴腸的歷史。史載：關羽父子由麥城突圍，經臨沮通往巴蜀的小道，到達地勢險要的決石，被孫吳伏兵截擊，關羽父子在此殉難，斷魂回馬坡。

讓我們再回到那金戈鐵馬的古戰場。

看著輝煌壯麗的晚霞中即將落下的夕陽，心中升起一抹淡淡的感傷。

他沒有看到過長江沿岸的烽火點燃。他敗得不明不白，他敗得心中不甘。

他戴好頭盔，披上鎧甲，伸手接過他的戰刀。只帶著關平和幾名近衛，其他人員全部留下由周倉組織堅守這個小城，他要殺出一條血路，突出重圍然後捲土重來。

夜幕如期降臨，星月黯然，似乎也不忍看到他叱吒風雲的人生如此落魄。

他把這座小城以及戰鬥的喧囂留在身後，走上了右邊的那條小道——臨沮小路。順著臨沮小路走進狹長的山谷——羅漢峪。

據史料顯示：羅漢峪長約十公里，是遠安縣最大的山谷，兩岸懸崖倒掛，峭壁如削，天如一線，地勢十分險要，是古代通巴蜀的小道。山谷最窄處只有數十公尺寬。羅漢峪，水隨山轉，路隨水轉，忽而在左，忽而在右，走完這十公里的溝路，要蹚四十八道水，行走十分艱難。有民謠：「走進羅漢峪，四十八道溪。草鞋磨破底，腳板磨破皮。」

避開追兵和埋伏是不可能的，只願這條小路能夠帶著他進入巴蜀。

孫吳追兵尾隨不離，要想遠離戰場，只能戰鬥，且戰且走。

赤兔馬的蹄音顯得虛浮，人與馬已經幾天沒有進食了，但是他們仍在堅持。路邊的枯草落葉埋在冬雪之下。關羽任由馬艱難前進，不急急趕路，就這樣從容地走，向著山谷深處走去。因為追兵太多，不可能擺脫，也用不著擺脫，來了就戰鬥；埋伏肯定就在沿途，他們正在以逸待勞，所以也只有迎擊，不可能迴避，只在於誰能堅持得更久。夜風吹拂，給人一種不祥的感覺，似幽靈在竊竊私語。

這群極度疲憊倦乏的人，漸漸走進深谷。

關平走在最後，擔任後衛，阻擋追兵。

兵士們都沉默著，也無力吶喊了。氣氛跟天氣一樣冰冷，只是靜靜地行進。

他們誰都知道，這個陷阱設置得十分巧妙。現在一切都得靠自己了。要活著，就得殺開一條血路，用自己的血或敵人的血。他們仍然堅定地向著太陽落下的方向走去。後面緊追著他們的是建功心切的東吳兵丁。

小路依著山勢轉了個彎。前面最窄處，長索拉起，埋伏的士兵們一字排開，刀槍齊舉，封鎖了走出山口的道路。

他們沒有能夠逃脫。

雪花開始飄落。

在回馬坡下的山石上，有五個深深的馬蹄印。傳說這是赤兔馬最後跳躍留下的。

人世滄桑，歲月悠悠，無論是真實的史實，還是穿鑿附會，一切都遠去了，無跡可尋，只有這蹄印殘留著，成為一個佐證。

千百年來，每當夜幕初降，不論是否有星月的光芒，總會有人在講述著和這個人有關的故事，伴隨著一首童年的歌謠。

也總會有一個稚嫩的聲音發問『「告訴我怎樣才能到達那個地方。」

對於講述的人，或者聽著講述的人，他們都有一個共同的心願——衝出山谷，奔向遼闊的西部平原。

命運的昭示

命運總是以不為人注意的方式，提醒我們注意。只是我們粗糙的心靈無從解讀出其中的深意。因為上天並不對誰特別關照，也不對誰特別苛刻，都給予同等的關注。

當初，雲長興兵北上攻取樊城，任命傅士仁、糜芳為先鋒，在荊州城外駐紮。傅士仁、糜芳深夜飲酒懈怠，帳後失火，延燒火炮，軍營撼動，軍器糧草，盡皆燒毀，直至四更方才撲滅大火。雲長以軍紀嚴厲責罰，免去二人先鋒職務，令糜芳守南郡，傅士仁守公安。改任廖化為先鋒，關平為副將，自任總指揮，馬良、伊籍為參謀，率軍北上。

生活中很多事，都折射出深刻的含意，只是我們不能及時解讀明白，而覺得神秘，事後經過牽強附會，我們又迷信上天的威力而被震懾。

那天傍晚，新月的旁邊堆積了很多星星，距離很近。

但是這一夜卻似乎與以往有點兒不同。白天所發生的某些事件，改變了這個夜晚。

關羽在軍營夜寐，夢中忽見一豬，渾身黑色，氣勢如牛，奔進帳來，徑直去咬雲長的雙腳。雲長拔劍擊斬，聲如裂帛。驀然驚覺，隱隱感到左足疼痛，心中疑惑。雲長自思：吾大丈夫，年近六旬，即死何憾！豈能因夢而動搖北上的決心。

根據古老的預言，每當重大行動之前，必有夢兆產生，意味著凶或吉的可能，是一種示警，深刻地影響著行動。可以說關羽走到了他一生命運的交叉點，但是他卻並沒有予以足夠的正視。那些不經意間發生的一些事件，其實都有著內在的關聯，有著深遠的暗示意義，上天正是以那些不可解釋的神秘徵兆，警示人們。或許這個夢境就已預示了遠征的結果。然而，人們的心裡總是不敢直面災難，懷有僥倖，不斷自欺，以為這是一個喜慶的象徵。因為關羽很快就收到了新的任命，他升任前將軍，位列五虎大將之首。所以大家心情都很好，對於不祥之兆並沒有去理睬，也不願接受。因而他率著親手訓練的荊州兵團，繼續前進，義無反顧地向北部邊境進發。

但是戰爭的結局是關羽失敗了，而且是徹底的失敗。他遭遇了毀滅性的打擊，兵敗殉國，他所率領的荊州兵團全軍覆沒，荊州根據地喪失，帝國復興的唯一希望隨之破滅。

也許人們早已將這個夢忘記，或者根本就沒有在人們心裡留下痕跡。其實，如果仔細分析，或許就是這個早晨到來時獻上的一個預兆，警告你做出應對。或許就是上天向你做出的另一個承諾：當你堅持過這個冬季，那麼在春天到來時必然會有另外的氣象。當然，不管怎麼說，一定會發生一些事情。而現在，確實發生了。只是所發生的不是我們想要的。因為未來是不確定的，有多種可能的選擇，只在於你行動的時機。

其實大丈夫處世，該做就做，何必心存顧忌，只有付諸了行動，才會有結果。

無論成敗，都必然會有英雄產生。心懷畏懼，永遠不可能成為英雄。

那麼，誰是英雄？什麼樣的人才算英雄？

孟子說：「富貴不能淫，貧賤不能移，威武不能屈，此之為大丈夫。」

東漢政治家陳蕃也說：「大丈夫處世，當掃除天下，安事一室乎！」

東晉的桓溫說：「大丈夫不能流芳百世，亦當遺臭萬年！」

其實，人生處處都有麥城之路，只是有的人走通了，有的人沒有走出那個困境。人的一生並不可能都是順境，很多時候都會陷入挫折之中。所以無論處身順逆，不必抱怨，也不要輕易放棄努力，只有堅持，只有奮鬥，才是出路，才有希望。

那種小挫即折的短視者，不足以成就大事業。只有視困難為動力的人，才能成就事業，才有可能成為大器。當然，歷史總會對這樣的人給予惠顧與成全。

英雄其實就是不歸的靈魂，只能向前，而無歸宿。

靈魂無歸，因為無處歸依，因為總在尋找新的夢想。

曾經讀過這樣的一則寓言：

秋天，老鼠把乾草堆積起來，準備作為過冬的糧食。但是大象走過來全部吃掉了。老鼠向大象提出抗議：「這是我儲備的過冬口糧，你吃了，我就會餓死。」大象滿不在乎地說：「我吃的是大地上長出的果實，並不是你所播種的莊稼。」老鼠想：我要讓你付出代價。牠苦苦思索出了一條計策，開始了牠的報復。第二天，牠又積攢了一堆乾草，自己躲在草垛裡面。大象過來又吃掉了，老鼠趁機鑽入大象的鼻子，在裡面又抓又咬，大象疼得發瘋，咆哮著到處亂撞，不分方向，最終撞死在大樹上。老鼠勝利了，從大象的鼻孔裡鑽出來，不屑地說：「原來龐然大物竟是這樣不堪一擊。」

克雷洛夫也講過一則相似的寓言：森林之王獅子敗給了一隻小小的蚊子。

雖然大象敗於老鼠，但是，大象永遠是大象，沒有人會認為老鼠的勝利是偉大的，值得歌頌。獅子雖然無奈於蚊蟲的進攻，但是，人們永遠也不會敬仰蚊子的勝利。

問世間誰是「英雄」？這不只是困惑曹操的命題。

靈魂的引導者

高爾基說：「人們在追求美好生活的爭鬥中是多麼偉大，多麼堅強。它告訴我，人們在世界上完成了多少豐功偉業，並為此承受了令人難以置信的苦難。」

無論苦難還是功勳，以往熟悉的一切都已遠去。

歲月，泥土，朋友，敵人，草葉，苦難，榮耀……

只是當那些東西來臨的時候，我們已經錯過。

蔚藍色的天空中，鳥兒馱著陽光，劃出優雅的弧線，一起一落間，飛過很遠的季節。

太陽就像那個早已熟透的蘋果，從樹枝上緩緩墜落到地平線之下。暮色漸漸降臨，抹去了高空中最後一絲光芒，夜晚變得愈來愈寒冷。山間寺廟中晚禱的鐘聲已經敲響，空氣中傳來了悠遠的梵唱。大地被掩蓋在神秘的氛圍之中。而在這種無韻的吟唱之中，無數的靈魂離開寄存的軀殼，遊蕩在瀰漫著霧氣的道路上，飄然而來，裊裊飛升。

他們的精神升起在空中，圍繞著寺廟高高的塔尖飄舞，就像冬天潔白的雪花自由紛飛，俯瞰著此刻靜謐無華的大地。

他們似曾相識，但是似乎又不是朋友，當然他們也應該沒有私仇，更無宿怨。

在清涼的夜風吹拂下，關羽的靈魂也同時升起在空中，一種解脫的快樂令他的心靈感受到了自由飛翔的美好。富饒的大地坦然鋪展，並不在意誰的腳在上面行走。

別人無法聽懂的曲調，似乎令他有所感悟。一聲低低的嘆息穿透洪流般的梵唱，響徹耳際：只因為我們曾經各自懷有的目的，令我們不能相容；是我們各自的野心，吞噬了我們的友誼，而帝國的統治權最終煙消雲散。

他默默低下了高揚的頭顱，關注著人間這群行走在苦難中的人們。正如所有偉大的靈魂一樣，他的眼中充滿悲憫。

就像那年夏天的夕陽一樣，他似乎仍在等待另一種更為莊嚴、更為偉大、更為恆久的時刻，俯瞰著曾經一步一步走過的路。

一切依舊，相同的路，卻走著不同的人，展現出不同的人生，連接著迥異的未來。

玉泉山前的小路，遠遠地走向阡陌縱橫的大地深處。
遠處，大地舒展，長江如線，浪花美麗而又悲壯。
浪花盛開的同時，就是淹沒，就是沉淪。每一朵浪花上，都寫著一個英雄的名字。
古剎，夕陽。
晨鐘，暮鼓。
寒鴉在暮色中飛遠。
來，或者去。
此生，彼岸。
多少迷路的靈魂祈禱引渡。

魂兮歸來

人的生命只有一次。

有的人死了，也就死了，無論他生前多麼顯赫，或是如何富有，不一定就能引起多大的震撼。然後便再也不被人記起，即使親友，也沒有幾個人會長久記憶。

因為，這些人活著的時候，並沒有對社會造成影響，既沒有給人們帶來實實在在的福利，也未能給親人留下深刻的印象，他們沒有什麼功績值得人們紀念。當然，不是他們不想，是他們不能夠，他們的能力有限，他們有限的能力又被客觀的形勢所限。

一個人能夠給自己所在的時代打上烙印，無論成敗，也完全配得上人們的尊重。

孫權謀害了關羽父子，又密謀移禍於他人。就派人將關羽的頭顱星夜轉送曹操。

「魂歸故土，身留冀州。」英雄一世，落得個身首異處。

曹操高興地說：「雲長已死，我就可以在夜晚安睡了。」但是，他的參謀司馬懿卻說：「這是東吳移禍之計。」

曹操說，「你為什麼會這樣認為呢？」

司馬懿說：「當年劉關張三人桃園結義，誓同生死。如今東吳孫權謀害關羽，畏懼劉備報復，所以故意將關羽的頭顱獻予大王，使劉備遷怒大王，不攻吳而攻魏，他卻於中趁便圖事。」

曹操說：「你認為會有什麼事發生呢？」

司馬懿說：「現在我還不能確定。」

曹操說：「仲達（司馬懿字仲達）之言有理。那麼以什麼對策化解呢？」

司馬懿說：「大王可將關羽首級，配以香木刻製之軀，葬以大臣之禮。劉備知道之後，必然深恨孫權，盡力南征。我們則觀其勝負！蜀勝則擊吳，吳勝則擊蜀。無論誰勝誰敗，對於我們而言都是少了一個強敵。」

曹操依計傳召東吳使者。

曹操說：「我不做這種宵小之事，也不是你們的同路人。」

曹操見關羽面如平日。還是和二十年前一樣令他心懷畏懼。便說：「雲長公別來無恙！」卻見關羽口開目動，鬚髮皆張，曹操大驚跌倒。侍從急救，良久方醒。因為，極度的恐懼深藏在他的心底，深入骨髓。曹操感嘆地說：「關將軍真天神也！」於是將思緒緩緩從鑲滿星星的悠遠天際收回來，命令設靈祭奠。依司馬懿之計，刻沉香木為軀，使他重新成為一個整體，並請僧侶誦經超度，願他在天國不再受到任何折磨，也不再有任何怨恨。由朝廷各級官員組成漢壽亭侯關羽治喪委員會，舉行隆重的葬禮，曹操親自拜祭悼念，封其為荊州王，以王侯之禮葬於洛陽南門外。

這樣的祭奠，既表示了對死者的尊重，也維護了生者的面子，又可化解危機於無形。是政治的需要，是陰謀者的手段，這才是真正重要的。當然也不可否認，他內心懷有敬意和真誠。無論是死者的功績，還是生者的行為，都應該贏得敬重。

同一天，成都。漢中王府。早晨。漢中王劉備正在召集諸葛亮等議事。

許靖說：「近來，我有一種愈來愈強烈的預感，今年似乎將有重大事件發生。」

諸葛亮說：「我夜觀天象，見將星落於荊楚之地。」

他好像還想說點什麼。但他停下來思索了一會兒，什麼也沒有說。

劉備自感行坐不安，內心煩亂。

內侍獻上香茗，他慢慢地品味著，藉以整理自己的思緒，但還是感到心煩意亂。自己也不知道為何如此，似乎覺得有什麼事要發生了，但卻又捕捉不到準確的意念。

至夜，劉備不能成寐，便秉燭看書。

星月的光芒透過窗櫺，給人一種玄幻的不真實感。忽然，他神思恍惚，倚几案沉迷。恍惚之間，似乎見一人立於燈下，默然無言。

玄德疑惑，舉目見是關羽，在燈影下往來飄忽。

劉備問：「賢弟別來無恙！深夜來到這裡，必然發生大變故。」

關羽說：「願兄為我雪恨！」

玄德忽然驚覺，當時正值深夜子時。

清晨燦爛的陽光，抹去了他心中的夢影。

馬良等人陸續稟報：「關羽遇難，荊州喪失。」殘酷的現實突然降臨在面前。劉備聞訊昏厥於地，慟哭不食，淚濕衣襟，斑斑成血。

孔明等人勸其節哀。劉備說：「我與東吳，誓不同日月也！」

劉備親出南門招魂祭奠。

以古老的祭奠諸神的儀式，向關羽獻上內心深深的緬懷。

願他的靈魂歸來，穿過悠遠的時空，長駐在這塊他為之奮鬥開滿鮮花的帝國土地上。

川中各級將士，盡皆戴孝，舉國悼念。

悼念，實際上是對靈魂的送行與安頓。願他從此安息。

魂兮歸來……

顯聖玉泉山

建安二十四年冬十二月。

重兵圍困下的麥城。瘡痍滿目。

城闕之上，那面血紅如火的「關」字繡旗，早已被戰火撕扯得絲縷條條，失去了往日的光澤與獵獵雄姿，無力地垂掛在旗杆上，映射出夕陽西下的黯然暮色。傍晚無風。

太陽已落下山去，上弦月隨著夕陽最後的餘暉，冷漠地掛在西方地平線的上空，似乎一切都與它無關。夜來臨了。

待援無望，最近的上庸郡，劉封、孟達按兵不動，救兵不至。孤城已無固守的意義。

他決定主動出擊。棄城而走，成為最後的出路。他的雄心也似大減，不如當年。

關羽決心做最後一搏，殺開一條血路，向西川靠近。

他說：「我們還會回來。」

乘夜輕騎出城，關羽走上了他人生的這最後一段夜路——麥城之路。一言不發，沿臨沮小路而走。在他的身後，十餘名隨從緊跟著他，如同他當初率領他們馳騁，只是腳步顯得沉重，沒有了往日的豪放縱橫。道路穿過暗夜的迷濛，向前延伸，崎嶇蜿蜒，時隱時顯，似有似無。後有追兵，前面也必有埋伏準備堵截。這已經不是什麼需要猜測的秘密。他們行色匆匆，任由疲憊的馬蹄前行，有一種聽天由命的放任感。沒有人說話，只是木然地聽著後面的喊殺聲愈來愈近。

不必寄希望於敵人，呂蒙早已在沿途佈設重重埋伏，阻擊關羽之眾。關羽且戰且走，只有十餘人相隨。將近黎明，進至決石，兩邊蘆葦枯草密佈，樹木荊棘雜生。

正是埋伏設計的所在。已經習慣伏兵追襲的關羽，「雖有埋伏，吾何懼哉」，只是任由疲憊的馬蹄向前奔走。坦然走向這個最後的結局。因為路依舊要走下去。別人不走的路，我走。無論前面有什麼危險。

他們不會走太遠了。

追兵尾隨著，伏兵又起，山谷小徑的葦叢中出現一隊騎兵，他們是忠實的守夜者，他們在這裡已經等候很久了，他們盼著關羽出現。長索懸空，羈絆馬蹄，跌入陷阱。這就是結果。

將星墜落荊楚大地。在這黑暗的夜晚中，結束了他最後一次奇特的體驗。

道路異常安靜。關羽抬頭望向他的城市。在殘夜將盡的黑暗中他什麼也沒有看到，或者說只在心裡看到了荊州城樓的城闕。啟明星一閃一閃地在天際作最後的堅守，顯得困倦。眾星早已隱去，它顯得如此潦倒，也準備退出了。一陣帶著寒意的微風拂過，捲起雪花，撲進他的眼睛，有點兒冰涼。最後的早晨即將到了。

荊州城隱現在清晨的霧靄中，似一道幻境。

一代威名赫赫的名將，就此落入任人宰割的境地。回想當年，百萬軍中取上將首級，舉刀之間，無人可敵，那是怎樣的瀟灑與豪氣！而今令人不禁嘆惋滄桑易變。

他走到了命中注定的末路，無法回到他的家園。

於是，這一天，成為神的忌日，也成為人間的祭祀之日。

頭可斷，但是精神不可滅。那種浩然之氣仍然凝聚著，仍不甘心。他的胸中燃燒著英雄主義的復仇火焰。那句如同神諭的詛咒：「我生未殺呂蒙，死也要追索呂賊之魂。」令他的敵人毛骨悚然。而就是這樣的一句詛咒，就把他的仇敵從這個世界上徹底地清除了。

孫吳兵團的先頭部隊進入荊州城，佔據了所有重要設施，包括貴族的私宅都駐兵警戒。荊州被全面接收了，但是並不如同當初叛徒們私相交易時所承諾的那麼安寧，而是帶著一股肅殺之氣。

這個情景像一只魚鉤扎在荊州人的靈魂深處。人們在心中生出一種感慨：死在戰場之上的人，都是幸運的。

關羽魂魄不散，他孤傲的靈魂飄升著，無處可依。他也不屑於淪為鬼雄。靈魂蕩蕩悠悠，來到荊州當陽縣的玉泉山。站在玉泉山頂，他神目怒睜，注視著遙遠的荊州大地上所發生的一切。他想：遭到了這樣一群宵小之徒的算計，實在不值得；又將被塵世的鼠輩所譭謗、嘲笑，更是有瀆他的神威。於是他任由靈魂在大地和太陽之間徘徊，不願離去。大呼：「還我頭來！」

孫權殺害了關羽，佔領荊襄之地。

下午已經過去了，黃昏即將到來。

呂蒙回到自己的軍營，等待著召喚。所有人都知道這個夜晚會有一場最高規格的慶功宴會。大家都在等待著這個時刻的到來。

慶功宴按照既定的時間準時舉行。孫權尊請呂蒙上座。

對於呂蒙來說，這就像一個昨天晚上的夢，有一種恍如隔世的不真實感。

孫權親自斟酒，說：「孤久不得荊州，今唾手而得，皆子明（呂蒙字子明）之功也。」賜飲。

孫權說：「孤今天得有荊州，這都是子明精心策劃的。」

事實也正是如此，當初，他們兩人在深夜中密謀交談。

儘管他的臣僚們知道他們在密謀，但是他們無權刺探。現在聽到這句話，自然引起在場所有人的巨大反應。但是，誰也不敢詢問，也不知道該怎麼辦，只是小心翼翼地呼吸。

夜晚適宜於慶祝陰謀得逞，同樣也適宜鬼魂出沒。

呂蒙接酒欲飲，忽然將酒杯擲於地下，伸手揪住孫權，厲聲大罵：「碧眼鼠輩！還認得我嗎？」說罷用力推倒孫權，大步前進，坐在孫權位上，兩眉倒豎，雙眼圓睜，大喝道：「我就是漢壽亭侯關雲長。自破黃巾以來，縱橫天下三十餘年，今被汝輩以奸計謀害，我活著沒有殺掉你們，死了也要追索呂賊之魂！」

似乎受了神的詛咒，呂蒙當即倒地。

他的頭腦一時失去了知覺，思維已經不受自己左右。他已經沒有辦法將自己的思緒整理清楚，他也完全不知道發生的事情。

劇烈的頭疼一波又一波地襲來。他竭盡全力想找回自己的思想，但是無法成功。鮮血湧出，感覺又熱又黏，七竅流血。呂蒙已無氣息。

欠了債總是要還的，何況是性命。

孫權一時驚得不知所措，一動不動地站著。以一種茫然的神情看著面前這可怕的一幕。

「一切事情都有代價。」他低聲喃喃道。宴會廳裡侍從尖叫著，一片混亂，幾乎沒有人聽到他的話。一名近身侍衛過來，扶著他轉過身，離開了大廳。

孫權已經走了，大廳此時更加混亂，人們互相推擠著，急於離開這裡。

帝國無限遼闊的土地，在關羽的腳下展開。

關羽的靈魂飄升著，尋找著自己的家園。帝國的土地上，各種陌生的景物，一動不動地展現在眼前。一切仍然在繼續。荊州仍然在早晨的旭日中矗立，在傍晚的夕陽下呼吸。無論發生什麼事，無論是什麼人死了或什麼人物到了，一切都在繼續。

他在空中向天發問：「我從哪裡來？我現在到了什麼地方？」

「你得經過一座橋，在橋的另一端，會有注定的歸宿。」一個聲音在冥冥中提示他。

關羽說：「你得告訴我橋在哪裡。」

「跟我來。」一個聲音遠遠地說道。

關羽便看到許多新的靈魂跟隨著進入了這個山谷。

「我不是你，但你有機會成為我。」那個聲音繼續說。

關羽說：「我以自己為榮。我依靠的是自己的力量。」

明月。清風。月下的古寺。寺前的草庵。

晚禱的鐘聲驀然響起。

三兩松柏，幾間寺舍，一座古塔。

正在默坐參禪的普淨大師，仰頭凝視。

只見雲端之中，一人騎赤兔馬，提青龍刀，左側有一位白面將軍、右側是一位黑臉虯髯之人相隨。普淨認出是關羽，便問：「雲長要去哪裡？」關羽英魂頓然感悟，當即乘風降落庵前，叉手問道：「尊師是誰？」普淨說：「昔日汜水關前鎮國寺中，老僧曾與君侯相會，法號普淨。將軍已經忘記了嗎？」關羽說：「曾蒙相救，感激不盡。如今我已遇禍，請尊師指點迷津。」普淨說：「昔非今是，一切休論；後果前因，彼此不爽。天地間本來就只有『死』才是永恆的『生』。為何苦索報應？」

關羽恍然大悟。在離他的故鄉很遠的這個地方，這個長江邊名叫玉泉山的草庵接納了他的魂魄。他寄居下來，在大師的引導下，皈依而去，顯聖護民，成為芸芸眾生的保護神。鄉人感念其德，就在山頂建廟，四時祭奠。

「生當做人傑，死亦為鬼雄。」鬼之雄者，是為神。神靈，就值得膜拜。

後世有人瞻仰其廟，題一聯云：「赤面秉赤心，騎赤兔追風，馳驅時無忘赤帝；青燈觀青史、仗青龍偃月，隱微處不愧青天。」

赤面秉赤心騎赤兔追風驅馳時無忘赤帝
青燈觀青史仗青龍偃月隱微處不愧青天
癸未仲冬鄭鑑敬繪於古閩抱璞齋

第伍輯　浴血涅槃

雪花盛開

冬天的任何日子，都可能下雪。因為，冬天就是下雪的季節。

十二月，隆冬。一場大雪，在毫無預兆的跡象下降臨，沿著長江流域，遍佈整個中原大地。而且根據史書的記載，好像很多年都沒有下雪了。

悄悄地，靜靜地，輕輕地，落下，在夜間，均勻地將大地覆蓋。

天空飄滿雪花，關羽的靈魂從玉泉山上俯視。

一場雪落下來，大地就潔白如初了？一切都是如此地美麗嗎？

雪下掩蓋了什麼？掩蓋的是怎樣的陰謀？

早晨人們醒來，看到天地一片潔白。雪花輕曼飛舞，翩翩如羽。如靈魂開出的花朵，飄飄灑灑，殷殷盛開。它們落在江河，它們落在路途，落在平原，落在田野，落在山巔，落在溝壑，落在屋脊，落在廟宇……撲入大地的懷抱，義無反顧。

同樣都是降落，雪花的命運卻也如此不同。一陣風又會將它們吹送到哪裡？

每個季節都有花開放，開放的花瓣都顯示出歲月的深意。

正是這個下雪的季節，一個人永遠地離去。

因為你的榮耀，於是帝國為你陳設了這樣的奠祭，帝國的天空為你揮灑出遍地潔白，以這樣的禮儀，紀念、緬懷。

溫柔而又溫馨地讓靈魂安息。以雪花的開放，報答神祇的高貴，坦蕩潔白。

晨禱的鐘聲響起，空中隱隱傳來一陣梵唱，又隨風遠去。

窗外雪花飄落，沙沙作響……如同萬千靈魂征戰，又如急行軍密集的腳步，寂寞而又悲涼。

然而，這萬千飄舞的靈魂早已忘記征戰的目的。這銀白的世界，悠遠，神秘。

在人們的視線之外。大地的春天仍將到來。帝國的雪花也將在春風中消融，又一次進入新的生命機體，開始新的輪迴，闡釋新的生機，化為新的生命境界。

坐在黎明的曙光或黃昏餘暉的門廊上，從那遙遠的彼岸回望，這裡距離春天彷彿仍然很遠。當然，那是一個英雄輩出的時代。但是，同樣，任何時代都是英雄的時代。

美麗，那麼盛開。在這個冬季，因為這個人的離去，也為一切靈魂綻放美麗。

讓雪花的潔白，洗滌鮮血的殷紅，使帝國的大地恢復和平與美麗。

靈魂如花。那麼，安息吧，那些無所歸依的魂魄。讓他們從此不再漂泊。

靈魂如同落葉或雪花般落下，又進入新的生命的輪迴。

如同河流回歸大海。

雖然內心不免生出一些痛楚。

追思英雄的孝心

孝行，源於一種歷史的神聖使命。是靈魂的責任，是精神的傳承，是天性中的親情。孝是忠的基礎，忠是孝的昇華與延伸。忠義之人，必有孝心。

自古人們就說：「忠孝不能兩全。」在這個語境之下，以此為託詞，演繹出了許多「國而忘家」的故事。但是，令人深思的是：什麼是忠？如何盡孝？其實，古人同樣還有一句話說：「求忠臣於孝悌之門。」由此可見，有孝子之心，才有忠臣之義。也就是說，先有孝行，然後才可能是忠臣。只有對父母有孝心的人，才有可能對人民存有愛心，對事業擁有誠心，對祖國懷有忠誠，對朋友坦誠相信。對於親人最好的祝願與孝敬，就在於盡力為國家肩負起使命。

矢志匡扶漢室，振興國家，是深蘊在關羽忠誠之下的孝行。

回到家鄉，拜祭祖先的墳塋，是深藏在他內心的祈願。然而，終其一生，這只是他心中一份無奈的傷痛。尤其對於這個不幸的家族來說，隨著他的壯烈殉國，子孫死難，再也沒有傳聞。對於關羽的孝行，歷史中沒有記載，演義中也故意忽略。我們只能看到他傾其一生，為帝國奔波的奮鬥歷程。

當年他悄悄地離開，甚至沒有來得及說一聲再見。數十年來，他再也沒有機會回家看一眼，燃遍帝國的烽火將他和家鄉隔斷，也令他與家鄉和家鄉的父老永遠地失去了音信和問候。只能在征戰的間隙，在夜晚誦讀著《春秋》的字裡行間，藉著燭光回憶母親最後的音容。

他的家鄉遠在北方的那個小村。可是他卻只能落足在江南的大地上。那個邊境線，是兩個針鋒相對的陣營，誰也不能越過。

你不許來，我也過不去。阻隔著我們的身心，阻隔了我們的親情。

邊境就這樣重要嗎？

人類為什麼要設置這麼多的邊界，以劃定這是你的，那是他的，那麼什麼才是我們的？就因為這樣的阻隔，令更多老百姓的血，灑在他們從沒有耕作過的陌生土地上。

可是千百年來，依舊如此，沒有人提出質疑，沒有人懷疑這是不是合乎情理。

在這一個個奮鬥的白天和清寂的夜晚，終究還是沒有將他帶回家鄉的那個農家小院。

只有小時候，父親留下來的老歌，在記憶中幽幽地升起，情不自禁地吟唱給夜空中的星月和清風，但是也只能低低地，只能讓心靈聽見。

他的眼淚一滴一滴落了下來，這是深深的哀慟，可是無處寄予。

對家鄉的思念彷彿從悠遠的時間深處裊裊升起，久久迴旋，那是他埋藏在心底最深處的傷痕，無可平復。

只能隔著遠遠的時空，願上天保佑自己的父親平安，祈禱著母親的靈魂原諒自己。

當那英雄的榮耀成為陳跡，當一切的功勳都化為塵埃，當時代已經變遷，那麼當初的爭戰還有什麼意義？

而失去的親情，卻是心靈永遠的傷痛。

無論命運成就了多麼偉大的功業，唯有孝行令我們的心靈真正得以安寧。

忠、信、仁、義、智、勇的關羽，令人敬仰。然而，唯獨沒有記載孝行。沒有值得今後世信奉的孝行，不只是一種缺憾，更是一種不容忽視的污點。沒有孝行的英雄，令人內心懷疑其人還是不是真正的英雄。

在我們承受苦難的時候，正是孝心，支撐著我們的心靈遠行，溫暖著我們脆弱的心靈，拯救著我們粗糙的靈魂，照耀著我們前進。

我們敬仰，我們膜拜，但是我們更需要發自內心的孝行的導引。

帝國的守夜人

命運的星斗，高懸在夜空，昭示著冥冥之中的天意。

流星劃過夜空。隕落。

在帝國豐饒的大地上發生了一些出人意料的事情。

有著數千年歷史傳承的古老帝國，每當大事發生之前，就一定會有一些離奇的徵兆出現，上天或以祥瑞示吉，或以凶相示警。那些冥冥之中的神祇們，總是切切地守護著人們的命運。

決戰已經落幕，雙方也已分出了勝負，無論卑劣還是高尚，勝利才是目的。

令人遺憾的是，你為了振興社稷，卻無意中摧毀了所賴以生存的這個帝國。復興的希望破滅了，苦難的民眾沒有得到解救，拯救帝國的希望再次落空，歷史開始沉淪。

為了帝國的強盛，為了在這塊土地上生存的民眾，你以自己的生命，捍衛了帝國的尊嚴。大地、青天和東去的長江可以作證。

這個時代因為有你，那些野心家們才不敢放膽做出篡奪的卑行。

你是時代良知的守護者，是帝國的守夜人，守護著帝國的尊嚴與象徵。

因為你的堅守，那些野心家們心懷恐懼，雖然他們是那樣渴求著竊取帝國的名號，建立一個新的王國，但是他們也只能懷著恐懼和夢想，而不敢做出公然的篡逆。

你是人們靈魂的試金石。

聽到你的名字，他們充滿陰謀的心就無法克制顫慄，於是他們合謀了。為了他們的目的，他們必須密謀把你除去。

你被算計了。帝國的大廈在飄搖中，轟然倒塌了。

因為你的離去，時代的良知被鮮血淋漓地撕裂。

從此，當離亂或災難再次降臨的時候，當我們的利益受到侵害和威脅，那麼，誰來承擔？誰是英雄？誰願負起使命？

面對天空中的群星，人們總是祈禱著保護神祇為自己指出一條路徑，以求擺脫面臨的困境。於是，人們帶著祭品，從四面八方向這裡蜂擁而來，祭奠你的英靈。

人們斟滿酒杯，祭祀心中的神祇，然後各自回家，心安理得。然而，墓碑上仍然蒙著厚厚的灰塵。

帝國的土地上，莊稼成熟了。新的收穫，又開始了。

這就是帝國英雄們的命運。

啟明星已升起在天空，白晝即將來臨。

夜路在星光下延伸。

決定歷史事件的天候

任何歷史事件，都是發生在具體的日子。每一個日子都可能成為不朽的歷史時刻。每一個日子，都具備特定的天候條件。

無論是晴天，還是陰天，總與天氣有關。只是歷史沒有做出相應的記錄，有意無意地忽視了天候的因素。事實上，天候所暗示的，正是預言家占卜所不可忽視的因素。

無論成敗、順逆，都必然處於相應的狀態。

陽光，或是風雨，一切都注定降臨，不可改變。只是在於對誰更為有利，誰更善於利用天候。天候因素，是自然的形成，又是必然的注定。天候並不偏袒任何一方，只在於誰願與天候結合在一起。天候是一種神秘的力量，人們稱其為自然規律。

正是在這樣的一天，你正好走到了這裡，鑄成了這樣的一個結果。這叫命運。

命運就深含在天候的特定屬性裡，彷彿遙遠的呼喚！

一天的運氣與另一天能有什麼差別呢？之所以不同，是源自於對面臨的事件認知的深度，取決於更為深遠的思考。

在同一天，在同一個地方，人們共同進行同一個事件，結果卻並不一樣。

走在同一條路上，卻到達了不同的方向。或許這就是因為天候的影響。

我們走進同一個考場，回答著同樣的一個問題，結果我們顯出了差別，然後我們走上了不同的道路。正如我們面對的是同一場戰爭，處在同一個戰場，然而，其結果是：一些人成為了英雄，另一些人失去了家園，更有一些人失去了生命。

每一天，每一個事件的發生，都與天候有關。

因為太陽的存在，令那些卑劣的陰謀受到譴責。

由於風雨的滋潤，才使種子得以萌生希望。

同樣的天候，令人成功，也使人失敗。有人出生，也有人死亡。因而，人們說命運難以預測。

其實，上天只是按照自己的邏輯顯現。不同的人以不同的姿態面對，就影響了一切，於是有了意志，最終形成了注定的結局。

無論誰眺望遠方，都是同樣湛藍的晴空。所不同的是自己的心境。

只要我們贏了，何必在乎我們怎麼死去，當然誰也無法決定天候。

所謂命運，只是我們強加在自己思維中的一種逃避的理由。無論多麼困難的境地，只要我們堅守，那麼就會有不同的結果。

正如暴風雨來臨，大雨砸在城牆上，影響防守。同樣，進攻者也必須冒雨前進，承受著相同的阻力。而決定戰爭成敗的，是勇氣。當然你首先必須是勇士。

降下的是雨水，太陽出現，又會化為水汽，回歸天空，如同靈魂飛升。

所以，只要活著，就是命運。

每個人都難免一死。但是在死神到來之前，我們就有日子要過。那麼就應該堅持，並且奮鬥，追尋夢想。害怕失敗，那麼永遠也沒有贏的機會。

告別意味著什麼

孫子說：「並敵一向，千里殺將。」

齊心協力，是戰勝一切敵人的法寶。

歷史的典籍中關於這次北伐襄樊戰役的記載太過簡略。很多的真相無從還原，很多的戰爭細節更如塵埃般被掩埋。而真相往往存在於細節之中，只有透過細節，才能窺知真正的事實。

理性地分析，當初可能只是一次單純的軍事行動。或者說是相鄰兩大軍事陣營因為局部的摩擦，所引發而成為一次較大規模的武力衝突。我們可以看看史書的記略：

《三國志．先主傳》說：「時關羽攻曹公將曹仁，禽于禁於樊。俄而孫權襲殺羽，取荊州。」

《三國志．武帝傳》說：「二十四年秋七月，遣于禁助曹仁擊關羽。」「冬十月，孫權遣使上書，以討關羽自效。」「二十五年春正月，至洛陽。權擊斬羽，傳其首。」

《三國志．曹仁傳》說：「屯樊，鎮荊州。侯音以宛叛，略傍縣眾數千人，仁率諸軍攻破音，斬其首，還屯樊，即拜征南將軍。關羽攻樊，時漢水暴溢，于禁等七軍皆沒。」

《三國志．關羽傳》說：「二十四年，先主為漢中王，拜羽為前將軍，假節鉞。是歲，羽率眾攻曹仁於樊。」

《三國志．于禁傳》說：「建安二十四年，太祖在長安，使曹仁討關羽於樊，又遣禁助仁。秋，大霖雨，漢水溢，平地水數丈，禁等七軍皆沒。」

《三國志．徐晃傳》說：「復遣晃助曹仁討關羽，屯宛，會漢水暴溢，于禁等沒，羽圍仁於樊。」

《三國志．張遼傳》說：「關羽圍曹仁於樊，會權稱藩，召遼及諸軍悉還救仁。遼未至，徐晃已破關羽，仁圍解。」

從上述引文可以做出如此的推理：當初荊襄邊界的局勢動盪不定，曹魏境內宛城的平民百姓造反，關羽又在邊境駐有重兵呼應，乘魏內地之亂進行軍事干預。曹仁在平定境內叛亂後即回軍向南製造麻煩，雙方在荊襄邊界發生軍事衝突。從而引發了較大規模的軍事行動。為了加強向南征戰和向東防禦的力量，曹操命令于禁等七路人馬向荊襄戰區集結。由於季節的突然變化，打亂了曹操的部署，七路陸上的精銳之師因漢水氾濫而「或為魚鱉」。乘此良機，關羽率兵圍困荊襄前線曹軍指揮中心——樊城。

應該說此時戰爭的性質已經有所轉化，變成為雙方兩大軍事陣營的局部決戰。但是面對這種局勢，雙方陣營的應對姿態卻截然不同。曹操調集大軍馳援，幾乎傾其所能調動的全部軍力，投入了五大主力方面軍的四個陣營，一波又一波，連綿不斷地向前線增援。東吳陣營並不甘寂寞，他們冷靜地關注著局勢的發展，謹慎地選擇著從何處動手，蓄勢待發，志在必得。然而令人意外的是，新生的蜀漢政權，面對如此嚴重的形勢，卻沒有及時制訂出應對戰略，只蝸居於川西之地，被暫時的所謂勝利迷惑，盲目樂觀著，沒有看到戰局發展變化的潛在危險性，高估了自己的力量，自以為敵人不堪一擊，做著長驅直入，一戰而定天下的美夢，對於戰局性質的變化缺乏深刻的洞察。

劉備陣營既沒有進行外交努力，以鞏固聯盟，也沒有調整相應的軍事力量給予協同策應，各自孤立自守，缺乏戰役的配合與戰鬥的支援，更沒有戰略的呼應。致使不足三萬人的守軍，抗擊數十萬精銳之師的圍攻。

戰局已經演變成為三方軍事力量的大決戰。

因此，新生的劉備陣營的失敗就成為不可避免的必然結果。

令人惋惜的是，在最有利的時機，他可以迅速結束戰鬥，但卻沒有速決的決心和必要的指揮手段，失去了機會，使之成為曠日持久的消耗戰。決心是決定戰爭勝敗的關鍵，是決定生死存亡的關鍵，是信念的體現。只要有堅定的決心和信心，無論處在何種困難之下，都可求得出路，都可打開新的局面，都可走出困境，迎來希望。不要把勝利的希望寄託在敵人的錯誤之上，那是不可能的。只有建立起自己不息的奮鬥精神，才有可能贏得美好的前景，上天才會給予佑護。上蒼從不蔭庇那些胸無大志缺乏堅定信念的人，上天寵愛的是有著永遠進取精神的子民。

在最為有利的時候，關羽可以果斷地撤出戰鬥，以鞏固既已取得的戰果。可是他沒有這麼做。因為，他被可能到手的成果所誘惑，不願放棄，也沒有進行深入的思考，更沒有洞悉到後面的陰謀。回顧劉備陣營的整個戰鬥歷程，一個明顯的跡象就是，他們每次戰役，都是簡單的拚殺，以自己的勇士之行，進行一場決鬥，從而決定每次戰役的結果。但是從整個戰局來看，並沒有一個明確的戰爭行動規劃，是典型的那種「兵來將擋，水來土掩」式的對決，沒有一個成功的戰略或戰術組合。所以，每次戰鬥，都是以失敗奔逃而告終，沒有一個立足之處，沒有經營出一片鞏固的根據地。他們沒有長遠的戰略發展設想，所以只是單純的流寇式的作戰，不能守衛任何一處土地。這是劉備陣營長期以來一直存在的致命問題。

前五個月的勝利令人鼓舞，當然同樣也令另外的人心懷恐懼。於是形勢便急轉直下，舊有的聯盟出現了二心，於暗中自行解體了，與此相應的新的聯盟順應而生了，這個新聯盟的產生，對於戰局的發展十分不利。然而，對於這一切微妙的變化，關羽卻一無所知，他仍然沉迷在既有的勝利之中，為到手的勝利所迷醉。

任何的蛛絲馬跡，都大有深意，都包藏著深遠的契機。但是當事者卻缺乏發現的慧眼。

從具體的戰場作戰著手，我們可以發現，北上作戰之初，關羽心理上就已顯出怯懼之意，失去從前的銳氣。心理上存有畏懼，表現為戰鬥勇氣的喪失。在與龐德的決鬥中，「二將戰有百餘合，精神倍長。關平恐父年老，亦急鳴金。」懼怕失敗，作戰保守，臨敵之際，又缺乏必要的思想準備和戰略節奏。是一種聽天由命式的被動比拚，隨波逐流式的放任行為。

縱觀整個北伐作戰，其最終失敗，應該是必然的結局。雖然中間有過短暫的勝利，其實理智地分析，實出僥倖。而且，這樣的勝利也是如此地艱難，付出了血與時間的代價，失去了戰役發起的突然性和速決性，從而給敵人喘息之機，使戰爭陷入長期的膠著狀態，使自己有限的兵力被牢牢地困在一個城下，不能機動調度，無法在運動中殲滅敵人，在敵人如波濤般調集來大軍的狀態下，被動決戰，淪入顧此失彼的困境。更受到後方叛亂偷襲，使自己無處容身，放逐山野，以至於無力組織起一次有效的戰鬥，不戰而潰，最終孤窮被害。雖然歷史以其偏見，多有美譽：「大意失荊州。」然而總令人有名不當實之感。面對生死存亡的慘烈戰爭，一位高級指揮官，難道有權大意嗎？難道能夠拿著全軍將士的生命與國家的命運作為兒戲嗎？

不論後世人們是懷著怎樣的心理，為關羽失去荊州進行百般袒護，廣為開脫，多找藉口，歸為「大意」，遷怨聯盟成員的背義，譴責盟邦的出賣。但是這都不是理由，都不符合邏輯。如果劉備陣營及時做出正確的應對，客觀地說，縱使失敗，也不至於一敗塗地。尤其是作為前敵總指揮的關羽，胸無全局則是其致命的失誤，無可推卸。

勝則沒有發動起迅猛的進攻，敗則沒有組織起有力的抵禦，退則沒有確定有目標的轉移目的地。整個作戰，陷入了單純軍事機會主義的泥淖。在各環節的轉換中，猶疑游離，缺謀少斷，首鼠兩端，無可圈點，令人深感失望。同時由於關羽的剛愎自用，所形成的主觀獨斷作風，在這個小圈子裡，人們都依賴於主將的意志，而沒有獨立的思考性建議。而敵對的陣營中，總有高級智謀人員及時提出應對之策，充分發揮了民主的力量。

這是一個誰也不願接受的失敗。因為敗得不值，敗得平庸，敗得不夠精彩，敗得令人不願多看一眼。無論是勝者，或是敗者，沒有一點可供欣賞的美感。

而且，失敗就失敗了，何必歸怨別人，何必怨天搶地，何必苦心尋找託詞。令人覺得，敗得沒有風度，沒有氣勢。

兵敗身死，這是鐵律。

致命的應對失度和難以想像的困難，令一切希望都化為虛幻的泡影。也許這就叫時代的錯誤。令人充滿惆悵和思索。

於是關羽成為他心目中的這個帝國的殉葬者。但是，他的死卻並沒有令戰爭結束。

形勢並沒有改變，局勢反而變得更為嚴峻，成為無可化解的仇恨，成為一種爭鬥的象徵。正是因為他，為了帝國所有的人民，所有那些已經失去自己耕種的土地或者仍然生活在那片廢墟上的人，更多的後來者又毫不猶豫地接過了他的責任，繼續他的事業。不知是該慶幸，還是應該悲憫。戰爭並沒有離開人們遠去，仍然幽靈般徘徊在人們頭頂的天空。

一切都在他的視線中消失了，包括時間。因為他再也沒有機會，他為自己的失誤付出了最後的代價。如一縷清風般消逝而去，沒有告別。

這是他人生中最後的演出，預設為一次最為輝煌的演出，結果卻以如此慘烈的結果收場。沒有謝幕。

慘烈，或者悲壯。任由後人評說。

帝國的命運也將由此徐徐降下帷幕。

沒有音樂，也沒有掌聲。大地重新沉入注定的輪迴。

一切都在流動，一切都已發生變化。在永恆的流動中，歲月悄悄將一切置換，這就叫滄桑。

人的一生之中，能夠做出讓自己回憶的事不多。人的一生之中，做出的事能夠留在他人記憶中的更少。人的一生之中，能夠有所作為，而且能夠讓人民緬懷，更不容易。

他沒有能夠做完所有他想做的事，這是他的命運。當然，無論如何，關羽，畢竟令人景仰。從此之後，他將被歷史永遠銘記。

靈魂的升騰

萬事萬物都有其命運。有生必有死。有花開的燦爛，也就有枯萎和凋謝。人的命運也是如此。無論勝敗，同樣美麗。因為命運是無法逃避的。只要穿過了命運的門扉，便再也無法回頭。

戰爭是嚴酷的，而勝利卻遙遙無期。他為此向遠在漢中的劉備寫信求救。他如實地陳述了所面臨的危機，他知道在這種情勢之下，保有這塊根據地的重要。同時，他也表明自己誓死堅守的決心。

「我參加過許多戰鬥，也目睹過許多死亡。大丈夫生有何堪，死有何懼？」死，其實是一種坦然的回歸，同樣值得讚美。作為帝國的勇士，永遠不會輕言放棄。

劉備說：「我相信你有能力履行職責。我將作為你堅強的後盾，支持你的戰鬥。」

然而，一切都已經太遲。

人人難免一死。但是，關羽卻不同。帝國正處在危急之際，風雨飄搖之中。你的捐軀，使帝國的命運失去了最有力的守護，失去了復興的最後希望。這場歷史性的事件，不僅打破了各個陣營既有的平衡，也震撼了整個帝國，深刻影響了帝國的命運。幾個月後曹操也病逝洛陽，帝國的夕陽沉落到地平線之下。

「頭枕洛陽，身困當陽，魂歸故鄉。」帝國的土地，接納了你的回歸。

為了復仇，劉備陣營開始了與孫吳的戰爭，導致了劉備、張飛等相繼亡故。帝國天空的最後守望者，帝國土地的最後守夜人，帝國主權的忠實守護者，從此夭亡殆盡。他們生前堅定地捍衛了帝國主權的尊嚴和領土的完整，為了帝國的統一而戰鬥一生。他們死後，一切都付諸東流，不堪回首。他們是一群悲劇英雄，終其一生也沒有實現他們的夢想。隨著他們的殞命，歷史便毫無驚險地發生了轉折。帝國隨之解體，壽終正寢。

只留下了一抔黃土，幾莖山花，在風雨中搖曳。

讓靈魂回到出生時北方那個群山環抱的小村。在深湛的天空，傳來一聲深沉的自語：「我就要回到我的故鄉了，回到那塊生我的故土。」是的，背井離鄉的人隨時都夢想回到家園，是心靈之中深深的痛，永遠不會遺忘。

他的靈魂盤旋在高處，自由地越過那些虛設的邊界，掠過飽受戰火摧殘的廢墟般的村莊，繞過群山，穿過郊野……

遠山。青塚。

冷風。熱血。

墓碑記載的只是英雄簡略的事蹟，墳塋中埋葬著的也只是一段逝去的崢嶸歲月，永遠傳頌在人們心中的則是英雄的品格。以至於屢加追封，「侯而王，王而帝，帝而聖，聖而天，褒封不已，廟祀無垠。」「儒稱聖、釋稱佛、道稱天尊。」各地立廟供祭，祭奠英雄高貴的靈魂。善良的人們，祈禱著勇士的靈魂升入天堂，帶著來自人間的榮耀。

從此，每年農曆五月十三日，據說這是關羽的生日，就成為千年傳承的一個節日，人們懷著各自的心願祈禱，膜拜內心的圖騰，祈求拯救自己的靈魂。也嚮往著：「能夠與他一起戰鬥，本身就是光榮。」

正義，俠義，勇氣，義氣……用男兒的血氣凝結為不屈的血性。

在現在看來，那個時代戰爭的原因與勝敗已經不再重要。老百姓不需要戰爭。無論誰勝利，對於人們都沒有意義。但是，它所折射出的光芒卻永遠令人景仰。

人不一定非要成為英雄，但是作為人，必須要有自己的靈魂。當我們的靈魂飛離自己的身體，升上群星所在的天空，越過平原與河流，回視群山和大地，結束這個旅程之時，能夠無愧地在任何一個所在自由停泊，這才是人生真正的成功。

只要我們胸中還有熱血存在，正義就必然長存。

所有的靈魂都是平等的，願英雄的和我們的靈魂在天空下自由地漫步。

神的廟宇

太陽落山了，晚霞消逝。天地一派莊嚴、肅穆。

每一個靈魂都在尋找回家的路。

在中亞的這塊土地上，他的名字大多數人都知道，他的精神被大多數人所崇敬，他的義氣被大多數人奉為楷模。於是神州大地上，就有許多的廟宇建起，人們為他建立廟宇，設立他的牌位，塑造他的神像，獻祭供奉。稱他為關羽、關帝、關聖。他從此成為神，成為這個民族民眾信仰的一個符號，供奉在顯眼的位置上。

廟宇，是神靈永久的紀念碑，是神靈意志的暫時寄放處，也是我們心靈的安放之地。因此，他成為漂泊在世間的人們心靈的依託，成為精神的支柱，成為一種信仰，從此永垂。

作為一種精神信仰，關羽帶給民眾的是良好的願望和精神寄託，蘊含著中華傳統文化的精華，核心內蘊是「義」。表現形式是「忠」，是「誠」。因此，關羽就成為中華民族血脈中理所當然的「人格神」。

現存的關帝廟，最著名的是埋葬關羽頭顱的河南洛陽關林、埋葬關羽身軀的湖北當陽關陵、關羽出生地解州的衣冠塚，即關王故里關帝廟。古代禮制規定：皇帝的墓稱「陵」，王侯的墓稱

「塚」，百姓的墓稱「墳」，只有聖人的墓才能稱為「林」。清王朝雍正八年（西元一七〇三年），關羽被封為「武聖」，於是就有了與埋葬「文聖」孔子的「孔林」相對應的「關林」了。從此，「關林」成為華夏民族的精神家園。不同民族、不同階層的人們在這裡找到了自己靈魂的歸宿，使心靈有所皈依。

無論生前，還是身後，關羽以他「對君以忠，待人以義，處世以仁，作戰以勇」的理想人格，受到了中華民族永遠的崇拜和景仰。然而，歷史漸行漸遠，歲月匆匆更替。

一個人可以被擊倒，可以被奪取生命。但是，沒有人能夠奪走一個人靈魂的自由。即使他一無所有，也一樣不可征服。千年征戰，英雄輩出。這一切，已經是過往的歷史。但是，同樣的理由，現在，我們就是歷史。

我們戰鬥，然後離開。

雖然，遍地廟宇，但是所供奉的大多是泥胎。真正的英雄，卻無處供奉。因為沒有人對「先烈」真正心懷敬仰。

供奉神靈，並不一定就是迷信，而是崇尚一種精神。對英雄和英雄所創造的功績，我們心存景仰，我們頂禮膜拜。但是既不是跪拜，也不是存心否定。我們膜拜英雄主義的精神。我們膜拜的目的是在英雄的人格光輝照耀之下，更加堅定地前行。

廟宇即使簡陋，也畢竟可供我們向英雄鞠躬，畢竟為我們提供了一個向英雄獻祭的場所，使我們內心最純真最高尚的情操有所寄託。有廟宇存在，畢竟還有獻祭的地方，畢竟也還給人們嚮往美好境界的心靈一個希望，給我們的心靈一個方向。

英雄被歷史遺忘才是真正的死亡，是深刻的悲哀。一個民族，如果遺棄了自己的英雄，那麼這個民族的未來將不堪想像。

每個民族都有自己的圖騰，圖騰崇拜正是出於英雄崇拜的民族情結，是一個民族民俗文化和精神信仰的認同。我們膜拜英雄，我們景仰英雄的人格。

讓我們向我們的英雄同心禱告。

有人格信仰的人有福了，信仰英雄的人有福了。

從神壇上俯視

世界是變化的，朋友也在變化。

尤其是政治陣營之間，只有利益的聯盟，沒有道義的援助，一切都是立足於利益而做出的應對。所謂的義務援助只是旗號，是著眼於長遠利益而玩弄的外交技巧。因此，沒有永久的盟友。其實，聯盟實質上就是一種利益的相互制衡。保有或擴大自己的利益，是任何個人或陣營的天職。為了本位的利益而做出的一切決策，都是合理的，無可厚非。出賣或者被出賣，怨不得別人。

生活在那個時代，是幸運的。因為，一切有為之士都能找到廣闊的舞台。同樣，生活在那個時代，又是不幸的。因為這不是一個美好的時代，而是一個動亂暴力的時代，一切美好的東西都被肆意踐踏和破壞。

但是，縱使生活在那樣的一個時代，關羽始終保持著良知、忠誠、勇武、仁厚、義氣，實踐並成就了他非凡的品格，最終成為忠勇仁義的化身。他以內心的信義與忠誠，高揚生命的信仰和人格的尊嚴。因此，無論世人懷著怎樣的心態，仰視還是平視，膜拜或是詆毀，他都是一位紀念碑式的人物。

他坐在高高的山頂上，俯視著帝國的領土被人為劃分為不同的勢力範圍，雙方築起營壘，互相提防，又互相窺視，尋找著縫隙。他看到雙方士兵正在準備戰鬥。掩映在綠草之間的是累累的白骨和無歸的靈魂。

面對帝國的興衰，多少英雄挺身承擔，流盡了最後的血淚。

其實，無論魏蜀還是東吳，戰爭中喪失的任何生命都是帝國的子民。無論生活在南方或者北方，都是在帝國的土地上生存的生命。那麼，為什麼爭戰不休？為了誰的利益？

祭獻的幼鹿，鮮血淋漓地供在神壇。

暮色之中，幽靈聚集。

神祇無處不在，居高臨下地俯視著大地，俯視著在這塊大地上奔走的芸芸眾生，俯視著那些等待救贖的靈魂。

祈禱吧！供奉不一定要在廟宇，在我們的內心築起神聖的祭壇，虔心祭拜，使我們的心靈受到洗禮，會比那種虛假的祭拜有益許多。

人生儘管轟轟烈烈，但最終就如同靈前的灰燼。

只是記住！那也是一個特別的時代，豔陽之後，夜色降臨，一個生命經歷了磨練，體驗過塵世的痛苦，灑盡最後的鮮血，留下了一個時代的標誌，坦然遠去。

抬頭仰望天空，白雲，飛鳥。那麼放飛心靈，讓夢想隨風而逝。讓生命從此變得美好而又優雅從容一些。

讓靈魂顯出本相

誰的靈魂可以在光天化日之下曝曬？

只有坦蕩無愧的心靈。

靈魂不需要披著外衣，也用不著精心打扮。

我們所要做的和所能做的，就是讓那些縹緲的靈魂安息，也讓我們的心靈能夠沒有愧疚。

大地給予了我們恩惠，而天空則是我們靈魂的依託。

讓靈魂化為燈盞，照亮心靈的夜空，蕩滌掉我們心中的鬼氣，從而讓我們不迷失於滾滾紅塵的誘惑；減輕我們的罪孽，使我們的心靈不再負累。

英雄的肉體可以毀滅，但是靈魂並不因此煙消雲散。有的深眠於地下，化為新的生命體，開始新的輪迴；有的向遠處飛奔，升騰在雲端，從高處俯視著眾生。

人生在世的時光如此短暫，充滿苦澀。但是，當我們走過歲月的旅程，默默回味，卻又感到過去的時光是如此甜美。那麼，為什麼要帶有敵意？

當我們的靈魂穿越命運的黑暗之門，我們所面對的是同樣的天空和大地，沒有界碑。

上天賦予我們生命，讓我們身處大地的一隅，必有深意。但是，我們卻不知道自己是誰，誰也不知道自己是怎麼來到人世間的。

就我們現在所知，史前的人類，只是採集，然後播種、收穫。冬天過去，春天到來，循環不息。並不需要戰爭，也不必流血，更沒有邊界。只是順應天意歡樂地遷徙。

然而令人難以想像的是，人類進入了標榜文明的社會，卻有了對同類血淋淋的殺害。有人建立了所謂的帝國，也就有人為了這個帝國有了殺人的藉口和動機，捍衛或者反對。

當然，對於那些心懷叵測之徒來說，這一切都是機會，每一個日子都具有某種象徵意義。

只是一個個溫暖平靜、自在美好的日子被摧毀，帝國因此陷入戰亂，帝國的人民淪落到生靈塗炭的悲慘境地。那些為所謂的正義付出了鮮血，理應有所收穫的人卻死去，而且立即就被忘記。那些享受著最後勝利的人，卻沒有流過一滴血淚，但是他們卻心安理得。在任何一個戰場上，無論勝利或者失敗，究竟是誰真正獲得了心靈的安慰？

殘冬將盡，屋簷上的冰凌開始融化，冬天就要過去。那麼就意味著春天即將到來，新的歲月輪迴又將開始，播種與收穫的循環也將進入一個新的開端。可是，面對的又是一個怎樣的世界？

是的，在冬的土地之上，還沒有任何作物長出。但是靈魂已經感應到了春天的氣息。

穿越遠處重重迷霧，讓月光引導著靈魂飛升。

雖然看不到路上的情況，也聽不到遠處傳來的聲音，但是來自天地間的氣息已經深入魂魄。魂歸何處？在於自己的選擇，願人們都能走好自己的路。

戰鬥然後勝利，或者說，戰鬥然後死亡。對於我們的生活來說，有多少意義？

所有的戰爭，就其本質來說，都難擺脫強盜的卑劣行徑。

戰爭，只是簡短的一個詞，但是卻意味著深沉的痛苦。征服、毀滅、鮮血、飢荒、瘟疫、死亡……還有恐怖。

戰爭，就是伸手在別人的樹上摘果子，而且氣勢洶洶地說，我這是保護你的財產不受侵犯。同時，還拿著刀子逼迫著你去從別人的樹上為他摘來想要的果子，卻說這是保護你的生命不受傷害。其結果是，讓人們的生活殘缺不堪，卻振振有詞地說，是我保障了你們的生活。儘管如此，你卻根本就沒有討價還價的餘地。

那些所謂的文治武功，又有多少真正對人民有益？

上天的旨意是什麼？上天很少直接給我們明確的指示，誰能真正替天言說？那麼，我們如何知曉上天對我們的啟示和引導呢？

通向未來的路徑很多，哪條最好？

既不知道方向，也無法確定時間，更無從知道幸運之神究竟會不會給予眷顧。

用自己的手創造，而不是去戰鬥。

讓我們的心靈感知陽光的祝福，沐浴在星月下，然後走向歸途。

讓人們都能夠在融融的陽光下祭祀自己的先人，讓每一個靈魂都能安息。

讓歲月濾去一切雜質，顯出純正的本質，好好生活。

為什麼不這樣做呢？

千年的惆悵

西元二世紀中後期到三世紀初期，東漢王朝進入了一個最為黑暗的時期。東方的古老帝國，陷入了空前的混亂。

這個時期又令人熱血澎湃。天降奇才，天縱異才，天許英才。因此，這又是一個充滿希望的時期。中原逐鹿，那隻無助的小鹿，在強權下瑟縮顫抖。

透過歷史的重重迷霧，我們清楚地看到，帝國正在經歷著歷史性重要變革的陣痛。當然，從實質上來看，仍然無非是皇權姓氏的取代而已，政權的統治屬性並沒有任何改變，也沒有人想做出改變。這就是一切，也正是令我們扼腕之處。

這塊土地，失去了一次建立自由和諧大同社會千載難逢的機遇。我們的帝國仍然徘徊在自我封閉的狀態之中，人性依舊匍匐於封建的權杖之下。

帝國失去了一次重生的機會。

計較一家一姓的利益，拚殺、征討，根本就沒有真正的正義，也沒有一場值得讚美的偉大的戰爭。因此，對於這樣的征戰與誅討，無論誰勝利，都不值得讚美；無論誰失敗，也不值得惋惜。因為，這樣的戰爭，體現的不是民心的願望，更不是天地良知的應有之義。它造成了更多人生命喪失，更多家庭破敗，更多社會財富被毀棄。為了一己的野心膨脹，把痛苦、流血強加給無辜的人民，由帝國的子民承擔著這種災難性的巨大犧牲。他們卻自以為在建立不朽的功勳；自以為正義在握，然而卻又遠遠背離道義。

這是人類最古老的悲劇。後來千百年的歷史，仍然在演繹著同樣的主題。

當一個王朝大勢已去時，另一種新的秩序必將來臨。王朝如此，季節如此，人生也是如此。一切都在既定的節律中此消彼長，生生不息。

千年時間的跳躍，靜靜的，悄悄的。

在時光的流逝中，很多事都被不同程度地改變了，有的已經失去了真相，無法辨認，逐漸散失。但是，無論變化多麼巨大，那些美好的傳說卻永遠保留著，那些寄託美好情思的古老傳統卻仍然沒有失去光澤，而經過時間浪花的淘洗，更加輝煌耀眼了。

驀然回首，歲月已遠，斯人已遠，一切舊時的夥伴都已不見。於是自己孤獨地站在這太陽下，可是心情已無半點欣慰，卻有一絲悲哀在心頭升起。

英雄和他們的事業存在於如此久遠的過去，雖然令人敬仰，但是，他們的戰爭與我無關。

坐在時間的邊緣，山谷裡和山坡上的積雪正在融化。我看到大好河山，心中突然升起一種感動，一絲感慨：為什麼要發動戰爭？為什麼要以鮮血來說話？為什麼不能好好地享受生活？為什麼不能以合作取代對抗？為什麼不能以他們的聰明才智，共同賦予古老帝國一個充滿希望的新生呢？

天數？人為？

天意！民心！

何為天？平民百姓又能夠左右什麼？

歷史無解。

歷史永遠無解。

歷史其實是強權的結果，是個人意志強加於人類身上的疤痕。

就如同戰爭，是強者的勝利，並不是人民的勝利。而人民只有流血，並沒有發言權。最終的傷痛都由人民來承擔。

大河無論歷經多少曲折，必然東去，時間同樣奔流不息。

無際的歲月如雨而下，太陽的雨滴瀑布般傾瀉。

千年，又千年……

他們的時代早已過去。千百年來，一代又一代，傳承不息。他們都深懷熱情，崇尚著做出驚世功績，以期讓後來者歌頌讚美，使自己在那個不真實的頌歌裡的位置更加顯赫。

我們只能擁有一次生命，但是，似乎我們並沒有做出任何決定的權利，只是按照別人的設計走去。那麼，在這個世界上，我們又能留下些什麼呢？

英雄輓歌

任何時代都有英傑。

那個時代薈萃了天地間的菁英。這群菁英們構成了一個豪華的陣容。看看他們這群人的名字，就感覺是那樣的與眾不同。

那樣的陣營，那樣的集體。他們各有自己的超群之處。他們是一群奮鬥者，是一群堅定的鬥士。他們以自己的人格在他們所在時代的天空中，各自放出自己的光輝，誰也不能忽視。他們永遠定格在歷史的豐碑之上，不可磨滅。

千年已遠。但是，廟宇猶存，事業仍在，大地蔥蘢。無論廟裡供奉的是哪路神仙，我們應該相信，他們都有值得人們供奉的功績。所以不要懷疑，更不要心懷褻瀆。

「待從頭，收拾舊山河」，這是他們的理想。

他們整理了那個紛亂的時代，削去了那些滋生的枝芽 ，使歷史的這棵大樹在那個時代煥發出蓬勃的生命力。

在古老帝國的天空，「殘陽如血」，血紅的晚霞昭示著他們離那個為之奮鬥了多年的時刻已經非常近了。然而，不幸的是，在抵達目標之前的這段時間中，總是不斷發生意外，令一切都不能如期到來。

他們征戰不息，為帝國肅清了那些心懷不軌的叛亂者。他們一次次興兵動武，平定那些蓄意搶掠的暴行。當和平與合作不能有效發揮作用的時候，他們毅然承擔起了各自的責任。

他們也同樣無奈，因為，要想在這個強手林立的時代生存，就必須使自己更加強大，然後才有發言權。否則，無論你握有多少真理，都沒有人願意聽你訓誡。

他們努力了，他們奮鬥了，但是他們終其一生，誰也沒有能夠親手建立起理想中的帝國。多少得失榮辱令我們扼腕嘆息。

他們充滿信心地奮鬥了一生，最終又帶著深深的遺憾離去。他們的雙足走過帝國的很多地方，卻最終仍然沒有踏上理想中國度的土地。他們互相仰慕，又相互打擊。他們的目的一致，卻又是如此不同，互不相容。他們走著不同的路。他們為什麼不能攜手合作？他們為什麼不能走在一起？他們為什麼不是朋友而是仇敵？是什麼迷惑了他們睿智的雙眼，是什麼蒙蔽了他們的心靈？

他們曾經走在一起，但是他們很快又走上不同的道路。

他們的祖先建立了無可匹敵的帝國，同時也帶給他們與眾不同的血統。沉重的歷史使命感和責任感，使他們伸手相握是如此困難，誰也不願放棄自己的主張。

其實，他們都是工具，也是真正的受害者，而收穫果實的則是另外的一群人。他們所謂的英雄之行實在是一種悲哀。

對他們的功過，誰都難以輕易說出結論，也無需任何結論。任何結論都顯得淺薄而且別有用心。他們就是自己，他們最終成就了自己，成就了一個美好蓬勃的時代。因為他們的進取，使那個離亂動盪的時代放射出迷人的光彩。

在北方，在黃河路過的地方，曾經有三個男人騎著馬馳過。沿著眼前的這條道路，走向更遠的地方。在春天桃花盛開的時候，他們越過邊境，遠遠走去……戰鬥，並贏得榮譽，他們透過這種方式來證明自己。

讓我們在此再次重複一遍他們的名字：曹操、劉備、袁紹、呂布、關羽、張飛、郭嘉、荀彧、程昱、周瑜、魯肅、諸葛亮、張遼、孫權……

歷史永遠不可複製，但是，卻會在換過一身裝束後再次盛裝出演。

歷史是英雄的創業史！我們的歷史又該如何書寫？

「世界是我們的。」這是令人聽來十分自豪的一句話，令人熱血沸騰。但是我們應該自問：「世界真是我們的嗎？」要把世界掌握在我們的手中，需要奮鬥，而不是坐享，更不是別人拱手相讓。掌握在於進取。

誰是我們時代的英雄？

誰的行為能夠代表一個時代？

誰的名字可以成為這個時代的符號？

我們深深期待。

大義所在，何在乎成敗。

從這裡開始，也在此結束。

歷史又翻過了一頁，並向一切人致意！

戰爭並沒有就此結束，只是以另外的方式，由另外的一群人在繼續下去。而同樣，歷史仍在繼續，其實也就是戰爭仍在繼續。

有戰爭就會有英雄，有英雄就必然產生傳奇。

傳奇仍將繼續。

做自己的神

人生是自己的人生。

命運是自己的命運。

人生，其實就是在做一道減法題，將一個一個的日子減去。同時，人生又是一道加法題，將自己採擷的葉子一片一片地累積起來。此生如何度過，取決於我們自己。

任何人都有自己的幸運之星和靈魂的守護神，它會在我們人生的重要轉折時刻出現，給我們幫助，保護我們，但是並不可能代替我們去經歷。因此，只有努力，努力去做，從而求取真正屬於我們的事業。如果放棄努力，那麼，即使神靈佑護，也無能為力。

為了我們自己的人生，肩負起我們的責任。機遇總是在偶然之中發生，然而當你緊緊抓住它的時刻，就成為必然。無論做什麼，靠自己的努力，才最可靠。

人生是一種自覺行為，自己成就自己。

面對星空，我們思索，活著是為了什麼？我們之所以來到這個世界，我們生命的意義，就是要在此生做一些別人無法做到的事情。成功並不是攀上多麼顯赫的位置，也不是佔有多少財富，更不是拿到什麼第一，而是對於生命美好的感悟，是心中所嚮往的那個目標的達成。並不在於你是什麼，而在於你終將會成為什麼。

任何人都有自己做事處世的方式。當你行善時，或許就拯救了自己。如果你經常作惡，那麼，必然會有一天要自取其禍。這並不是輪迴報應，也不是聳人聽聞，而是天理。

擁有生命，這是多麼值得感念的幸運和造化啊！因此，更該倍加珍惜、熱愛並善待自己。堅定地走在自己的路上，將無數個日子如同珍珠般串接起來，推動自己的命運，將我們的人生牽引向永遠，成為永恆。

生命是上天送給我們的一件美好的禮物，但是並不一定永久。有的人讓這個禮物成為永恆，有的人卻令其不堪。人生就是由自己的一個個日子堆砌而成的。

或者建成大廈，或者淪為廢墟；

或者築起宮殿，或者夷為平地；

或者供入廟宇，或者化為塵埃……

即使處在黑夜，也應該想像著陽光的燦爛與榮耀。

其實，很多時候，不論我們處在何種境況之下，都有人在關注著我們，為我們嘆息，為我們歡呼。所以，不要對自己的處境心懷不滿，而應該做出實實在在的努力，不要讓關心我們的人失望。

自己就是自己人生的主人，自己就是自己命運的主宰。保持自己的風格，做真實的自己。

當我們年老之時，仍然能夠挺直我們的脊樑，那才真正值得慶幸。

做自己想做的事，但是不要傷害別人。

在自己的土地上播種、收穫；採摘葡萄，釀造自己生命的酒漿。

世界就在眼前，歷史就在眼前，人生就在眼前。

在這個有著很多傳說的國度，必然還將產生更多新的傳說，而且必將更為美好。

因此，我們應該有自己的創造。我的人生，我的舞台，相信自己必將創造精彩，使自己有資格接受他人的敬意。

命運是一種狀態，人生則昇華為一種境界。

伸出雙手，創造，然後成就自己。

忠義春秋
甲申春日邱鎧毅繪於抱璞齋

典藏中國：

01	三國志 -- 限量精裝版	秦漢唐	定價：199元
02	三十六計 -- 限量精裝版	秦漢唐	定價：199元
03	資治通鑑的故事 -- 限量精裝版	秦漢唐	定價：249元
04-1	史記的故事	秦漢唐	定價：250元
05	大話孫子兵法 -- 中國第一智慧書	黃樸民	定價：249元
06	速讀 -- 二十四史 -- 上下	汪高鑫李傳印	定價：720元
08	速讀 -- 資治通鑑	汪高鑫李傳印	定價：380元
09	速讀中國古代文學名著	汪龍麟主編	定價：450元
10	速讀世界文學名著	楊坤　主編	定價：380元
11	易經的人生64個感悟	魯衛賓	定價：280元
12	心經心得	曾琦雲	定價：280元
13	淺讀《金剛經》	夏春芬	定價：200元
14	讀《三國演義》悟人生大智慧	王　峰	定價：240元
15	生命的箴言《菜根譚》	秦漢唐	定價：168元
16	讀孔孟老莊悟人生智慧	張永生	定價：220元
17	厚黑學全集【壹】絕處逢生	李宗吾	定價：300元
18	厚黑學全集【貳】舌燦蓮花	李宗吾	定價：300元
19	論語的人生64個感悟	馮麗莎	定價：280元
20	老子的人生64個感悟	馮麗莎	定價：280元
21	讀墨學法家悟人生智慧	張永生	定價：220元
22	左傳的故事	秦漢唐	定價：240元
23	歷代經典絕句三百首	張曉清 張笑吟	定價：260元
24	商用生活版《現代36計》	耿文國	定價：240元
25	禪話•禪音•禪心禪宗經典智慧故事全集	李偉楠	定價：280元
26	老子看破沒有說破的智慧	麥迪	定價：320元
27	莊子看破沒有說破的智慧	吳金衛	定價：320元
28	菜根譚看破沒有說破的智慧	吳金衛	定價：320元

人物中國：

01	解密商豪胡雪巖《五字商訓》	侯書森	定價：220元
02	睜眼看曹操 - 雙面曹操的陰陽謀略	長　浩	定價：220元
03	第一大貪官 - 和珅傳奇（精裝）	王輝盛珂	定價：249元
04	撼動歷史的女中豪傑	秦漢唐	定價：220元
05	睜眼看慈禧	李　傲	定價：240元
06	睜眼看雍正	李　傲	定價：240元

07	睜眼看秦皇	李 傲	定價：240元
08	風流倜儻 - 蘇東坡	門冀華	定價：200元
09	機智詼諧大學士 - 紀曉嵐	郭力行	定價：200元
10	貞觀之治 - 唐太宗之王者之道	黃錦波	定價：220元
11	傾聽大師李叔同	梁 靜	定價：240元
12	品中國古代帥哥	頤 程	定價：240元
13	禪讓 -- 中國歷史上的一種權力遊戲	張 程	定價：240元
14	商賈豪俠胡雪巖(精裝)	秦漢唐	定價：169元
15	歷代后妃宮闈傳奇	秦漢唐	定價：260元
16	歷代后妃權力之爭	秦漢唐	定價：220元
17	大明叛降吳三桂	鳳 娟	定價：220元
18	鐵膽英雄一趙子龍	戴宗立	定價：260元
19	一代天驕成吉思汗	郝鳳娟	定價：230元
20	弘一大師李叔同的後半生 - 精裝	王湜華	定價：450元
21	末代皇帝溥儀與我	李淑賢口述	定價：280元
22	品關羽	東方誠明	定價：260元
23	明朝一哥王陽明	呂 崢	定價：260元
24	季羨林的世紀人生	李 琴	定價：260元
25	一代女皇武則天	秦漢唐	定價：220元

三國文學館

01	三國之五虎上將關雲長	東方誠明	定價：260元
02	三國志人物故事集	秦漢唐	定價：260元

中國四大美女新傳

01	壹 沉魚篇 -- 西施	張雲風	定價：260元
01	貳 落雁篇 -- 王昭君	張雲風	定價：260元
01	參 閉月篇 -- 貂蟬	張雲風	定價：260元
01	肆 羞花篇 -- 楊貴妃	張雲風	定價：260元

智慧中國

01	莊子的智慧	葉 舟	定價：240元
01-1	莊子的智慧 - 軟皮精裝版	葉 舟	定價：280元
02	老子的智慧	葉 舟	定價：240元
02-1	老子的智慧 - 軟皮精裝版	葉 舟	定價：280元

03	易經的智慧	葉　舟	定價：240元
03-1	易經的智慧 - 軟皮精裝版	葉　舟	定價：280元
04	論語的智慧	葉　舟	定價：240元
04-1	論語的智慧 - 軟皮精裝版	葉　舟	定價：280元
05	佛經的智慧	葉　舟	定價：240元
06	法家的智慧	張　易	定價：240元
07	兵家的智慧	葉　舟	定價：240元
08	帝王的智慧	葉　舟	定價：240元
09	百喻經的智慧	魏晉風	定價：240元
10	道家的智慧	張　易	定價：240元
10-1	道家的智慧 - 軟皮精裝版	張　易	定價：280元
11	菜根譚大智慧	魏晉風	定價：280元
12	心經的智慧	何躍青	定價：240元

心理學大師講座

01	北大教授講解脫之道	葉　舟	定價：240元
02	北大教授講包容之道	葉　舟	定價：240元
03	北大教授給的24項人緣法則	葉　舟	定價：240元
04	北大教授給的28項快樂法則	葉　舟	定價：240元

商海巨擘

01	台灣首富郭台銘生意經	穆志濱	定價：280元
02	投資大師巴菲特生意經	王寶瑩	定價：280元
03	企業教父柳傳志生意經	王福振	定價：280元
04	華人首富李嘉誠生意經	禾　田	定價：280元
05	贏在中國李開復生意經	喬政輝	定價：280元
06	阿里巴巴馬　雲生意經	林雪花	定價：280元
07	海爾巨人張瑞敏生意經	田　文	定價：280元
08	中國地產大鱷潘石屹生意經	王寶瑩	定價：280元

歷史中國

01	大清的崛起	任吉東	定價：240元
02	大明的崛起	沈一民	定價：240元

中華經世方略

01	權商合璧 -- 呂不韋投機方略	秦漢唐	定價：230元
02	武霸天下 -- 秦始皇創業方略	秦漢唐	定價：230元
03	亂世奸雄 -- 曹操造勢方略	秦漢唐	定價：230元
04	楚漢爭霸 -- 劉邦用人方略	秦漢唐	定價：230元
05	貞觀盛世 -- 李世民創世方略	秦漢唐	定價：230元
06	紅顏至尊 -- 伍則天統馭方略	秦漢唐	定價：230元
07	鐵血建軍 -- 朱元璋成事方略	秦漢唐	定價：230元
08	外柔內剛 -- 雍正隱忍方略	秦漢唐	定價：230元
09	內聖外王 -- 曾國藩用世方略	秦漢唐	定價：230元
10	紅頂商人 -- 胡雪巖經商方略	秦漢唐	定價：230元

先秦經典智慧名言故事

張樹驊主編　沈兵稚副主編

01	《老子》《莊子》智慧名言故事	林忠軍	定價：240元
02	《孫子兵法》智慧名言故事	張頌之	定價：240元
03	《詩經》智慧名言故事	楊曉偉	定價：240元
04	《周易》智慧名言故事	李秋麗	定價：240元
05	《論語》智慧名言故事	王佃利	定價：240元
06	《孟子》智慧名言故事	王其俊	定價：240元
07	《韓非子》智慧名言故事	張富祥	定價：240元
08	《禮記》智慧名言故事	姜林祥	定價：240元
09	《國語》智慧名言故事	牟宗豔	定價：240元
10	《尚書》智慧名言故事	張富祥	定價：240元

職場生活

01	公司就是我的家	王寶瑩	定價：240元
02	改變一生的156個小習慣	憨氏	定價：230元
03	職場新人教戰手冊	魏一龍	定價：240元
04	面試聖經	Rock Forward	定價：350元
05	世界頂級CEO的商道智慧	葉光森 劉紅強	定價：280元
06	在公司這些事，沒有人會教你	魏成晉	定價：230元
07	上學時不知，畢業後要懂	賈 宇	定價：260元
08	在公司這樣做討人喜歡	大川修一	定價：250元

國家圖書館出版品預行編目資料

三國之五虎上將 關雲長 / 東方誠明

-- 一版. -- 臺北市 :廣達文化，2011.03

; 公分. - （文經閣）

ISBN 978-957-713-465-3 (平裝)

1. （三國）關羽　2.傳記

782.823　　　　100001622

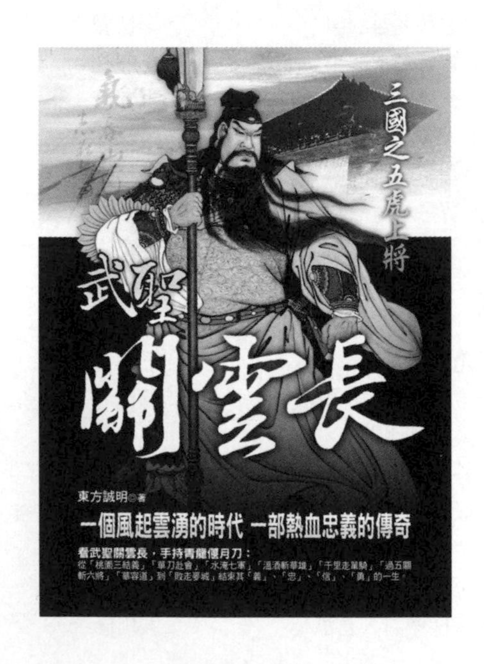

書山有路勤為徑
學海無涯苦作舟

三國之五虎上將關雲長

作　者：東方誠明
繪　圖：邱鑑
叢書別：人物中國：22
出版者：廣達文化事業有限公司

書系：文經閣
Quanta Association Cultural Enterprises Co. Ltd
編輯執行總監：秦漢唐

發行所：臺北市信義區中坡南路 287 號 5 樓
通訊：台北郵政信箱 51-83 號
電話：27283588　傳真：27264126
劃撥帳號：19805171
戶名：廣達文化事業有限公司
E-mail：siraviko@seed.net.tw
www.quantabooks.com.tw

製　版：卡樂製版有限公司
印　刷：大裕印刷排版公司
裝　訂：秉成裝訂有限公司

代理行銷：創智文化有限公司
臺北縣中和市建一路 136 號 5 樓
電話：22289828　傳真：22287858

一版一刷：2009 年 8 月
二版一刷：2011 年 4 月
定 價：260 元

書山有路勤為徑，學海無涯苦作舟。

書山有路勤為徑，學海無涯苦作舟。